徽州水利社会研究

——以新安江流域为中心

孟凡胜◎著

安徽大学徽文化传承与创新丛书

北京师范大学出版集团
BEIJING NORMAL UNIVERSITY PUBLISHING GROUP
安徽大学出版社

图书在版编目(CIP)数据

徽州水利社会研究:以新安江流域为中心/孟凡胜著. —合肥 :安徽大学出版社,2017.1

(安徽大学徽文化传承与创新丛书)

ISBN 978-7-5664-1033-7

Ⅰ. ①徽… Ⅱ. ①孟… Ⅲ. ①水利史—徽州地区 ②社会史—徽州地区 Ⅳ. ①TV—092②K295.42

中国版本图书馆 CIP 数据核字(2015)第 270194 号

徽州水利社会研究——以新安江流域为中心

HuiZhou ShuiLi SheHui YanJiu——Yi XinAnJiang LiuYu Wei ZhongXin　　孟凡胜　著

出版发行:北京师范大学出版集团
安 徽 大 学 出 版 社
(安徽省合肥市肥西路 3 号 邮编 230039)
www.bnupg.com.cn
www.ahupress.com.cn

印　　刷:合肥远东印务有限责任公司
经　　销:全国新华书店
开　　本:170mm×240mm
印　　张:15
字　　数:214 千字
版　　次:2017 年 1 月第 1 版
印　　次:2017 年 1 月第 1 次印刷
定　　价:39.00 元
ISBN 978-7-5664-1033-7

策划编辑:鲍家全　　装帧设计:李　军　金伶智
责任编辑:鲍家全　胡　旋　　美术编辑:李　军
责任校对:程中业　　责任印制:陈　如

目录

MULU

前　言 …… 1

绪　论 …… 1

第一节　选题缘起及意义 …… 1

第二节　学术史回顾 …… 2

第三节　研究思路与主要内容 …… 16

第一章　徽州的历史地理与发展变迁 …… 18

第一节　徽州的历史沿革和山水地理 …… 19

一、徽州的历史沿革 …… 19

二、徽州的山水地理 …… 22

第二节　徽州的历史与经济 …… 29

一、徽州的历史与经济 …… 29

二、徽州的发展 …… 36

第二章　逐水而居:徽州的渔樵耕读与“隐士”生活 …… 42

第一节　桃花流水鳜鱼肥:徽州渔业的历史 …… 43

第二节　徽州的“樵夫”和外地的“樵夫” …… 53
第三节　耕在“水穷处” …… 65
一、地窄人稠水利先:徽州的水利灌溉设施 …… 66
二、灌溉恃塘还恃堨:从《吕堨记》开始说起 …… 87
第四节　思乐“泮水”:乡居读书与徽州的“隐士” …… 100

第三章　徽州的跃迁与水路航运 …… 108

第一节　南宋迁都临安与徽州的跃迁 …… 108
第二节　行者倍利:商人与徽州的水路航运 …… 123

第四章　渔梁坝与徽州的市镇 …… 145

第一节　渔梁坝的历史演变 …… 146
第二节　渔梁坝的水利作用 …… 160
第三节　因坝成市为渔梁 …… 164
第四节　滨水而兴是屯溪 …… 174

余　论:成败由水——新安江的沉寂和望洋兴叹 …… 188

参考文献 …… 197

后　记 …… 231

前言

QIANYAN

- 徽州是中国传统社会后期的典型区域，各领域的杰出之士，代不乏人，尤其是遗存的文献和实物众多，极具“标本”意义。在徽州以至在整个中国的历史发展进程中，水利都占有极其独特而重要的地位。本书试图将徽州和水利联系起来，通过考察徽州独特的人文社会环境因素与以水为代表的自然环境因素的碰撞纠合过程，探求徽州水利社会的发展变迁及其背后的利弊得失。
- 本书研究的地理范围主要是徽州的新安江流域。新安江一水东流，集束了徽州最大盆地内的诸条水系，形成了一条极为重要的内外联系通道，人流、物流和信息流通过这一通道实现了交换。新安江流域作为徽州地区政治、经济、文化和地理等方面的核心区域，在徽州历史发展变迁过程中起到了重要的作用。在这历史的长河中，徽州人逐水而居，围绕着诸种水利趋利避害，不断调适，因应作出了不同的选择，包括传统的渔、樵、耕、读四种生产和生活方式。其中，渔、樵、耕与水利密切相关，读则跃然而出，缠绕其间，最终错综集合成徽州历史上极具特点的“隐士”文化。大隐隐于朝，中隐隐于市，小隐隐于野。徽州众多的“隐士”，走出徽州，与水产生了更多的社会联系，小徽州与大徽州的“隐士”们内外连接，上下互动，共同促进，形成了波澜壮阔的徽州水利社会。

- 关于水利社会的研究，以山西、陕西为代表的中国北方地区干旱少雨，饮水和灌溉等水利问题一直以来受到重视和关注。就南方而言，农业灌溉问题虽然是研究热点，但是，因为降雨量相对丰沛，南方地区水利社会研究的范围便更为广阔，如渔业、航运等水利问题，特别是航运水利更为重要。就徽州而言，本地士绅在以吕堨为代表的水利灌溉工程中，通过对偶像的塑造和祭祀，不断宣示和强化创建者家族的特殊贡献和利益。虽然其地位随着时间的流逝而不断消解，但是，对于作为发起人和倡议者的士绅家族，其所发挥的建设性作用理应予以肯定。
- 对于徽州社会而言，航运的作用特别重要，尤其是在南宋迁都杭州以后，徽州实现了从僻野荒陬向京畿之地的跃迁，特别是通过新安江水路，徽州与首善之区的经济距离较之地理距离更为缩短，经济、文化等方面的互动大为增强。通过新安江水路等通道，背井离乡、走出大山的徽州人日渐增多。一方面是因为本地人口增长和粮食不足之压力，另一方面也是行者倍利、居者屡空之事实，逐水而行源于利益的驱动。这些人中徽商赫赫有名。
- 伴随着徽州商业的日渐兴盛，渔梁、屯溪等一系列市镇多滨水而建，因水利而兴。它们大都位于徽州的一些水路要道上，作为徽州商品与人员集散的大小中心节点而逐渐兴盛起来。徽州人曾经走在海洋时代的前沿，在16世纪的中国东南沿海上，于倭寇之乱中留下浓墨重彩的人物中，不少人的籍贯恰为徽州，这其实正反映了徽州商业触角的延伸程度——既广且深。但是，徽州同整个中国一般，从海洋内敛而后退了一步，转向内陆河流，也因此失去了发展先机，最终繁华褪尽，黯然落幕。

绪　论

第一节　选题缘起及意义

徽州作为中国传统社会后期的典型区域，在政治、经济、文化、教育、科技、工艺和美术等各个领域，影响广泛而深远，其杰出之士，代不乏人。留存的大量罕见而集中的徽州文书和实物，更增其"标本"意义。在这些文献与文物遗存的基础上，徽学研究有条件言之有物，诸如徽商、徽州宗族等研究有声有色，新安理学、徽派朴学、徽州民俗、徽州戏曲、徽州科技、徽州工艺、新安医学、徽州教育等研究也蓬勃开展，成果频出。

本书尝试对徽州水利社会作一初步综合性探究。"农，天下之大本也"①，农业在中国传统社会中的地位举足轻重。"农业的第一个条件是人工灌溉"②，水可认为是农本。中国历代统治者无不重视水利，从大禹治水开始，几千年来，欲国家殷实富强，必须勤谨修治水利。水于徽州而言，其利包含灌溉，又不止于灌溉，特别是新安江这条徽州的母亲河，就像黄河、长江之

---

① (汉)班固：《前汉书》，《景印文渊阁四库全书》第249册，上海：上海古籍出版社，1987年，第86页。

② [德]弗里德里希·冯·恩格斯：《恩格斯致马克思》，1853年6月6日，见《马克思恩格斯全集》第28卷，北京：人民出版社，1973年，第263页。

于中国，给予徽州的是多方面的无微不至的关怀。在徽州以至在整个中国的历史发展进程中，水利都占有极其独特而重要的地位，研究水利和水利社会史，从学术意义上来说，很有必要。

本书将徽州和水利联系起来，通过考察徽州独特的人文社会环境因素与以水为代表的自然环境因素的碰撞纠合过程，探求徽州水利社会的发展变迁及其背后的利弊得失。时间范围上主要是南宋以降特别是明清时期，地理范围主要以新安江流域为中心。

徽州本以山越蛮荒之地著称，南宋后竟一变而为“东南邹鲁”①，“聚族成村到处同，尊卑有序见淳风”②；徽州宗族制度，宋元以来，典型完备，特别发达。徽商煊赫辉煌延续几百年，足迹几遍天下。在这七八百年的时间里，徽州其兴也勃焉，其衰也忽焉。为何出现这种情况？徽州的比较优势与劣势是什么？徽州兴起与衰弱的原因何在，是否与水利有所关联？

本书试图利用徽州的相关文献，包括正史、地方志、诗词、碑文、家谱、文书、民谣、传说等材料，以窥徽州水利社会之一斑，通过对这一区域水利社会史进行的考察，了解历史上徽州地区水利环境和人类社会生产、生活活动的相互影响和作用，以及由此带来的兴衰变迁。从现实意义上来说，希望通过这个研究为今后人们认识环境、改造世界提供历史的借鉴。

第二节　学术史回顾

在和平环境下初始的地理环境对于文化与文明特质的萌生具有重大影响。一方水土养一方人，各区域不同的自然环境的差异导致生活在其中的人们具有不同的风俗人情。且不说不同的地理环境形成了中华文明偏大陆

① (元)赵汸:《商山学院学田记》,《东山存稿》,见《景印文渊阁四库全书》第1221册,上海:上海古籍出版社,1987年,第287页。

② (清)吴梅颠撰,胡益民点校:《徽城竹枝词》,见安徽大学徽学研究中心编:《徽学》,合肥:安徽大学出版社,2000年,第380页。

性与希腊文明偏海洋性的不同，单就中国而言，“龙生九子，各有不同”，无论是《尚书·禹贡》，还是司马迁《史记·货殖列传》，都生动地描述了九州各异的情形。

然而，无论南方北方、东部西部，都共同面对着一个“水”的问题。水不羁于物、无拘无束的特性，使得“青山遮不住，毕竟东流去”。加之季节的变化、气候的差别，造成了地区之间的水量分布极不均衡。《老子》言：“水善利万物而不争。”然资源有限，水量有多有少，因此，水虽不争人却争。水是生命之源，涵养孕育了万千生灵，人自诩为生灵之贵者，为了更好地生存，趋利避害，长久以来就试图驯束水、利用水，这就在中国历史上形成了绵延悠长的水利文化。

何谓“水利”？《中国大百科全书》认为：“水利是中国的传统用词，泛指人类一切以水为对象的除害兴利活动，它的内涵随着社会经济和科学技术的发展而不断演进。”[①]这说明水利在中国历久相传，与人类的生产和生活活动有关，并且随着时间的推移，它的含义也在不停变化，因时因地而异。战国时期《吕氏春秋·慎人》说：“舜之耕渔，其贤不肖与为天子同。其未遇时也，以其徒属，掘地财，取水利，编蒲苇，结罘网，手足胼胝不居，然后免于冻馁之患。”这是中国典籍上首次出现“水利”一词，高诱注解：“水利，濯灌。”[②]如果参考前面“耕渔”一词，或亦有捕鱼之意。西汉时，《史记·河渠书》是因司马迁“从负薪塞宣房，悲瓠子之诗而作”。该文按时间顺序记述了从大禹治水、李冰治水、西门豹治水、郑国渠修建，到汉文帝时“河决酸枣”“大兴卒塞之”，汉武帝时“河决于瓠子”“卒塞瓠子”的历代故事，言“自是之后，用事者争言水利”。[③] 该文算是中国第一部水利专门史，从《河渠书》的描述来看，

① 《中国大百科全书》编委会：《中国大百科全书》，第2版，北京：中国大百科全书出版社，2009年，第560页。

② （秦）吕不韦撰，（汉）高诱注：《吕氏春秋》，见《景印文渊阁四库全书》第848册，上海：上海古籍出版社，1987年，第380页。

③ （汉）司马迁：《史记》，见《景印文渊阁四库全书》第243册，上海：上海古籍出版社，1987年，第656—658页。

此时的水利已有防洪、灌溉与通航之含义。北魏郦道元《水经注·叶榆河》："愚以行兵此道最便，盖承藉水利，用为神捷也。"[①]这个水利专指水路运输之利。此后诸朝代水利不脱上文诸义。

1933年10月，在浙江杭州召开的中国水利工程学会第三届年会，对"水利"的"范围"和"定义"形成了一项"决议"：

> 本会为学术上之研究，水利范围应包括防洪、排水、灌溉、水力、水道、给水、污渠、港工八种工程在内，但为建议政府确定水利行政主管机关之职责起见，应采用如下之定义。
>
> "水利为兴利除患事业，凡利用水以生利者为兴利事业，如灌溉、航运及发展水力等工程，是凡防止水为害者为除患事业，如排水、防洪、护岸等工程是。"[②]

相比于古代，水利的范围有所变更。20世纪下半叶，将"水土保持、水资源保护、环境水利和水利渔业"等诸种类型纳入，水利的含义更加广泛。20世纪90年代以后，水利一词又涵盖了"可持续发展和人与自然和谐发展、维护生态和环境安全的思想"。进入21世纪后，水利的含义可概括为："人类社会为了生存和可持续发展的需要，采取各种措施，适应、保护、调配和改变自然界的水和水域的时空分布，以求在与自然和谐发展、维护生态和环境安全的前提下，合理开发利用水资源，并防治洪、涝、干旱、污染等各种灾害。"[③]

可以看出，水利的概念随着历史的发展而变迁，总的趋势是内涵不断扩大，这与人类对于自然世界的认识不断深入是相关联的。

何谓"水利社会"？在古代，水利主要可概括为以下几种：洪水滔天，防

---

① （北魏）郦道元：《水经注》，见《景印文渊阁四库全书》第573册，上海：上海古籍出版社，1987年，第545页。

② 《中国水利工程学会第三届年会大会纪录》，见《水利》（年会专号），1933年，总第5卷第5期，第100页。

③ 《中国大百科全书》编委会：《中国大百科全书》第2版，北京：中国大百科全书出版社，2009年，第560页。

洪水利一也；引水济农，灌溉水利二也；舟行水上，航运水利三也；水车水碓，水力水利四也。除此之外，尚有渔业、饮用、排水、防火、御敌以及其他水利。简而言之，水利就是因水带来的各种利益，即使是防洪，亦是对于潜在利益损害的预防。广义地讲，水利不仅包含经济利益，也包含精神文化利益，比如通过水这一媒介，人与自然彼此互动，和谐相处，达到生理和心理上的满足状态，这种良好的身体和精神状态也是因水带来的利益之一种，堪称水利。

比如徽州地区盛行的风水之说，一定程度上来说，就是一种水利。它察于山形，观乎水势，因地制宜，因势利导，在尽量不破坏整体自然环境的前提下，对亭台楼阁、水土林木等人工元素进行局部调整，布设得当，内涵丰富，便利生活，达到安全与经济的动态平衡、人与自然情景交融的和谐境界。自然和人文景观交错相依，人在山水聚合中，感受到风水环境带来的优美建筑与景观空间，以及尤为重要的心理暗示和精神激励，身心愉悦，怡然自乐。

以上这些利益都与人相关。受到水系的地理限制，水利多具有区域性特征，而社会是共同生活的人们通过各种各样社会关系联合起来的集合。对于“水利社会”的定义，王铭铭在《“水利社会”的类型》一文中，认为“水利社会”指的是“以水利为中心延伸出来的区域性社会关系体系”，这个定义简明扼要地表述了水利与区域社会联盟形成的机制及相互作用的关系。[①] 行龙《水利社会史研究大有可为》一文中认为“水利社会就是以水利为中心延伸出来的区域性社会关系体系，这个区域社会是以水利为核心，进而涵盖政治、经济、宗教、文化、民俗、环境、社会生活等因素的综合有机体”[②]。综上所述，水利社会一般是指自然背景下利害博弈群体以诸种水利为纽带形成的区域性社会关系总和。

传统的水利史主要是国家治水史、水利工程和技术史，主要是为各个朝代的政府决策提供借鉴、技术的服务和支撑，多从宏观角度和上层视角分

① 王铭铭：《“水利社会”的类型》，《读书》，2004 年第 11 期，第 18—23 页。

② 行龙：《水利社会史研究大有可为》，《中国社会科学报》，2011 年 7 月 14 日，第 8 版。

析，大而化之。随着历史学与社会学、人类学等学科的交叉融合，历史研究的对象与方法有所更新。不同于以往将帝王将相等上流阶层作为主要研究对象的政治史、文化史和以国家意志为主要驱动力的水利史、科技史，水利社会史将研究目光下移，关注大时代和大地理背景下的社会个体、底层群体的心态变迁、人际互动以及人与环境的彼此影响和依存的关系。这种研究一方面不再局限于单纯的国家视野而具有区域性社会特征，另一方面着眼于整体史研究而非孤立的领域，通过田野调查，走进现场，将实物、口述史料与既有的文字史料相结合，试图将各个角度的一枚枚历史切片组合模拟成历史的动态场景。

水利社会史是以水利问题为切入口，不局限于水利史研究，它通过对水利个案的考察，在水利与自然、社会形成的广泛互动背景下，联系和比较广区域和长时段水利产生、发展和影响的异同，探究隐藏在表象背后的深层社会意义。

中国水利社会史的研究起步较晚，一开始深受外国水利社会史研究特别是美、日等国家的影响。比如，英文版的冀朝鼎《中国的基本经济区与水利事业的发展》，他在广泛搜集原始水利资料的基础上，提出了“基本经济区”的重要概念。[①] 魏特夫的《东方专制主义——对于集权力量的比较研究》，认为水利工程经常需要大规模的协作，这种协作促使专制君主和“东方专制主义”产生了。这一看法曾引起广泛争议，不过也促使国内学者对于水利社会有所认识和思考。[②]

整体史的研究最好能够获得区域史研究的支撑，各个区域的相关研究经过考察和对比，有利于看出彼此的特色。将局部的研究综合在一起，可以更全面和深入地把握整体的规律，不然，盲人摸象，难免有所偏颇。因此，历

① 冀朝鼎：《中国历史上的基本经济区与水利事业的发展》，朱诗鳌译，北京：中国社会科学出版社，1981 年。

② ［美］卡尔·A·魏特夫：《东方专制主义——对于集权力量的比较研究》，徐式谷等译，北京：中国社会科学出版社，1989 年。

史的区域化研究很有必要。

森田明《清代水利与区域社会》以清代水利史为中心，分别探讨不同地域水利设施的兴废，以及不同社会阶层对水利问题的态度和举措，在一定程度上揭示了中国传统农业向近代农业演变和发展的脉络。作者主要以长江中下游为研究重点，每章描写一个特定区域，涵盖华北、华东、华中地区，搜集并整理了很多罕见的方志和家谱等资料，研究规范严谨，分析细致入微，是海内外关于清代水利史研究的重要著作。①

要对幅员辽阔、地区间环境差异明显的中国进行历史考察，加强区域史研究确有必要，尤其是对区域水利社会史的研究。

目前中国水利社会史研究已体现了区域化特色，比如，就重点研究区域而言，主要有两个分布带：首先是西北、华北等北方地区，如甘、陕、晋、冀、豫等省，黄河于其中蜿蜒曲折，形状类似一个正“几”字；其次是东南沿海及长江流域等南方地区，如川、鄂、苏、闽、粤等省，长江一线与东南沿海海岸线交汇于上海，形状类似一个斜“几”字。两个“几”字形地带，水利社会各具特点，其中北方山陕地区、南方江南地区是研究热点区域。国内其他地区水利社会史的研究有的已逐渐展开，但总体而言仍相对薄弱。

以北方山陕地区水利社会研究为例，这一地区相对于南方来说，雨量较少，水资源稀缺，因此水利问题一直受到人们的重视，留存了大量关于灌溉、饮用的文献材料。之前研究者多“目光向上”，甚少关注这些材料。直到一些西方学者基于西方历史研究的传统，将目光投向这些地区，经过实地田野考察和对文献资料挖掘整理之后，这些极有价值的材料才走出“独守春闺无人知”的尴尬境地。

不少国内学者对西方史学理论悉心体味，辩证借鉴，其学术方法和视角较之以往更加丰富和广阔，收获了丰硕的学术果实。北京师范大学赵世瑜《分水之争：公共资源与乡土社会的权力和象征——以明清山西汾水流域的

---

① ［日］森田明：《清代水利与区域社会》，雷国山译，济南：山东画报出版社，2008年。

若干案例为中心》一文认为,民间故事本身就是历史过程的一部分,成为表现某种权力关系的象征性资源。比如数百年来广泛流传于晋中、晋南地区的许多“分水”传说,反映了水资源利用这一重要问题与区域地理、社会制度与国家制度、社群关系等有密切关联。作者并没有把分水问题看作简单的人口—资源关系紧张的结果,而是将其放在公共资源或公共物品产权界定的问题框架中去思考和分析。该文通过分析明清山西汾水流域的太原晋祠等若干个案,试图显示乡土社会内部错综复杂的权力关系,以及为协调这一关系而逐步确立和完善的制衡性制度。[①]

山西大学行龙教授及其研究团队较早开始研究山西水利社会,学术成果丰厚独特。行龙《“水利社会史”探源——兼论以水为中心的山西社会》一文主张山西水利社会史的研究主要从四个方面展开:首先是对水资源的时空分布特征及其变化进行全面分析,并以此作为划分类型和时段的基本依据。从类型学角度出发,将河流、泉水、山洪、湖水四种水源形态对应的区域社会初步称作“流域社会”“泉域社会”“洪灌社会”“湖域社会”,并以此作为分析工具,进一步开展“水利社会”史研究。第二,是对以水为中心形成的社会经济产业的研究。第三,是以水利案例为中心,对区域社会的权力结构及其运作、社会组织结构及其运作、制度环境及其功能等问题开展系统研究。第四,是对以水为中心形成的地域色彩极浓厚的传说、信仰、风俗文化等社会日常生活的研究。上述四个方面,构成了以水为中心的山西乡村社会研究的主要内容,也是作者从实证出发研究水利社会史时所遵循的一条基本路径。[②]

对于陕西关中地区水利社会史的研究,厦门大学钞晓鸿《灌溉、环境与水利共同体——基于清代关中中部的分析》一文对森田明等日本学者将水

---

① 赵世瑜:《分水之争:公共资源与乡土社会的权力和象征——以明清山西汾水流域的若干案例为中心》,《中国社会科学》,2005 年第 2 期,第 189—203 页。

② 行龙:《“水利社会史”探源——兼论以水为中心的山西社会》,《山西大学学报》,2008 年第 1 期,第 33—38 页。

利共同体解体的根本原因解释为明末清初的地权集中的观点进行了反思，通过实证分析，认为探求关中水利共同体解体的根本原因，必须结合自然、技术、社会环境来分析。技术条件与环境的变化导致引水秩序很难保持稳定和平衡，渠民的权利和义务不能对等，这使得水利共同体无法持续。[①]

上文所述是以山陕地区为代表的中国北方地区水利社会史研究的简要回顾。总体上说，这一地区，相对于南方而言，干旱少雨，饮用和灌溉用水问题一直以来更受到重视和关注。特别是在一些典型地区，有限的水资源如何作相对公平的有效分配，成为影响极为深远的问题。水资源在时间和空间上的分布不均，影响到人们的生产和生活方式。

这些地区，在追求共同利益的诉求下，传说与偶像重新得到了塑造，并不断强化，百姓的信仰和民间的风俗习惯随之变化，血缘、地缘、神缘等组织相互交织，族权、政权与神权在若即若离的过程中共同展现权威，国家控制和地方管理体系进一步稳固，新的社会秩序得到了建立，这一切大都是因为发展了水利。水利问题水银泻地般渗透进社会的运行过程中，若隐若现。

北方自然环境的特异性影响到了个人的选择，每个成员的选择集合成社会举措，形成社会力量，又反过来影响个人选择与自然环境。这个过程中，围绕着水利问题，不同利益群体之间互动博弈，北方地区形成了独特的水利社会景象，水利社会史研究也以此为前提展开。

下面是南方地区。

对于东南沿海，厦门大学郑振满在《明清福建沿海农田水利制度与乡族组织》一文中指出，历史上的农田水利制度，不仅反映了农业生产力的发展状况，也反映了农业生产过程的组织形式。明清福建沿海水利组织有“官办”和“民办”两种形式。大型水利设施多“官办”，小型水利设施多由民间宗族修筑管理。地方官府财政费用不足，水利设施管理有从“官办”向“民办”过渡的趋势。从某种意义上，这“说明了明清时期政府的作用不断削弱，而

① 钞晓鸿：《灌溉、环境与水利共同体——基于清代关中中部的分析》，《中国社会科学》2006年第4期，第190－204页。

乡族组织的势力却日夜壮大”。[①]

对于长江流域，武汉大学杨国安《樊口闸坝之争：晚清水利工程中的利益纷争与地方秩序》一文，记录了湖北武昌县樊口地区，就是否修建樊口闸坝，爆发过一场旷日持久的水利冲突。当地民众双方就水利工程涉及的农业、渔业、商业、航运、水利安全等诸多领域展开争论。这一事件，体现了晚清地方利益群体之间的博弈关系，以及国家与民众有关大型水利工程的决策机制问题。[②]

复旦大学肖启荣博士学位论文《明清时期汉水中下游的水利与社会》认为从明中后期到民国，汉水下游南北两岸的州县，因为水利环境的变化以及水利治理的政策，围绕三个分水穴口进行了长期水利纷争。水利纷争控制权经历了由官绅与上层绅士向下层绅士与民众转移的过程，解决纷争途径由官僚集团内部协商走向暴力的自治行动。[③]

翟婷、胡理在《明清时期汉江中下游地区的水利建设与社会关系》一文中认为，明清时期汉江中下游河道变迁，对沿江区域造成极大危害。人口压力的加大，使得这一地区水利建设迅速发展。文章对汉江水利建设进行了描述，从水利社会史的角度，对汉江中下游水利建设中反映的中央与地方关系、士绅作用、商人实力加强等问题进行了初步探讨。[④]

此外，关于四川盆地，四川大学谢继华硕士学位论文《民国时期都江堰灌区水费及水利纷争研究》认为，都江堰水利工程的维修离不开水费征收，都江堰灌区的管理经费也与征收水费息息相关。[⑤]

---

① 郑振满：《明清福建沿海农田水利制度与乡族组织》，《中国经济史研究》，1987 年第 4 期，第 38—45 页。

② 杨国安：《樊口闸坝之争：晚清水利工程中的利益纷争与地方秩序》，《中国农史》，2011 年第 3 期，第 111—120 页。

③ 肖启荣：《明清时期汉水中下游的水利与社会》，复旦大学博士学位论文，2008 年。

④ 翟婷、胡理：《明清时期汉江中下游地区的水利建设与社会关系》，《湖北民族学院学报》，2008 年第 4 期，第 131—134 页。

⑤ 谢继华：《民国时期都江堰灌区水费及水利纷争研究》，四川大学硕士学位论文，2005 年。

四川大学马友惠硕士学位论文《黄龙溪流域水利社会(1760—1949)》聚焦于黄龙溪水利社会,试图探讨社会历史变迁中治水系统与水利社会如何互动这一内在规律。为解决流域内农田灌溉用水紧张的问题,地方政府设立了名为“三县衙门”的特殊机构处理水务。通过对三县衙门职能变迁的考察,反映地方社会运行的模式,也折射出国家政权通过地方行政对社会实行控制的变化发展过程。①

南昌大学胡荣明硕士学位论文《民国鄱阳湖区的水利纠纷研究(1928—1948)》,认为鄱阳湖湖区在防洪的同时还需要准备抗旱,筑堤与修塘成为最重要的两项水利工程。②

厦门大学唐庆红硕士学位论文《明清以来龙泉水利与地方社会》考察了明清以来江西龙泉县泉江镇两个水利灌溉组织的修筑管理情况,认为明清以来,龙泉地方水利工程修建呈现出民间化趋势,乡绅阶层成为水利组织的主要负责人,水利组织的运营与管理具有高度的自治性。国家政权作为公正、秩序与权威的象征,贯穿于水利建设的全过程。③

南昌大学廖艳彬硕士学位论文《江西泰和县槎滩陂水利与地方社会》,考察了宋以来江西泰和槎滩陂水利组织与地方社会互动的历史变迁,探讨了区域社会发展的模式。④

钱杭《库域型水利社会研究——萧山湘湖水利集团的兴与衰》在收集和整理大量地方文献的基础上,对湘湖地区史上的重要人物和事件、冲突纷争、水利共同体的制度基础、意识形态、秩序规则等逐一进行解读,进而重新勾描了湘湖水利社会的变迁轨迹及最终走向解体的命运。作者认为湘湖走向解体是因为地方乡绅和乡官这些受传统伦理熏陶的湘湖水利集团成员及其代言人,为一己之私,党同伐异,使本可加以适当调整、兼顾的利益关系完

---

① 马友惠:《黄龙溪流域水利社会(1760—1949)》,四川大学硕士学位论文,2007年。

② 胡荣明:《民国鄱阳湖区的水利纠纷研究(1928—1948)》,南昌大学硕士学位论文,2008年。

③ 唐庆红:《明清以来龙泉水利与地方社会》,厦门大学硕士学位论文,2007年。

④ 廖艳彬:《江西泰和县槎滩陂水利与地方社会》,南昌大学硕士学位论文,2005年。

全对立化，丧失了重建秩序的许多机会，使水利管理陷于混乱和停顿，从而加剧了湖体之瘀，消解了湘湖之利。他认为，中国基层社会中许多“民间秩序”都在不同程度上存在与湘湖类似的问题，比如公共利益总是表现为对私人权益的覆盖。在研究湘湖个案的基础上，钱杭讨论了“库域社会”这一水利社会新类型。①

复旦大学冯贤亮《近世浙西的环境、水利与社会》从考察浙江平湖县横桥堰为中心的区域社会入手，解析与江南众多的水利设施相似的横桥堰及其周边社会，特别是将环境变化置于自然和社会两方面进行考察，分析其对水利设施周期性兴废的影响，详细说明社会各阶层，特别是官绅阶层与乡村水利的诸种关系，府官、县官两级政府官员的更替及其影响，从而构建起一个小地方的水利社会史。②

陆敏珍《唐宋时期宁波地区水利事业述论》一文对8—13世纪宁波地区的水利建设及其与区域社会的关系进行了论述，也对南北方水利社会进行了比较。作者认为，北方水利系统所浇灌土地往往呈线形分布，由于北方水资源相对缺乏，争水成为地域社会常见的冲突，争水冲突时国家政权介入，具体水利设施管理以民间组织为主。南方的水利系统成面形分布，民众争地多于争水，为保护自己耕地，常常将水害嫁祸于他人所在之地区。水利事务多通过政府与地方共同进行管理，从而形成水利共同体。

对于徽州水利社会的研究，就笔者所搜集到的资料而言，目前尚未发现全面、系统的专门研究成果。不过一些研究者的论著对于徽州水利问题是有所关注和涉及的，今就相关文献逐一说明。

骆泉生《黄山古代水利名胜》一文，对于黄山地区的几处古代水利工程，包括属于青弋江水系的漏斗坝、狮象把门坝，新安江水系的吕堨、渔梁坝、珠塘、东关堨，阊江水系的阊门滩，其地理位置、历史演变和史料记载等情况进

---

① 钱杭：《库域型水利社会研究——萧山湘湖水利集团的兴与衰》，上海：上海人民出版社，2009年。

② 冯贤亮：《近世浙西的环境、水利与社会》，北京：中国社会科学出版社，2010年。

行了简单的介绍。[①] 王旭《皖南山区水利工程与地域社会——以歙县渔梁坝为例》一文,分别从渔梁坝与地域经济、渔梁坝与地域政治、渔梁坝与地域自然和人文环境三个方面入手,探讨了渔梁坝与徽州地域社会之间的关系,该文特别将渔梁坝的历史修筑情况进行了简要列表说明。[②]

梁诸英《明清时期徽州地区灌溉水利的发展》一文,对明清时期徽州地区灌溉水利的发展情况作了系统考察。作者认为,明清时期,徽州地区粮食供应严重不足,而该地区河流易盈易涸,塘堰易被冲击、淤塞。面对这不利的自然条件,徽州地区的灌溉水利都有明显的发展,体现在塘堰灌溉工程数量的增多、塘堰面积的大幅度扩大、对旧有塘堰工程的修治、对水资源利用的扩大与改进等方面。[③] 梁诸英《明清徽州绅商投资家乡农业水利状况及原因》一文,探讨了明清徽州绅商投资徽州水利的情况和缘由。他认为这一时期徽州绅商之所以积极投资徽州水利,主要原因如下:政府大力倡导,徽州本身地狭人稠和粮食不足,儒商崇尚儒家义利观,徽州宗族观念强烈。徽州绅商在家乡农业水利建设中投入巨大,作用重要,促进了粮食的生产,有利于徽州农村的发展与稳定。[④] 梁诸英《明清时期徽州水灾与徽州社会》一文,认为徽州水灾较之旱灾破坏性更大,其发生以明后期至清代为严重,尤以清代中期水灾破坏力巨大,对徽州社会产生多方面影响。徽州山洪裹挟的泥沙覆盖田亩,对当地农业生态产生了深远影响。针对"砂积田亩"问题,地方社会采取了多种应对措施。[⑤]

复旦大学吴媛媛博士学位论文《明清时期徽州的灾害及其社会应对》,

① 骆泉生:《黄山古代水利名胜》,《水利天地》,1993 年第 6 期,第 14—15 页。

② 王旭:《皖南山区水利工程与地域社会——以歙县渔梁坝为例》,《农业考古》,2012 年第 6 期,第 129—132 页。

③ 梁诸英:《明清时期徽州地区灌溉水利的发展》,《南京农业大学学报》,2006 年第 1 期,第 73—77 页。

④ 梁诸英:《明清徽州绅商投资家乡农业水利状况及原因》,《池州学院学报》,2011 年第 4 期,第 24—27 页。

⑤ 梁诸英:《明清时期徽州水灾与徽州社会》,《安徽大学学报》,2013 年第 2 期,第 112—118 页。

其第六章《水利治灾工程与民间水利合作规则》首先对徽州农田水利与其他工程设施作了简要介绍，然后分别以昌堨和吕堨为个案探讨了徽州水利组织在明清两代的表现。文章分析认为，明代的大业主往往兼为堨首，用水之争即表现为宗族之间的冲突；清代则演变为业主与堨首相分离，渠务的最终决定权往往是灌溉渠内的大业主，即士绅集团。这些反映了从明至清，水利管理趋于专门化。不过，从这两个水利个案中，并不能看出明显的水利组织民间化的趋势，反而可以看出，从一开始水利组织就是以民间化的形式而发生和存在的，只是随着官府控制力的变化，在官方与民间力量之间有着此消彼长的动态过程。士绅阶层对水资源实行直接管理，而官方对士绅阶层保持着一种形式上的领导权。另外，灌溉区沟通了数个村庄，加强了宗族之间的联系，是一种基于宗族的松散的地缘组织，宗族之间是合作与竞争的关系。由于徽州相对闭塞的地理环境，个别士绅作为基层社会的实际操控者，对水利组织的影响往往大于社会大环境的影响。①

棚民问题对于徽州水利社会的影响也比较大。其中，卞利《清代中期棚民对徽州山区生态环境和社会秩序的影响》一文，通过对徽州方志、家谱、档案、碑刻和文书等材料的分析，对棚民进入徽州山区后，给徽州山区生态环境及社会经济所造成的影响与破坏，以及徽州本土官民的应对措施，进行了系统剖析和论述。②

卞利的专著《明清徽州社会研究》第二十二章是《明清徽州的森林保护碑刻研究》，该章通过在徽州发现的有关封山育林、严禁乱砍滥伐、保护森林植被免遭破坏的34份碑刻材料，并结合其他文献资料，探讨了明清徽州森林保护碑刻的时间和空间分布及其基本类型，分析了明清徽州森林保护碑刻的主要规条，说明了明清徽州森林保护碑刻在维护徽州生态、推动林业经济发展方面的作用。该章通过对明清徽州森林保护碑刻的探讨和分析，进

---

① 吴媛媛：《明清时期徽州的灾害及其社会应对》，复旦大学博士学位论文，2007年。

② 卞利：《清代中期棚民对徽州山区生态环境和社会秩序的影响》，见倪金根主编：《生物史与农史新探》，广州：广东人民出版社，2005年。

一步厘清了历史上有关保护森林、严禁乱砍滥伐等乡规民约的制定、执行与实施的动态过程，尤其是将一部分尚未为学界所知的珍贵而生动的森林保护碑刻公布出来，对于加深理解棚民事件对徽州水利特别是灌溉和航运的影响及其相互关系有一定的作用。①

陈瑞在《清代中期徽州山区生态环境恶化状况研究——以棚民营山活动为中心》一文中，对清代中期徽州山区外来棚民的基本状况、棚民营山活动的内容与类型、棚民营山活动给山区生态环境造成的破坏以及徽州社会为遏制生态环境恶化所采取的应对举措等方面作了分析与探讨。文章认为，清代中期徽州山区生态环境的严重恶化，主要是由外来棚民所从事的简单粗放、掠夺式的营山活动造成的。在长期饱受生态环境恶化之苦的情况下，徽州社会采取了驱禁棚民与封山育林、调整产业种植结构相结合的标本兼治的应对措施。②

徽州水利社会史研究相对比较薄弱。在徽州，徽商与徽州宗族极具典型意义，研究价值很大，研究成果丰硕。徽州水利社会研究则相形见绌。这反映了徽学研究虽然蓬勃发展，但徽学研究的史料亟须加快公布、整理和出版，研究门类还可以广为拓展，研究者可以进一步开阔自己的视野，徽学研究的潜力还很大。

总体而言，南方水利社会研究相对于北方来说，各区域涉及的水利类型较之北方为多，比较显著的就是水路航运在南方地区的普遍存在，这种航运水利在历史上对于徽州社会变迁的影响巨大，不弱于防洪和灌溉的作用。不同于北方有些地区饮水问题非常重要，甚至会影响到区域内人们整个的生活和秩序，南方地区很少存在这一问题。与北方地区引水灌溉矛盾相比，南方地区面临的不止灌溉问题，还有防洪问题。南方地区水利组织较之北方血缘性更强些，北方地区水利组织地缘性更强。南方地区的水利机械的

① 卞利：《明清徽州社会研究》，合肥：安徽大学出版社，2004 年，第 378—392 页。

② 陈瑞：《清代中期徽州山区生态环境恶化状况研究——以棚民营山活动为中心》，《安徽史学》，2003 年第 6 期，第 75—83 页。

应用也比北方要广泛，水利工程的种类更多一些。

当然，水利社会的研究，不论南方、北方，都是在各自对应的特定时空背景下展开的，由于技术条件和自然、社会环境的不同，研究的倾向和结论会有所差异。如果把不同地方的水利社会研究成果都呈现出来，进行区域性和历史性的考察比较，可能会对中国历史的发展和变迁拥有更全面的感知和认识。

第三节　研究思路与主要内容

本书选取的研究地域是徽州的新安江流域。众所周知，徽州文献和文物遗存极为丰富。笔者就能力所及，选取了古代徽州最核心的新安江流域作为考察对象，主要包括一府六县中的歙县、休宁、绩溪和黟县等四县，围绕新安江这一纽带，通过水利作为切入点，重点考察南宋以降，特别是明清徽州水利社会中农业灌溉、航运水利等几个问题，其中穿插介绍相关的水利设施、徽州乡村市镇等，通过对这些徽州水利记录进行分析和解读，试图展现这种氤氲水中、共生共荣的徽州水利社会。

本书首先对选题缘起和意义进行陈述，并作学术史回顾，说明研究思路与主要内容。

第一章主要说明徽州的历史地理与发展变迁状况，分别对徽州的历史沿革、山水地理、经济社会发展进行论述。徽州特殊的山环水绕的地理环境使得其从蒙昧走向开化的历史进程相对较晚，尽管有北方士族和普通民众的持续迁入，但直到唐宋以后，随着中国经济重心的南移，徽州才后来居上，发展兴盛起来。

第二章主要考察徽州人逐水而居的渔樵耕读与“隐士”生活。通过对《吕堨记》的考证，以之为切入口，对吕堨这一水利工程进行个案研究。徽州有大好山水，民众逐水而居，比如渔、樵、耕等生活方式，就是趋其水利，避其水害而产生的，再加上良好的读书风气，最终构成了一种相对自然的“隐士”

社会与生活。

第三章主要研究徽州的跃迁和水路航运。南宋迁都临安后，徽州从僻野荒陬一跃而为京畿重地。徽州与杭州之间通过新安江航运水道联系更为紧密，行者倍利，徽州与徽商之崛起与此水路密切关联。徽州人为人口和粮食压力所迫，不能坦然小隐于家乡，遂中隐与大隐于徽州以外的江河湖海之间。南宋迁都至临安，因为有着新安江水路的关系，成为徽州中隐、大隐之人就近演练、大长见识并脱颖而出的绝佳舞台和契机，由此形成了一定的历史惯性。而徽州大山周塞，四面隔绝，陆路相对难通，与外界交往多倚靠水路进行。在这种近乎岛屿型的特殊地理环境下，徽州容易吸收外来先进文化和文明，不容易被打断育化进程，徽州经济和文化持续发酵和酝酿，并最终特以富庶和儒理而著称。

第四章主要对渔梁坝兴建维修的历史演变进行了考察，并对其水利作用和渔梁市镇的形成过程作了分析，然后对屯溪市镇的成长壮大进行了研究。总体而言，屯溪区位优势明显，特别是位于诸水汇集之处，经济辐射面积和航运水利十分巨大，这一点与歙县县城徽城有相似之处，具备成为徽州中心城市的条件。最后由于“徽州一广州”商路的牵引，以及城市主要功能由“城”向“市”的转变，在地方政府和组织的助推下，实现了由小街到巨市的蜕变。

最后探讨徽州与海洋之间的关系。从新安江到大海，从河流时代到海洋时代，一定程度上，徽州的盛衰成败与水利之间有很重要的联系。徽州人因为其商业的传统和先发优势，在欧洲人绕过好望角来到东亚以后，一度成为中外海洋贸易交往的领先者，但最终在沉重的传统历史惯性冲击下，自海洋回转内陆河流，虽有一时兴盛，但最终在传统社会失去先机的情况下，不可避免地走向了衰败。

第一章 徽州的历史地理与发展变迁

徽州地处长江以南,《禹贡》言其属于扬州之境。先秦时期,徽州地区陆续属于吴、越、楚三国,后一统于秦。至汉,先属于会稽郡,后于其境设黝、歙两县,隶属于鄣郡。东汉末年,设新都郡,下辖六县,此为一府六县之滥觞。西晋时新都改名新安,此为新安名称之始。隋代改新安为歙州,至唐代中叶,传统的徽州一府(州、路或县)六县之名称与区位大体确立。自北宋宣和三年(1121)歙州改名为徽州,直至清末,徽州的行政格局基本稳定。

在地理环境上,徽州"环徽皆山也",总体特点是山多地少,水流密布,其中歙县、绩溪、休宁、黟县大部分属于新安江流域,而祁门、婺源主要属于长江流域,徽州主要通过徽杭、徽饶、徽宣和徽池四条水道同外界联系,徽杭水道和徽饶水道更为重要,其中尤以徽杭水道为最。

历史上,徽州地区以山越蛮荒著称,开发较晚,经济上与中国南方不少地区一样不是特别发达,只是随着北方移民包括衣冠士族的不断涌入,先进文化的不断传播,生产技术的推广,风俗渐变,人文荟萃,遂成彬彬有礼之乡、经济富庶之地。

第一节 徽州的历史沿革和山水地理

一、徽州的历史沿革

徽州之地，据《禹贡》所分，属扬州之境。春秋之际，隶属于吴。战国时期，越灭吴后，隶属于越。楚灭越后，又下辖于楚。直至楚灭，一统于秦。秦朝实行郡县制，将全国划分为三十六郡，这一地区属于会稽郡。后秦始皇迁徙部分原越国之民居住于此，设立黝、歙两县，隶属鄣郡，这是徽州地域历史上最早的行政区划设置。

此时的黝、歙两县地域广大，面积已超过后世徽州府的辖域面积，所属东抵广德，西达婺源，北至石台，南到淳安，当然，这是从今时的地理名称上来看的。西汉武帝元封二年（前 109），鄣郡改为丹阳郡。东汉献帝建安十三年（208），孙权派遣威武中郎将贺齐征伐山越，平定二县，并将歙县分为东南向始新、新定二县，西向黎阳、休阳二县，改黝县为黟县，与歙县等六县从丹阳郡析出，设新都郡，这堪为徽州一府六县的滥觞。后避吴主孙休讳，改休阳为海宁。

三国时期，吴国偏居中国东南之一隅，为抗衡魏、蜀两国，遂欲求控制更多的土地、人力和财源，徽州所处的这片地区，临近秣陵，也就是后来的吴都建业城，可算得京畿腹地。所谓卧榻之侧，岂容他人鼾睡，此地由此进入了统治者的视野。清人顾祖禹在《读史方舆纪要》中评价徽州：

> 厚金陵之锁钥，控江浙之要领，山川险阻，襟带百城，摇足而定饶、信，运肘而慑杭、严，择利而动，无不可为也。且土沃民殷，资储易给，控御三方，战守足恃。明初由此以靖南服，岂非地利之明验哉？①

① （清）顾祖禹撰，贺次君、施和金点校：《读史方舆纪要》，北京：中华书局，2005 年，第 1365 页。

顾氏对其战略价值的分析明晰透彻，徽州地理位置的重要性由此得见一斑。从当时孙权派威武中郎将贺齐前来此地征伐山越，可知三国之前，政府对于这一地区只是点的控制，而且并不严密，这种统治形式类似于一种羁縻，当地山越族自有豪强领导，在形式上接受中央政权的统治。但随着国家统治的加强，徽州地区开始全面纳入国家统治中来，这从其境内行政区划的大量增设这一侧面也可以看出。

西晋武帝太康元年(280)，平定东吴，析出广德县隶属于宣城郡，新定改名为遂安，新都郡改名为新安，此为徽州号称新安之始。南朝宋大明八年(464)，黎阳并入海宁。此后，或并或分，至隋朝开皇九年(589)，改新安郡为歙州，此后所属各县渐次归属于歙州、婺州，海宁县改名休宁县。不过，始新县改名为新安县与遂安县，转隶睦州，即今浙江淳安、遂安，从此二县出徽州而未再入。隋炀帝大业初时，歙州复为新安郡。唐代建立后，又为歙州。唐玄宗开元二十八年(740)，从休宁分出婺源县。唐代宗永泰二年(766)，因乱从黟县和饶州浮梁县分出祁门县。[①] 同年，歙县北部的"华阳古镇"，因"宣州旌德县贼王万敌入寇其地，贼平置县"，是为绩溪县。[②] 至此六县名称俱有。

这期间，歙州境内北野县、归德县立废不定。《太平寰宇记》记载："废北野城，在县北三十五里，永徽五年……遂置，……大历五年废。废归德县在郡西南五十里，……永泰元年，……贼平因请置县，大历五年废。"[③]该书同一卷中又记载："北野县，唐高祖七年置，大历四年，与隋置归德县地同废。"[④]综上参考《太平寰宇记》和《新安志》所述，就北野县而言，唐高祖七年(624)置县，永徽五年(654)又置县，可见这期间北野县曾有过废置；归德县，隋代始置县，永泰二年(766)又置县，这期间归德当也有过废置。两县复置为县后，最后在大历四年(769)或者五年，又于一年内同时罢去。

① (宋)罗愿撰，萧建新、杨国宜校著：《〈新安志〉整理与研究》，合肥：黄山书社，2008年，第13—15页。

② (宋)乐史：《宋本太平寰宇记》，北京：中华书局，2000年，第136页。

③ 同②。

④ 同②。

关于两县的废除时间，据《唐会要》卷七十一载："归德县，大历四年二月废，入休宁县，北野县，大历四年二月废，入歙县。"[①]虽然南宋罗愿《新安志》有"北野、归德二县至大历五年省"的记载，但《新安志》成书时间晚于其他两部文献。就《太平寰宇记》和《唐会要》而言，《唐会要》成书时间更早，相对于《太平寰宇记》中"大历五年"说的孤证，《唐会要》"大历四年"说可以作为《太平寰宇记》"大历四年"说的旁证，因此取"大历四年"说，即北野、归德两县于大历四年(769)被撤销县置。

从此，歙州开始下辖歙县、绩溪、休宁、婺源、黟县、祁门六县。徽州人罗似臣评价道："徽于江东为支郡，而在唐为大州，顾今之封域，皆唐旧也。"[②]可以认为，这是徽州地区稳定维持一州(府)六县格局的真正开始时间。

此后，历经五代十国之杨吴、南唐，进入北宋，宋徽宗宣和三年(1121)，方腊之乱平息，"五月二十四日诏，改歙州为徽州"[③]，这是徽州得名之始。元代婺源县曾升为婺源州，和其他五县仍隶属于从徽州府升格的徽州路。元末，朱元璋攻克徽州路，改其名为兴安府，旋又恢复徽州府的旧称，此后直到民国时期废府留县为止。

可以说，自宣和三年(1121)徽州定名后，徽州一府六县的府县名称和所辖地域基本未改，就弘治《徽州府志》记载，徽州"东抵浙江杭州府昌化县界，西抵江西饶州府浮梁县界，广三百九十里；南抵浙江衢州府开化县界，北抵宁国府太平县界，袤二百四十里"[④]。煊赫灿烂的徽州经济和文化正是在此"广袤"区间肇始萌生，发展壮大，辉煌荣耀。

---

① (宋)王溥：《唐会要》，北京：中华书局，1955年，第1276页。

② (明)彭泽修，汪舜民纂：《徽州府志》卷十二，见《天一阁藏明代方志选刊》第21册，上海：上海书店，1982年。

③ (宋)罗愿撰，萧建新、杨国宜校著：《〈新安志〉整理与研究》，合肥：黄山书社，2008年，第15页。

④ (明)彭泽修、汪舜民纂：《徽州府志》卷一，见《天一阁藏明代方志选刊》第21册，上海：上海书店，1982年。

二、徽州的山水地理

关于徽州的空间地理特征，我们可以先看如下文献记录。《淮南子·天文训》记载：

> 昔者共工与颛顼争为帝，怒而触不周之山，天柱折，地维绝。天倾西北，故日月星辰移焉；地不满东南，故水潦尘埃归焉。①

共工氏乃中国神话中的水神，而不周之山，众说纷纭，未能确指。或者可以这样讲，与其说它是一个物质的山体，不如说是一个虚拟的象征。

共工氏怒触不周之山，擎天之柱折断，天上破了一个大洞，这个大洞好似上天睁开了一只眼睛，堪称“天目”。天目视野所及，当是天目之山。真实的天目山脉就坐落在徽州东部。

想象一下，如果共工拿着干戚与颛顼相争，斗争失败，一怒之下，脚蹬西北，头向东南，后仰跃起撞向不周之山，天柱崩塌碎裂，乱石落于地面，变成了拱卫徽州的一系列山脉：天目山脉自东北向西南延伸，次第是白际山脉，到南边的五龙山脉，西北方向则是黄山山脉。共工的头颅和躯干从北往南化作了绩溪、歙县与休宁，两只大脚掌分别踩出了婺源和祁门，左臂水平垂地，压出了蜿蜒的新安江主干道，右手紧握干戚，向下面一插，压出了圆圆的古黟，向上面一挥，那干戚横冲竖切，雕成了黄山诸峰。共工的骨肉和毛发分别变成了旷野平畴和林木花草，那遍布全身的血管、血液就化为了奔腾在徽州万岭千山中的新安江等众多干支流和其中的碧水。

当然，以上只是传世文献中的记载带来的演绎说法，这样说主要也是为了便于读者深入理解徽州的县治分布和山水地理特征。真实的徽州，其地理环境的主要特点是山多地少，水系密布，环境封闭，风景优美。“七山一水

① (汉)刘安等著，(汉)高诱注：《淮南鸿烈解》，见《景印文渊阁四库全书》第848册，上海：上海古籍出版社，1987年，第530页。

一分田，一分道路和庄园”的俗谚，夸张却生动地描述了徽州的地理环境特点。

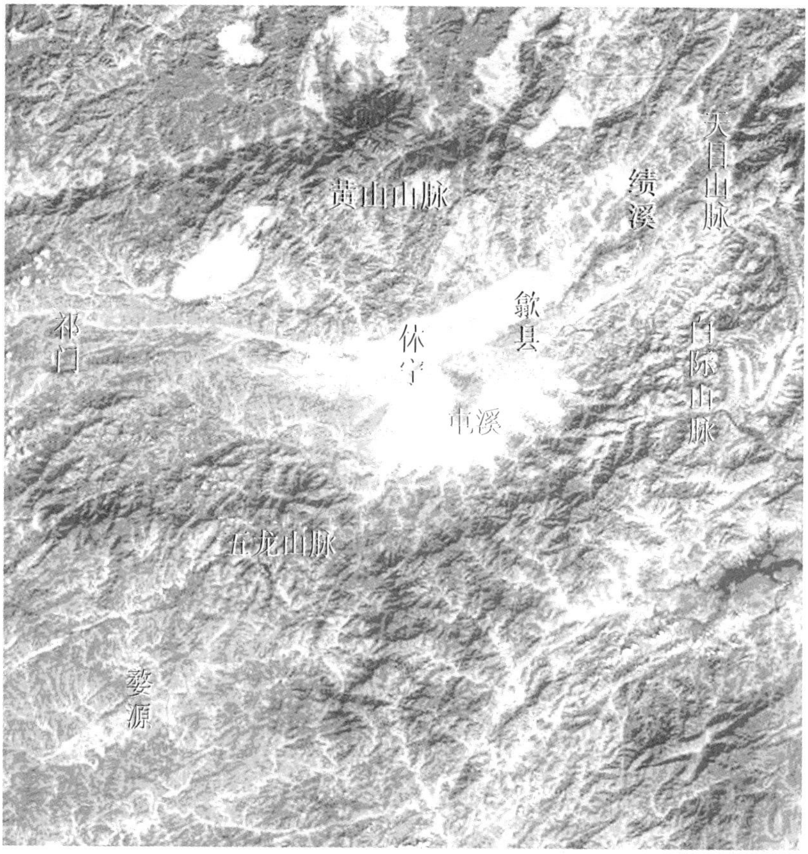

图　徽州一府六县地形示意图

图片来源：百度卫星地图，http://map.baidu.com/。标注为笔者所加。

唐宋八大家之一的宋代欧阳修在其千古名篇《醉翁亭记》中写道：“环滁皆山也”。[①] 这里借用一下，用来形容徽州，也非常恰当，甚至更恰当，即“环徽皆山也”。

---

① （宋）欧阳修：《文忠集》，见《景印文渊阁四库全书》第1102册，上海：上海古籍出版社，1987年，第311页。

徽州地处江南，群山环绕。黄山山脉耸立于西北，天目、白际山脉巨龙般蜿蜒于东南，五龙山脉横亘于西南，峰峦掩映，状若云屏，座座高耸的山脉共同包裹出了一个个凹陷的间有碎岭、丘陵，起伏不定的盆地，绩溪、歙县、黟县、休宁四县就大部处在这山地之间、盆地之中，各盆地之间通过新安江及其支流串联在一起，这也就是本书主要研究的徽州地区的新安江流域。

这一地区群山矗立，余脉悠远，一条条山脉相互组合，构成了深浅有异、宽窄不一的大小谷壑。山林蓄积之水，汇聚成溪，方向不一地纵横流布其中，淌过山水环绕、粉墙黛瓦的片片村落，或分或合，最终仍然不约而同地注入新安江。

新安江又名徽港，其干流上游名称各段不一。不过从江水源头直到浙江建德可统称为新安江，其下游又有富春江、钱塘江和浙江之名。新安江支流众多，徽州境内，从北向南比较重要的有练江、横江和渐江三条河流。

练江又称练溪、徽溪、西溪，主要流经绩溪和歙县，其重要支流从西向东分别是丰乐河、富资水、布射水、扬之水四条河流。道光《徽州府志》记载："环绕郡城扬之、布射、富资、丰乐四水，分派合流，直泻如练，而抵于城南，平衍停蓄，竟川含绿。"[①]四条支流相距不远，先后在歙县县城，也就是徽州府城附近合流，统称练江。

歙县称歙，有一说法是"歙"乃群水翕聚义。《新安志》言："歙者，翕也，谓山水翕聚也。"[②]四条水道像一把折扇，扇面散开，而扇骨攒集于浦口，遂称歙浦，县因称"歙"。北宋乐史《太平寰宇记》言："县有水口名歙，因浦以名。"[③]后来的徽州地方志书沿用此说，比如道光《徽州府志》就说："歙浦在县

① (清)马步蟾纂修:《徽州府志》,《中国地方志集成·安徽府县志辑》四十八,南京:江苏古籍出版社,1998年,第113页。

② (宋)罗愿撰,萧建新、杨国宜校著:《〈新安志〉整理与研究》,合肥:黄山书社,2008年,第77页。

③ (宋)乐史:《宋本太平寰宇记》,北京:中华书局,2000年,第134页。

东南十五里，源出扬之水，一名新安江，歙之名县由此浦也。”[①]正如扬之水上游的绩溪，以境中溪水交织而得名，有类似道理。

练江穿府城，过渔梁坝，至浦口，与渐江交汇，始称新安江。此后经三潭、深渡、街口诸地，“崇山峻流，爽秀尤异”[②]，然后进入浙江淳安。志书上有记载：“由歙浦口而东南四十里为深渡，又五十里为街口而达浙江淳安县界。”[③]

横江又称东港、吉阳水，也名白鹤溪，源出黟县，于盆地内合丰溪、龙川诸水，以漳河之名南出盆地，进入峡谷，经桃源而至渔亭，折而向东，纳东亭河而称横江。如此分合景象，古人有极为生动恰当的诗文描述：

山南流水下渔亭，山北流水下东亭。
行到齐云山下合，水声似说故山青。[④]

横江流过休宁城南，汇入北来之休宁河，历万安古镇而终达屯溪。屯溪之称源于水名，《广雅疏证》：“屯，聚也。”[⑤]诸水聚合，谓之屯溪。在屯溪，横江与南来之率水合流，合流后从屯溪至浦口一段，称为渐江。

---

① (宋)乐史：《宋本太平寰宇记》，北京：中华书局，2000年，第134页。

② (清)马步蟾纂修：《徽州府志》，《中国地方志集成·安徽府县志辑》四十八，南京：江苏古籍出版社，1998年，第115页。

③ (清)顾祖禹撰，贺次君、施和金点校：《读史方舆纪要》，北京：中华书局，2005年，第1368页。

④ (清)吴甸华修，程汝翼、俞正燮纂：《黟县志》，《中国地方志集成·安徽府县志辑》五十六，南京：江苏古籍出版社，1998年，第557页。

⑤ (清)王念孙：《广雅疏证》，北京：中华书局，2004年，第94页。

图　迤逦西来的率水

图片来源：2015年7月笔者拍摄于安徽省休宁县五城镇龙湾。

渐江的上游是率水，以上游有古率山得名，其最早也称渐江。《水经注》记载："渐江水出三天子都，《山海经》谓之浙江也。《地理志》云：'水出丹阳黟县南蛮中。'"[①]率水作为新安江正源，源出休宁六股尖，高山瀑布直冲而下，众泉汇聚，入龙井潭，最初一段为冯村河，源短流急，经过鹤城，会梅溪河，得名大源河；到流口，纳小源河，开始称率水。此后率水在山谷中蜿蜒百折，越过其中的茗洲，很快扎进祁门凫峰，琅溪流入。不过率水在祁门境内只是短暂一截，很快回转休宁。此间山势陡峭，两岸对峙，河谷窄深，一涧急

① （北魏）郦道元：《水经注》，见《景印文渊阁四库全书》第573册，上海：上海古籍出版社，1987年，第585页。

流，道光《休宁县志》于此就形容道："山峭厉而水清激。"[①]

图　颜公溪在休宁龙湾注入率水之景象

图片来源：2015 年 7 月笔者拍摄于安徽省休宁县五城镇龙湾。

此后，率水先过冰潭，再至溪口，得沂源河汇入。这一段的率水较之其上游来说，河道稍直，地势平展，水势略缓；再向下至回口，有回溪注入（回溪之名缘于雨季率水水位暴涨，河水倒灌）；继续往东过月潭不久，来到龙湾码头，又得到另一条支流颜公溪的汇入（颜公溪上游有号称"古之大镇"[②]的五城）；由龙湾往下不久，即到屯溪，与横江合，称为渐江。

渐江至浦口汇合练江之后，直到浙江建德，称为新安江。当然，新安江也可统称建德以上所有河段，新安江流域就是皖南山谷中这千百条奔腾汇聚到新安江主河道的干流和支流所流过的广泛区域。

整个新安江流域，四周群山相连，中间盆地凹陷，形似天井，各条溪流齐聚盆地底部，浑似"四水归堂"格局。

总的来看，整个新安江水系在徽州境内迤逦迂回，千绕百转，风景幽美，

① （清）何应松修，方崇鼎纂：《休宁县志》，见《中国地方志集成·安徽府县志辑》五十二，南京：江苏古籍出版社，1998 年，第 42 页。

② （宋）乐史：《宋本太平寰宇记》，北京：中华书局，2000 年，第 136 页。

深邃动人，唐人诗中已有描绘：“深潭与浅滩，万转出新安。人远禽鱼静，山深水木寒。”[①]民国歙县学者许承尧也在一首名为《新安江舟中》的诗里对于这条江水赞叹道：

舟自画中来，更向画中去。
群山笑相待，意得无迎拒。
净练不可量，冲瀜自东注。
孤白上轻帆，微黄着初树。
春光淡最宜，姚冶时一遇。
闲侣憺忘程，萦回爱川路。[②]

新安江之悠悠碧水，一向东南。作为徽州的母亲河，新安江千百年来一直哺育着两岸的民众，于徽州就是一条生命之河。

徽州除了徽杭水道，经过新安江水系通达浙江，直流大海外，其他几条水道，分别是徽饶、徽宣和徽池水道。除徽杭水道属于钱塘江流域之外，其他几条水道都属于长江流域。

对徽州而言，徽饶水道的重要性仅次于徽杭水道。不同于徽杭水道主要是一水东南流，徽饶水道的大部分航程可以分为南北两线，呈“西南－西北”流向，两条水路直到接近鄱阳湖前才最终汇合为一。北线为“阊江－昌江河”水路，从祁门经过饶州浮梁、乐平，进入鄱阳，其中祁门境内的一段名为阊江，其下游称为昌江河；南线是“婺江－乐安河”水路，婺源境内称婺江，下游名乐安河，依次进入饶州德兴、乐平和鄱阳，与同样进入鄱阳的昌江河合流，称为鄱江。

祁门和婺源各自独立地形成一个流域盆地，境内同新安江流域一般，山峦起伏，河谷纵横，溪水攒流。不同的是山间盆地较之新安江流域更为稀

① （唐）孟云卿：《新安江上寄处士》，见（清）彭定求、杨中讷等编纂：《全唐诗（增订本）》，北京：中华书局，1999年，第1614页。

② 许承尧：《新安江舟中》，《疑庵诗》，合肥：黄山书社，1990年，第224页。

少、狭窄，祁门尤甚。不过两县木材蕴藏量丰富，环境得天独厚，因而其商人尤其是婺源木商鼎鼎有名。

徽饶水道对于徽州而言，意义在于可以在新安江之外，获得一条必不可少的生存和发展通道，使徽州降低了对新安江的过度依赖，增强对灾荒的抵抗能力。据《明史》记载，明代万历年间“南畿、浙江大祲，诏禁邻境闭籴，商舟皆集江西，徽人尤众”[①]。可以看出，徽饶水道相对于东线经过大运河沟通长江、钱塘江两大流域，开辟了一条更近的沟通徽州新安江流域与长江中上游及其支流的交流通道。特别是在实施海禁政策的背景下，徽饶水道成为徽州进行海外贸易的一条重要水运交通干线，曾在徽州发展的历史上发挥了非常重要的作用。它使得徽州通过徽饶水道和赣江，翻越大庾岭直达广州这一对外贸易口岸。

相对于徽杭水道和徽饶水道，徽宣水道和徽池水道其名不彰。主要原因在于两条水道的主要航线青弋江和秋浦河干流多在宣城和池州境内，徽州境内的只是一些小支流，作用显然不如航道较长的阊江、婺江，甚至新安江的一些支流。不过，一些物流、人流的短途运输，在载重量不是特别大、吃水比较浅的情况下，特别是对于徽州与安庆、芜湖方向的贸易来往而言，徽宣水道和徽池水道可以与陆路结合，那么，这两条水道不失为徽州对外交流通道的有益和必要的补充。

第二节　徽州的历史与经济

一、徽州的历史与经济

班固《前汉书・地理志》记载：“淮、海惟扬州……厥土涂泥，田下下，赋

① (清)张廷玉等撰:《明史》,北京:中华书局,1974年,第5898页。

下上错……鸟夷卉服。”[1]古徽州地区最早属于扬州，此时扬州地处中国东南一隅，“州界多水”，“于古则荒服之国”[2]，而当时的古徽州地区更是位处长江之南，虽在吴、越、楚三地相交接之地理中心地带，但因群山掩映，地理难通，山势陡绝，扬州是“厥土涂泥”，古徽州地区则是“其土骍刚而不化”[3]，都是相对贫瘠，未得到充分开发的地方，几若弃子，这从东汉末年贺齐征山越的记录中也能看出。

山越人深处群山，不纳王租，“好为叛乱，难安易动”[4]，这些叛乱的原因跟中国北方草原民族一遭受大的灾荒就兴兵南下是一个道理，其中还多有生活困苦、朝不保夕、乱中求生等因素。

古徽州地区的开发历史较之三吴、荆湖地区为晚，三国时期才正式进入吴国当权者的视野，徽州人的名字也才第一次进入历史文献当中。

至隋代为止，“江南之俗，火耕水耨，食鱼与稻，以渔猎为业，虽无蓄积之资，然而亦无饥馁。其俗信鬼神，好淫祀，父子或异居，此大抵然也”。又“豫章之俗，颇同吴中，其君子善居室，小人勤耕稼。衣冠之人，多有数妇，暴面市廛，竞分铢以给其夫。及举孝廉，更要富者，前妻虽有积年之勤，子女盈室，犹见放逐，以避后人。俗少争讼，而尚歌舞。一年蚕四五熟，勤于纺绩，亦有夜浣纱而旦成布者，俗呼为鸡鸣布”。新安“其俗又颇同豫章”。[5]

从“火耕水耨，食鱼与稻，以渔猎为业”“虽无蓄积之资”“父子或异居”等描述来看，当时徽州土著就相当依赖与水关系密切的稻米种植和渔业捕捞，

---

① (汉)班固:《前汉书》，见《景印文渊阁四库全书》第249册，上海:上海古籍出版社，1987年，第726页。

② (唐)房玄龄:《晋书》，见《景印文渊阁四库全书》第255册，上海:上海古籍出版社，1987年，第268页。

③ (宋)罗愿撰，萧建新、杨国宜校著:《〈新安志〉整理与研究》，合肥:黄山书社，2008年，第62页。

④ (晋)陈寿撰，(宋)裴松之注:《三国志》，见《景印文渊阁四库全书》第254册，上海:上海古籍出版社，1987年，第886页。

⑤ (唐)魏征、长孙无忌等撰:《隋书》，见《景印文渊阁四库全书》第264册，上海:上海古籍出版社，1987年，第574—575页。

不过农业生产技术还很落后，无法积累更多的剩余产品。“亦无饥馁”是说明这一地区相对而言，提供的食物和燃料，足够维持人们的需要，可见人口尚不是太多。

由“君子善居室”“衣冠之人”可知中原士族已间有南迁，而“多有数妇，暴面市廛，竞分铢以给其夫”“其俗信鬼神，好淫祀”“俗少争讼，而尚歌舞”，说明儒风未渐，至于“小人勤耕稼”“一年蚕四五熟，勤于纺绩，亦有夜浣纱而旦成布者，俗呼为鸡鸣布”，则说明了其民众比较勤劳质朴。[①]

这时候的新安郡“统县三，户六千一百六十四”[②]，人口不多。综合观察，这一时期新安地区正处于从蒙昧到开化的过渡阶段，虽有“新安大好山水”[③]之誉，也有中原士族大量南迁至此，但新安地区人口仍然相对较少，这也符合当时中国经济重心还在北方的客观史实，说明新安地区较为偏远，知名度不高，并且经济发展仍然落后。

隋代有两件事情对新安地区有积极影响。首先是汪华归唐，文献记载：

> 汪华往因离乱，保据州乡，镇静一隅，以待宁晏，识机慕化，远送款诚，宜从褒宠，授以方牧。可使持节总管歙、宣、杭、睦、婺、饶等六州诸军事，歙州刺史，上柱国，封越国公，食邑三千户。[④]

隋唐之际，新安地区因汪华捍境保民，避免了生灵涂炭的局面，汪华也因此在新安地区备受崇敬。尤其是其后历史上徽州地区屡遭战乱之劫难，赵吉士就曾经感叹：

---

① (唐)魏征、长孙无忌等撰:《隋书》，见《景印文渊阁四库全书》第 264 册，上海：上海古籍出版社，1987 年，第 574—575 页。

② 同①，第 570 页。

③ (唐)姚思廉撰:《梁书》，见《景印文渊阁四库全书》第 260 册，上海：上海古籍出版社，1987 年，第 264 页。

④ (唐)李渊:《封汪华越国公制》，见(清)董诰等编纂:《全唐文》，北京：中华书局，1983 年，第 19 页。

新安地连六郡，而介三省，其疆域之所接，率皆幽岩邃谷，合沓阻深，莫可穷诘。故闽浙有事，则郡大夫以为忧，而饶信之间乘穷发，流毒吾民者，且可历历数也。呜呼，邻之震矣，而后有戒心，孰与捍御于未事之时哉？①

每当此时，百姓怎能不触景生情思故人，如此，徽州地区汪王崇拜的风俗兴盛，自有其道理可言。

其次，隋炀帝开凿大运河之举，对于整个中国尤其是江南地区的历史发展影响极为巨大，已有公论，由于经济和商业贸易的联动作用，这条人工水系的开通对于新安地区的经济发展状况也是有积极影响的。

自大运河开通以后，通过新安江、江南古运河、京杭大运河，以及其他天然水路通道如长江、淮河等，新安地区可以和国内其他地区，特别是北方经济发达、文化兴盛的黄河流域、江淮地区紧密地联系起来，这算是大运河带给徽州这一区域的水利，一种水路航运之利。

有唐一代，徽州地区也就是歙州，经济上是有大发展的，从户口上看：

旧领县三，户六千二十一，口二万六千六百一十七。天宝领县五，户三万八千三百三十，口二十六万九千一百九。②

从《隋书》记载的“统县三，户六千一百六十四”③，到唐天宝年间的三万余户，虽然古代人口统计并不能十分精确，但也反映了歙州经济和人口形势逐步好转。

这一时期，歙州一些水利工程也有所兴建，比如歙县：

---

① （清）丁廷楗修，赵吉士纂：《徽州府志》，《中国地方志丛书·华中地方·第237号》，台北：成文出版社有限公司，1975年，第254—255页。

② （后晋）刘昫：《旧唐书》，见《景印文渊阁四库全书》第269册，上海：上海古籍出版社，1987年，第109页。

③ （唐）魏征、长孙无忌等撰：《隋书》，见《景印文渊阁四库全书》第264册，上海：上海古籍出版社，1987年，第570页。

吕公滩在县南十二里，扬之水中，滩长二里，本名车轮滩，湍悍善覆舟。唐刺史吕季重以俸募工凿之，遂成安流，因以为名。然今人亦谓之车轮湾。①

在祁门，路旻"元和中为令，凿武陵岭石为盘道。又阊门滩善覆舟，旻开斗门以平其隘，号路公溪。后斗门废，咸通三年，令陈甘节以俸募民冗石积水为横梁，因山派渠，余波入于乾溪，舟行乃安"。②

这些史料反映了歙州地区通过水路与外部人员和商品的流入输出数量达到了一定的规模，社会经济发展到了一定阶段，在形势所需和民众要求之下，兴修水利工程成为地方官员的必然选择。后文将要介绍的歙县渔梁坝，便是肇基于这一时期。

不止于水利的发展，徽州地区特别是新安江的知名度也逐渐提高，当时许多仕宦、云游之人来往于新安江河道，欣赏山水，凭吊古迹，因此也留下不少相关的诗句，算得是徽州得到的一种因水而来的特殊"收益"。譬如，李白《清溪行（一作宣州清溪）》一诗云：

清溪清我心，水色异诸水。
借问新安江，见底何如此。
人行明镜中，鸟度屏风里。
向晚猩猩啼，空悲远游子。③

又如《题宛溪馆》诗云：

吾怜宛溪好，百尺照心明。

---

① （宋）罗愿撰，萧建新、杨国宜校著：《〈新安志〉整理与研究》，合肥：黄山书社，2008年，第90页。原注：《祥符经》云：募军壮丁凿毁滩石。

② 同①，第129页。

③ （唐）李白：《清溪行》，见（清）彭定求、杨中讷等编纂：《全唐诗（增订本）》，北京：中华书局，1999年，第1730页。

何谢新安水，千寻见底清。①
白沙留月色，绿竹助秋声。
却笑严湍上，于今独擅名。

李白这两首诗虽然都是将所吟诵的对象与新安江比较清澈与否，但也从侧面反映出新安江之水清透，世所知名。如孟浩然《经七里滩》就说"江入新安清"②，刘长卿在《送郑说之歙州谒薛侍郎（一作薛能郎中）》中也言"江传（一作流）水至清"③，可见新安江之清澈在唐时已经众所周知，成为和许多江水作比较的参照物。皮日休就在《松江早春》中写道："松陵清净雪消初，见底新安恐未如。"④众诗人不谋而合，李白也认可，否则不至于屡屡拿来予以比较，可知新安江大好江水在诗仙脑中印象极为深刻。李白在《见京兆韦参军量移东阳二首》诗中就希望："他年一携手，摇艇入新安。"⑤

尽管新安江已经有较高知名度，但歙州在时人眼中仍为偏远之地。刘长卿《赴新安别梁侍郎》说："新安君莫问，此路水云深。"⑥在《新安奉送穆谕德归朝赋得行字》一诗言道："九重宣室召，万里建溪行。"⑦在《送康判官往新

① （唐）李白：《题宛溪馆》，见（清）彭定求、杨中讷等编纂：《全唐诗（增订本）》，北京：中华书局，1999 年，第 1881 页。

② （唐）孟浩然：《经七里滩》，见（清）彭定求、杨中讷等编纂：《全唐诗（增订本）》，北京：中华书局，1999 年，第 1633 页。

③ （唐）刘长卿：《送郑说之歙州谒薛侍郎》，见（清）彭定求、杨中讷等编纂：《全唐诗（增订本）》，北京：中华书局，1999 年，第 1522 页。

④ （唐）皮日休：《松江早春》，见（清）彭定求、杨中讷等编纂：《全唐诗（增订本）》，北京：中华书局，1999 年，第 7144 页。

⑤ （唐）李白：《见京兆韦参军量移东阳二首》，见（清）彭定求、杨中讷等编纂：《全唐诗（增订本）》，北京：中华书局，1999 年，第 1735 页。"

⑥ （唐）刘长卿：《赴新安别梁侍郎》，见（清）彭定求、杨中讷等编纂：见《全唐诗（增订本）》，北京：中华书局，1999 年，第 1487 页。

⑦ （唐）刘长卿：《新安奉送穆谕德归朝赋得行字》，见（清）彭定求、杨中讷等编纂：《全唐诗（增订本）》，北京：中华书局，1999 年，第 1488 页。

安（一作皇甫冉诗）》又言："不向新安去，那知江路长。"[①]李穆《寄妻父刘长卿》（一作严维诗，题作发桐庐寄刘员外）诗云："处处云山无尽时，桐庐南望转参差。舟人莫道新安近，欲上潺湲行自迟。"[②]这几首诗表明了徽州与外部，特别是京城长安，长途漫漫、水路迢迢，交流还很困难的情况。《旧唐书》中就记载唐时歙州"在京师东南三千六百六十七里，至东都二千八百二十六里"[③]。

不过也正因为有了新安江这条沟通歙州与外部的交通动脉，虽然路途遥远，但仍比陆上行路要方便一些。刘长卿（一作皇甫冉）在《送顾长（一本题下有往新安三字）》一诗中就写道："由来山水客，复道向新安。半是乘槎便，全非行路难。"[④]

唐朝末年，黄巢农民军流转各地，从今日徽州许多家谱上有关"篁墩"的记录可以推测，当时歙州遭受到的震动不小，这次黄巢农民战争对于歙州从外部和内部都造成了相当的影响。

当时，因为战争的原因，歙州确实造成了一定的伤亡，比如吴妪，一位名叫"吴逸"的人的妻子，为了躲避战乱，以"黄巢之乱，所过无噍类，独以黄为己姓，凡州里山川以黄名者，辄敛兵不犯"之原因[⑤]，而向新安江畔的歙县篁墩（谐音"黄"墩）这一位居要冲的水埠港口逃移，不过却在中途到达休宁龙江之时，为了抗拒黄巢乱军而被杀害，流血红白相伴，其尸僵立不仆，黄巢军因而逸去。一乡人感戴她的庇荫，后世为之永远祭祀。此外，唐末曾担任歙

① （唐）刘长卿：《送康判官往新安》，见（清）彭定求、杨中讷等编纂：《全唐诗（增订本）》，北京：中华书局，1999 年，第 1515 页。

② （唐）李穆：《寄妻父刘长卿》，见（清）彭定求、杨中讷等编纂：《全唐诗（增订本）》，北京：中华书局，1999 年，第 2248 页。

③ （后晋）刘昫：《旧唐书》，见《景印文渊阁四库全书》第 269 册，上海：上海古籍出版社，1987 年，第 109 页。

④ （唐）刘长卿：《送顾长》，见（清）彭定求、杨中讷等编纂：《全唐诗（增订本）》，北京：中华书局，1999 年，第 1515 页。

⑤ ［日］牧野巽：《明代同族的社祭记录之一例——关于〈休宁茗洲吴氏家记·社会记〉》，见刘森辑译：《徽州社会经济史研究译文集》，合肥：黄山书社，1988 年，第 126 页。

州东密岩将兼马金岭防指等事的程淘在《新安程氏世谱序》中，如此描述这次战乱对当地带来的影响："重念先世旧茔，鞠为荆棘；故相东阁，反成营场。平时邻里、乡邻之人，半是枭狐魍魉之物，死者郊原暴骨，生者岩穴藏身。屋漏田芜，见鹿已游于町畦。军输兵饷，驱民未免于租庸。无日不兵，无时不火。"①从这些文献中记载的地方惨象，可以看出黄巢之乱给歙州带来的影响还是比较大的。

二、徽州的发展

因为战乱，唐朝末年是中原移民迁徙到新安地区的又一个高潮时期。这次移民中有不少人给新安地区带来了新的工艺技术，如制墨技术。志书记载：

> 南唐李廷珪，易水人，本姓奚。父超，唐末渡江至歙，以邑多松留居造墨，后主赐姓李。人得其墨而藏者，不下五六十年，胶败而墨调，其坚如玉，其文如犀，写数十幅不费一二分。常侍徐铉得李超墨一挺，与弟锴共用之，日书不下五千字，凡十年乃尽，磨处边际有刃，可以裁纸。廷珪造墨不减其父，弟廷宽，子承晏、承用皆著名。②

可以看出，奚超其人，本出于河北易水。唐朝末年，大概因北方战乱，南渡长江，觉得歙州拥有良好的山水林木生态环境，生长有大量的松树，具备较好的制墨原料基础，遂留在歙州定居，并被南唐后主李煜赐以国姓，世以制墨闻名于世。因为这些技术高超的工匠们的迁入，再加上五代十国时期，吴、南唐相对稳定，尤其是其江南地区，包括歙州，南北工艺实现了交流，整体技术得到了提高。

---

① （唐）程淘：《新安程氏世谱序》，见哈佛大学汉和图书馆藏《休宁荪浯二溪程氏宗谱》。

② 许承尧等纂，楼文钊、石国柱等修：《歙县志》，《中国地方志集成·安徽府县志辑》五十一，南京：江苏古籍出版社，1998年，第436页。

南唐入宋，百余年后，至宋徽宗时，即更名徽州的前夜，歙州“崇宁户一十万八千三百一十六，口一十六万七千八百九十六”[①]。这里歙州的户数较之前文天宝年间的记录增加了两倍多，而人口却减少了，并且每户人口平均不到两人，这不太符合常理。

这种统计上显示的户多人少的情况，其背后的原因在于“宋代例行的官方户口统计只计男性人口甚至只是负担赋役的男性”[②]。由此可以知道，北宋时期歙州的人口数只是统计了总人口数的一部分。

如果崇宁年间人口的统计数字只是按照男性人口计算的，那么歙州男性人口和女性人口的实际数量，大约是崇宁年间统计人口数目的两倍，达到三十多万。如果再算上免除赋役的男女老少人口，歙州的实际人口会更多。

无论采取哪种计算方式，可以肯定的是，歙州人口肯定超过三十万。这三十万人口已经超过唐朝天宝年间的歙州人口数目，宋罗愿《新安志》也认为当时徽州人口超过前代，其文曰：

> 然自元丰以后不言口数，要以郡境土较之，狭于晋宋五之二，以户口率之多于前代，不可胜计，有以见国家世世仁厚，涵养生齿之效。[③]

在宋代，中国人口数第一次超过一亿。在这之前，北方地区屡受战乱，人口数目起伏不定，不过都能恢复并超过南方。宋代以后，特别是南宋以后，北方地区人口比重再也没有超过50%。实际上，有研究指出：

> 影响各区域人口变迁的主要因素，即移民、战争、自然灾害、人口与土地承载量的比率关系等。移民是一定数量的人口在一定空

① (元)托克托等修：《宋史》，见《景印文渊阁四库全书》第281册，上海：上海古籍出版社，1987年，第703页。

② 吴松弟：《中国人口史》，上海：复旦大学出版社，2000年，第98页。

③ (宋)罗愿撰，萧建新、杨国宜校著：《〈新安志〉整理与研究》，合肥：黄山书社，2008年，第25页。

间范围以改变居住地为目的人口移动，对迁出区而言意味着人口的减少，对迁入区则意味着人口的增加。①

徽州作为人口迁入区，且相对北方更为安定一些，于是，就在这个历史过程中，不断地积累着各类珍贵的资源。历史上南北方军队北伐南征，纵横疆场，而民人流离失所，生灵涂炭。总的趋势，还是多为北军驰骋江淮，北人多往南迁。

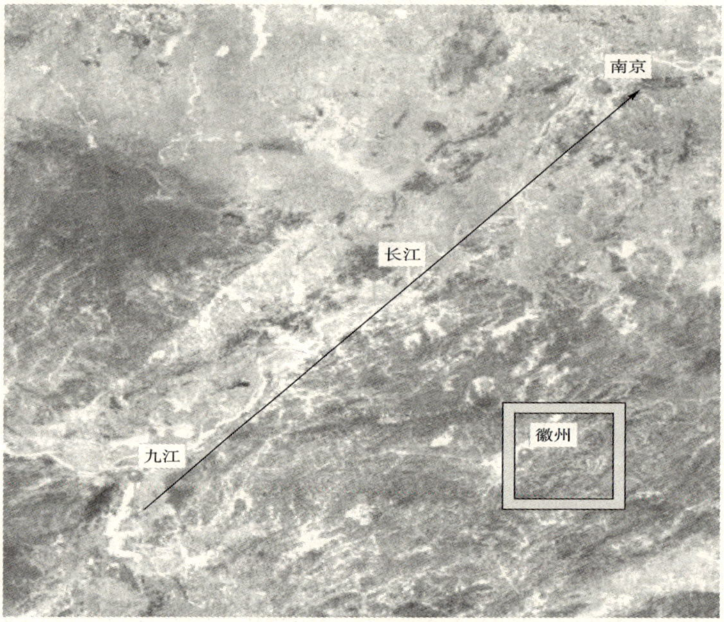

图　意象化的山城水池：徽州和长江

图片来源：百度卫星地图，http://map.baidu.com/。标注为笔者所加。

徽州群山围护，形如一城，长江束水东流，浑似一池，山城水池，就像一座城墙和一条护城河，可以将外界的战争隔离。同时，这个意象化的城池如同一个筛子，将北方因战乱而离散的人口、技术和财富等资源一波波地筛到

① 吴松弟：《中国人口史·第三卷　辽宋金元时期》，上海：复旦大学出版社，2000年，第16页。

了徽州大地。大江与千山的隔绝，区域社会的安定，使得资源渐渐沉淀、孕育并生发，肥沃了江南，活跃了江南，丰富了江南。而江北则在一次次流失中，不断地震荡调整，一次次地崩坏重建。

徽州位处江南，自然享受这大江隔断带来的各类资源红利。从程尚宽的《新安名族志》中一些徽州大姓记录的迁徙时间来看，南宋以前，徽州在各个时期的人口南迁浪潮中，都有一定的人口流入。北方来的“衣冠”和其他类型的移民带来了中原较为先进的思想文化和生产技术，他们与徽州土著不断融合，在山限水隔、较为和平安静的徽州地域内，休养生息，户口繁衍，风俗渐变。

至北宋建立后，士族门阀最终退出历史舞台，庶族地主全面崛起。这种变化对于徽州地区的地方性“世家大族”们来说是比较有利的。

徽州大族号称“中原衣冠后裔”，经书传家，极为重视教育，志书上说新安地区：

> 然其人自昔特多，以材力保捍乡土为称。其后浸有文士。黄巢之乱，中原衣冠避地保于此。后或去或留，俗益向文雅，宋兴则名臣辈出。①

北宋宣和三年(1121)歙州更名徽州后，徽州历史上的经济和文化的“轴心时代”开始来临。②

徽州在此后800年左右的时间内，在商业、思想、科举、建筑、工艺、美术

① (宋)罗愿撰，萧建新、杨国宜校著：《〈新安志〉整理与研究》，合肥：黄山书社，2008年，第16页。

② 德国思想家卡尔·雅斯贝斯在《历史的起源与目标》一书中把公元前500年前后，主要涵盖公元前800年至前200年的时期内，同时发生在中国、印度和西方地区的人类文明的整体飞跃现象称为“轴心期”或“轴心时代”(Axial Period)。(见[德]卡尔·雅斯贝斯著，魏楚雄、楚新天译：《历史的起源与目标》，北京：华夏出版社，1989年，第7—10页。)对照于此，可以将公元12世纪到19世纪，徽州经济和文化的巨大进步和繁荣看作徽州的“轴心时代”，或者说是“区域型轴心时代”，这一段历史时常受到后人的回味。

等各个领域都有比较夺目的表现，特别是在南宋和清代分别形成的新安理学与皖派朴学两个学术小高峰，更是在中国历史的长河中遥相矗立，熠熠生辉。

这一时期徽州以儒则“东南邹鲁”①、贾则“无徽不成镇”②，给世人留下经济富足和文化厚重的深刻印象。明末大戏曲家汤显祖有诗云：

欲识金银气，多从黄白游。
一生痴绝处，无梦到徽州。③

这首诗从一个特殊的侧面反映出了当时徽州的富庶和繁华。而张潮在《歙问·小引》中也记载了一个故事：

> 王弇州先生来游黄山时，三吴两浙诸宾客从游者百余人，大都各擅一技，世鲜有能敌之者，欲以傲于吾歙邑中。汪南溟先生闻其至，以黄山主人自任，僦名园数处，俾吴来者各各散处其中，每一客必有一二主人为馆伴。主悉邑人，不外求而足，大约各称其技，以书家敌书家，以画家敌画家，以至琴弈篆刻、堪舆星相、投壶蹴鞠、剑槊歌吹之属，无一不备。与之谈则酬酢纷纭，如黄河之水，注而不竭；与之角技，宾时或屈于主。弇州先生大称赏而去。④

三吴两浙之地人才集聚，科举鼎盛，文化先进，世所知名，而在这个故事中，以汪道昆为首的徽州诸人能在大学者王世贞率领的三吴两浙诸宾客面前，

---

① (元)赵汸：《商山学院学田记》，《东山存稿》，见《景印文渊阁四库全书》第1221册，上海：上海古籍出版社，1987年，第287页。

② 许承尧等纂，楼文钊、石国柱等修：《歙县志》，《中国地方志集成·安徽府县志辑》51，南京：江苏古籍出版社，1998年，第39页。

③ (明)汤显祖：《吴序怜予乏绝，劝为黄山白岳之游，不果》，《汤显祖全集》，北京：北京古籍出版社，1999年，第782页。

④ (清)张潮：《歙问小引》，《昭代丛书》甲集，上海：上海古籍出版社，1990年，第417页。

谈笑自如，分庭抗礼，彼此相较学技而不落下风，徽州文化底蕴之深厚可略见一斑。

如果我们把这公元 12 世纪到 19 世纪大约 800 年时间分成两个大的时间段，就可以把明代中期叶淇开中折色法实施的明孝宗弘治五年（1492）作为中间点。1492 年之前一个时间段是徽州的起步发展期，之后一个时间段可以看作徽州的繁荣衰弱期，那么，无论汤显祖的诗歌还是王世贞的故事，虽然有夸张之处，但确实分别从侧面表现出明代中后叶正处于繁荣时期的徽州经济富庶、人文荟萃的历史实态。

不过，徽州地区无论富庶还是贫瘠，都只是相对而言，仍然不能遽下定论。弘治《徽州府志》记载：

> 本府万山中，不可舟车，田地少，户口多，土产微，贡赋薄，以取足于目前日用观之，则为富郡，一遇小灾及大役则大窘。①

徽州人仍然清醒地认识到自己的优势和不足，并不以暂时的“日用取足”而得意忘形。因为，对于他们来说，“籍在徽州，介万山之中，地狭人稠，耕获三不赡一，即丰年亦仰食江楚十居六七，勿论岁饥也”②。基本的温饱问题很现实地摆在面前，徽州人首先需要的是能够生存，并生活下去。

---

① （明）彭泽修、汪舜民纂：《徽州府志》，见《天一阁藏明代方志选刊》第 21 册，上海：上海书店，1982 年。

② （清）廖腾煃修，汪晋征等纂：《休宁县志》，《中国方志丛书 · 华中地方 · 第 90 号》，台北：成文出版社有限公司，1970 年，第 1083 页。

第二章

逐水而居:徽州的渔樵耕读与“隐士”生活

人类的生存离不开水,徽州人自不例外。围绕着水这一中心环节,徽州人不断地调整自己的生产和生活方式,既亲近水,享受水带来的利益;又堤防水,避免水带来的祸患。

在这趋利避害、不断调适的过程中,针对自然和社会带来的信号反馈,徽州人作出了自己认为最优的社会行为选择,这种种独立选择的生产和生活方式,错综集合在一起,构成了较有特色的徽州水利社会。比如,“渔、樵、耕、读”是中国也是徽州传统农业社会中比较重要和具有理想化的四项生产和生活方式。前三项与水利相关密切,“渔、耕”依赖于水,无水难为“渔、耕”之事;“樵”之一事,于水利影响极大,徽州历史上因为“樵”事,或在本地“樵夫”之间,或在本地“樵夫”与外地“樵夫”之间,产生了许多耐人寻味的行为规范和利益纠葛。至于“读”,则纠缠于“泮池”“泮水”之间,又跃然而出,和“渔、樵、耕”三者共同构成了徽州历史上极具特点的“隐士”文化。而徽州众多的“隐士”,为了生存,走出徽州,与水产生了更多的社会联系,小徽州与大徽州的“隐士”们共同推动形成了波澜壮阔的徽州水利社会。

第一节 桃花流水鳜鱼肥：徽州渔业的历史

西塞山前白鹭飞，桃花流水鳜鱼肥。
青箬笠，绿蓑衣，斜风细雨不须归。①

这是唐代词人张志和的著名词作。张志和，字子同，初名龟龄，婺州人，自号“烟波钓徒”，又号“玄真子”，活动于安史之乱前后，后弃官迁居黟县赤山镇（今祁山镇）石山坞。唐永泰二年（766）祁门建县时以其祖基为县治，故移居其母葬地润田（今张村庇）。②

婺州，即今天的浙江金华，距离祁门不远。张志和隐居后，往来于祁门、金华，一般都会通过新安江和婺江（徽州东西各有一条婺江，婺源婺江又名乐安江，金华婺江又名金华水）水路。

词中提到的鳜鱼，徽州也有相类的出产。南宋罗愿在《新安志》里记载：“鲇，古之鳂也，其大而多须者曰鳠鳜，巨口而细鳞，其牡文采尤鲜明，系之溪中可以致群牝。或以鲜明者为鲈鳜，亦曰芦花鳜，大率盛夏藏石罅中，徒手扪得之，仙人宁封子所食石桂也。”③

时至今日，徽菜中还有一道名为“臭鳜鱼”、又名“臭桂鱼”的名菜。历经千载变迁，我们不能确定张志和词中描写的“鳜鱼”，就是今天臭鳜鱼中之“鳜鱼”，不过可以肯定的是徽州的渔业水利历史悠久。

班固《前汉书》记载徽州所处的江南之地，“民食鱼稻，以渔猎山伐为业，

---

① （唐）张志和：《渔父歌》，见（清）彭定求、杨中讷等编纂：《全唐诗（增订本）》，北京：中华书局，1999 年，第 3491 页。

② 祁门乡镇简志编委会：《祁门乡镇简志》，1999 年，第 66—67 页。

③ （宋）罗愿撰，萧建新、杨国宜校著：《〈新安志〉整理与研究》，合肥：黄山书社，2008 年，第 56 页。

果蓏蠃蛤，食物常足”[①]。可以看出，自古以来，在徽州地区鱼类等水产品就是人们食物的重要补充。徽州的溪流众多，唐宋八大家之一、北宋苏辙曾任绩溪县令，他在《初到绩溪视事三日出城南谒二祠游石照偶成四小诗呈诸同官》一诗中写道：“雨余岭上云披絮，石浅溪头水蹙鳞。”[②]诗中的“石浅”“蹙鳞”两词说明绩溪县的溪流虽清浅，但这些天然的水系中还是生活着不少鱼类。

《新安志》中也谈到，“歙居山间，无大陂泽，其溪流清浅，春夏潦水注之则深，往往有鱼而不常得”[③]，认为徽州没有面积广阔的大湖，许多天然的溪流虽然多有鱼类，但或因水浅，或因水急，人们要想从中捕捞却比较困难，整体上而言，效率不高。

为了应对这种不足，徽州人很早就有了人工养殖鱼类的尝试，比如“疏池以养”[④]——所谓疏池，就是挖掘水塘。南宋朱熹的授业弟子、休宁人程永奇在《屯溪访故人》中就写道：“池鲜烹锦鲤，塘果致青菱。”[⑤]这也成为徽州当时在池塘中养殖鱼类并进行烹食的直接证据。除了烹食，也可以用来出卖，比如元代歙县文人方回在其《江涨》一诗中就有“渔船入市行”的记录。[⑥] 孙学治在《和施明府源黟山竹枝词》中也有描写：

春城曲曲绕清渠，郭外人家对面居。

---

① （汉）班固：《前汉书》卷二十八下，见《景印文渊阁四库全书》第249册，上海：上海古籍出版社，1987年，第779页。

② （宋）苏辙：《初到绩溪视事三日出城南谒二祠游石照偶成四小诗呈诸同官》，《栾城集》，曾枣庄、马德富校点，上海：上海古籍出版社，1987年，第319页。

③ （宋）罗愿撰，萧建新、杨国宜校著：《〈新安志〉整理与研究》，合肥：黄山书社，2008年，第56页。

④ 同③。

⑤ （宋）程永奇：《屯溪访故人》，见（明）程敏政：《新安文献志》，合肥：黄山书社，2004年，第1189页。

⑥ （元）方回：《江涨》，见（明）程敏政：《新安文献志》，合肥：黄山书社，2004年，第1200页。

夜雨新添三尺水,街头争卖菜花鱼。①

图 徽州乡村池塘

图片来源:2015 年 7 月笔者拍摄于歙县许村。

实际上,徽州几乎各个村子都有不少池塘,这些池塘既可以“蓄养风水”,也可以灌溉农田,并可以提供一些水生动植物给人们食用。一定程度上来讲,在徽州,水即是田,徽州的这些池塘如同田地一般,在出产食物的同时,也能够用来继承和买卖。明代永乐年间,休宁就有这样一件卖塘文书,里面提到可以购买水塘并用来“贮水放鱼”:

休宁县程祖卖塘赤契

拾贰都一图军人程悬保、户丁程祖,今将户下塘一号,系本都

① (清)吴甸华修,程汝翼、俞正燮纂:《黟县志》,《中国地方志集成·安徽府县志辑》56,南京:江苏古籍出版社,1998 年,第 557 页。

九保乙字壹仟伍拾伍号，内取一半，计六分九厘八毫，东[至]□□，西[至]□□，南[至]□□，北[至]□□，土名引江；又将乙字一千伍拾六号，塘内取一半，计贰亩陆分陆厘陆毫，东[至]□□，西[至]□□，南[至]□□，北[至]□□，土名引江。今来缺物支用，情愿将前项式号肆至内塘，尽行立契出卖与同里人汪猷干名下，面议时值价谷一百八十斤整。其谷当成契日一并收足无欠。其塘今从出卖之后，一听买人自行闻官受税，贮水放鱼，本家并无易[异]说。如有四至不明、重迭交易、内外人占拦，并是出卖人自行抵当，不及买人之事。所有来脚契文，缴付不便，日后要用，本家索出，参照不词。今恐人心无凭，立此卖契文书为用。

永乐元年四月十四日出产人 程祖卖契

见人 邵兆保

依口代书人 吴志高

今领前项契内价谷，并收足讫。同日再批。①

这些挖掘出的池塘，通过引水注入其中灌满，然后在池塘中放入各个品种的鱼苗，比如鲤鲩与鲭鲤等。道光《徽州府志》和南宋《新安志》两部徽州地方志中，对于徽州鱼类资源和养殖的记录，除了增加了稍许注释，几乎全部相同，都记录道：

疏池以养者，多鲤鲩与鲭鲤，黄鲩黑而鲭青，大率相类。首春鬻鱼苗者，来自湖口界中，买才数(盈)寸，日取草饲之，又蓄鲢其中，使相从以长。②

当时，这些人工养殖所需的鲤鲩与鲭鲤的鱼苗，大都来自于湖口，查《中

① 《休宁县程祖卖塘赤契[明永乐元年]》，见安徽省博物馆编：《明清徽州社会经济资料丛编》第1集，北京：中国社会科学出版社，1988年，第388页。

② (宋)罗愿撰，萧建新、杨国宜校著：《〈新安志〉整理与研究》，合肥：黄山书社，2008年，第56页。

国历史地名大辞典》：

> 湖口，即今江西湖口县治。……胡三省注：“湖口，彭蠡湖入江之口。”五代南唐置湖口县。①

彭蠡湖是今日江西鄱阳湖的古名，可见这些鱼苗是从江西购得的。这些鱼苗千里迢迢从江西被运到徽州，有两条可能的路线：一条是经乐安河（上游名婺江）到婺源，再经徽饶古道，翻越五龙山脉到达休宁，进入徽州；还有条路线就是从鄱阳湖沿昌江河（上游名阊江），逆流而上，进入祁门，再迤逦东来。

北宋乐史所著《太平寰宇记》卷一百零四有记载：

> 鱼亭山在县南三十五里，每岁西江鱼舡，至祁门县舍舟登陆，止此东水次，淹留待舡，故曰“鱼亭”焉。②

婺源与休宁的分水岭五龙山脉巍峨高绝，黟县和祁门之间的榔木岭相对海拔却不是很高，而运输鱼苗并保证鱼苗存活，需要随时保证大量的淡水供应。众所周知，陆路上的淡水运输效率低、费用高，更何况要越过高山运水，其难度可想而知。相对而言，尽量通过水路运输鱼苗，并减少陆路运输中的里程和地表起伏程度，成为鱼苗运输的关键考量。常理分析再加上这条史料的证据，基本可以确定“湖口—浮梁—鱼亭”线路就是《新安志》中所说“来自湖口界中”③的鱼苗运输线路。

徽州的鱼类有不少，境域之内，新安江、渐江、横江、练江、丰乐河等水系

---

① 史为乐主编：《中国历史地名大辞典》，北京：中国社会科学出版社，2005年，第2602页。

② （宋）乐史：《宋本太平寰宇记》，北京：中华书局，2000年，第137页。

③ （宋）罗愿撰，萧建新、杨国宜校著：《〈新安志〉整理与研究》，合肥：黄山书社，2008年，第56页。

都是主要的产鱼河流。比如新安江上游率水江段，“谷纹锦浪，可数游鳞”①，浦口以下，多深水缓流区，水面较宽，洪水来临时更是浩浩荡荡，因为汇集了上游各条支流带来的众多养分，所以水中鱼类的天然饵料比较丰富。南宋《新安志》中记载的鱼类品种有鲢、鳊、重唇、白条、土步、鲆鱼、鲴鱼和黄尾鱼等，“溪中小鱼，凡五六十种”②，品种繁多。

图 歙县漳潭附近的新安江面

图片来源：2010 年暑期笔者拍摄于歙县漳潭附近。

除了那些上游浅水河段，新安江下游的各个江段间有深潭分布，这些深潭比较适合鱼类生长，徽州许多乡村也由此得名。比如歙县著名的“三潭枇杷”里的“三潭”，指的就是南源口以下，沿着新安江畔依次陈列的三个村子，名字分别是沦潭、漳潭和绵潭，之所以名为“潭”，是因为村子附近都有江水深潭，这些深潭都是鱼类栖息、产卵、育肥和越冬的理想场所。明末歙县县

① (清)何应松修，方崇鼎纂：《休宁县志》，《中国地方志集成·安徽府县志辑》52，南京：江苏古籍出版社，1998 年，第 40 页。

② (宋)罗愿撰，萧建新、杨国宜校著：《〈新安志〉整理与研究》，合肥：黄山书社，2008 年，第 57 页。

令傅岩在《舟行至街口》一诗中对这一江段的深水潭中生长着许多鱼类的状况进行了描述，诗曰：“潭聚鱼龙影，村邀鸟雀音。”①笔者曾徒步从浦口沿新安江走到过深渡，亲身体会过新安江路程中的直线距离与实际行走距离的巨大误差，对徽州的山水环绕、山限水隔产生了非常深刻的印象。这一个江段，可谓是“绿嶂百重，青川万转”②，包括到街口，甚至上游的新安江也是，非九曲十八弯不能形容其迂回百折，由此新安江就形成了一个个三面临水的凸出台地，许多村落座落其中，漳潭就位处新安江南岸的这么一个位置上。

对于漳潭而言，“新安江从村南向北再折向东南形成一个大湾潭……江北有漳岭为屏，故名漳潭，曾作章湍、环溪、张潭、樟潭等。两条来龙自黄备、森村蜿蜒而来，在村后分出五条小支脉伸向江边，呈折扇状，当地称鱼网形，分脉处称‘网顶’，村居处于‘网上’”③。因为这附近的水潭深而鱼类众多，有如此的渔业资源，所以当地有这样一条非常著名的俗谚，叫“打不完的漳潭鱼，唱不完的绵潭戏，砍不完的九砂柴”。“打不完”虽说有些夸张，但也侧面说明了新安江的一些水域渔业资源极为丰富，成为所在地方的主要产业之一。

在徽州，捕鱼的方式有多种多样，比如可以“徒手扪得之”或在“大潭中截溪为网”用来捕获鱼类④。唐人章八元在《新安江行》中描写到了新安江畔渔网高悬的情景：

江源南去(一作出)永，野渡暂维梢。

---

① (明)傅岩:《舟行至街口》,《歙纪》,合肥:黄山书社,2007年,第27页。

② (梁)吴筠:《与施从事书》,见(唐)欧阳询:《艺文类聚》,见《景印文渊阁四库全书》第887册,上海:上海古籍出版社,1987年,第263页。

③ 歙县地方志编纂委员会编纂:《歙县志》,合肥:黄山书社,2010年,第1421页。

④ (宋)罗愿撰,萧建新、杨国宜校著:《〈新安志〉整理与研究》,合肥:黄山书社,2008年,第56页。

古戍悬鱼网,空林露鸟巢。[①]

到了清代,洪饴孙在《自洪坑至岑山渡道中》也写道:

一碧渐江水,众壑含虚明。
……
三两莲叶舟,渔网挂晚晴。[②]

这些诗句就非常诗意地摹画了徽州新安江上,渔家用网打鱼的情景。

新安江流域还生活着一个名为"九姓渔民"的特殊族群。他们以船为家,衣食住行、婚嫁丧娶都在船上,不允许随意上岸。他们的活动范围主要包括杭州、严州、徽州、金华,他们的活动轨迹几乎包括整个钱塘江流域,不过相对而言最为集中之地还是严州的建德、桐庐二县,徽州新安江流域的街口。

有传说是因为元主宰割华夏,此九姓助虐压迫汉人,为明太祖所罚,才使其世代操此贱业;也有传说九姓渔民是元朝末年在江西、湖广与朱元璋争霸失败的陈友谅部下后裔,经祁门、鱼亭渐次沿阊江、横江、渐江一线来到新安江流域,并进入浙江境内,因常泊严子滩头,故名严州九姓渔船,多以载客和网鱼为业。[③]

新安江流域也流行叉鱼,元代徽州路学教授唐元在《山家》一诗中写道:

悠悠附云影,浩浩吹天风。
解佩此溪女,负苓何处翁。
焙出茶芽紫,叉来鱼眼红。

① (唐)章八元:《新安江行》,见(清)彭定求、杨中讷等编纂:《全唐诗(增订本)》,北京:中华书局,1999年,第3187页。

② (清)洪饴孙:《自洪坑至岑山渡道中》,见徐世昌编,闻石点校:《晚晴簃诗汇》,北京:中华书局,1990年,第4816页。

③ 周天放、叶浅予:《富春江游览志》,上海:时代图书公司,1934年。

山家惯延客,何必羡崆峒。[1]

此诗对于叉鱼后鱼类的模样描摹得很是生动,作者当有亲身经历过或亲眼见过。

清代徽州知府为休宁保护登封桥而立的《徽州府正堂峻示碑》,至今仍然屹立桥畔。为了保护桥梁,碑文语词严厉,特别规定该桥:

严禁推车晒打,毋许煨暴污秽;
栏石不许磨刀,桥角禁止戳鱼。
倘敢故违有犯,定行拿究不饶。[2]

这个峻示碑规定中的“戳鱼”指的应该就是叉鱼的意思。登封桥位于齐云山下,休宁县境内,清代查慎行在《从屯溪坐竹筏至休宁县》一诗中曾有“沙塌鱼跳岸,芦荒雁下田”[3]的描写,面对这样的情景,人们即使“有鱼而不常得”,也忍不住去叉鱼了。

除了网鱼和叉鱼,捕鱼的方式还有钓鱼和用鸬鹚捕鱼。鸬鹚,又称乌鬼,捕鱼能力很强。以鸬鹚捕鱼的方式在徽州一些地方,至今仍然保留,如渔梁坝附近就有。中国人工驯养鸬鹚的历史很长,鸬鹚生长周期也很快。鸬鹚长大经渔民驯化好后,能跟随主人捕鱼。在渔民的哨声指引下,鸬鹚独自或合作在水中捕鱼,因为其脖子上各自戴有脖套,逮到鱼后无法自己下咽,主人将鱼拿回后,鸬鹚重新入水捕鱼。新安江流域此种捕鱼方式的历史长远,有诗为证:

渔家少小女,见郎娇不避。

---

① (元)唐元:《次韵程以文黄山星桥末章属仲安》,见(明)程敏政:《新安文献志》,合肥:黄山书社,2004年,第1204页。

② 卞利:《徽州古桥》,《人民日报》海外版,2002年1月11日,第2版。

③ (清)查慎行:《青溪口号八首》,《敬业堂诗集》,见《景印文渊阁四库全书》第1326册,上海:上海古籍出版社,1987年,第64页。

日莫并舟归，鸬鹚方晒翅。[①]

不过因为鸬鹚本身每天就要吃掉一定数量的鱼类，这种捕鱼方式算是有利有弊。

至于钓鱼，对于多数人而言是为获取食物，对于一些文人而言，则是一种孺慕古人、修心养性的生活方式。徽州各地，不少临水地方都有纪念性钓台，如黟县钓滩，在县南十八里，亦名浔阳台。相传李白游新安尝钓于此，作诗云："磨尽石岭墨，浔阳钓赤鱼。霭峰尖似笔，堪画不堪书。"[②]歙县古镇许村则有纪念南朝新安太守任昉的任公钓台。在歙县王村区富墩渡口，有摩崖石刻"郑公钓台"四字，则是为了纪念元末理学家郑玉。民国徽州学者许承尧在《游丰乐溪》中就写道：

清溪石累累，石隙潜寒鳞。
喜无网罟患，犹有钓者纶。[③]

有趣的是，黟县还有一个民谣，劝说人们不要钓鱼，民谣题目叫《莫钓鱼》，内容如下：

劝世人，莫钓鱼，钓鱼之人把病寻。
纵然钓得三五只，归来不够一餐肥。
热气逼，潮气侵，不拉肚子也打寒皮。[④]

---

① (清)查慎行：《青溪口号八首》，《敬业堂诗集》，见《景印文渊阁四库全书》第1326册，上海：上海古籍出版社，1987年，第63页。

② (宋)罗愿撰，萧建新、杨国宜校著：《〈新安志〉整理与研究》，，合肥：黄山书社，2008年，第167—168页。

③ 许承尧：《游丰乐溪》，《疑庵诗》，合肥：黄山书社，1990年，第191页。

④ 余治淮：《桃花源里人家》，合肥：黄山书社，1993年，第151页。原注：黟县人把疟疾称作"皮寒"，这里把其改为"寒皮"是委了押韵上口。黟县方言发音和普通话差异很大，这首民谣中的"鱼"，"寻""肥""侵""皮"，在黟县方言中属同一韵。

第二节　徽州的“樵夫”和外地的“樵夫”

徽州群峰环绕，山势雄伟，在这些遍布徽州的大山之上，生长着大量的林木。徽州林木主要的种类，按《新安志》记载有：“木则松、梓、榠、柏、梼、榆、槐、檀，赤白之槠。岁联为桴以下淛河，大抵松、槠为尤多。”[①]

丘陵地带以常绿阔叶林为主，山地以杉木、马尾松、毛竹为主。自古以来，徽州自然生态良好，环境优美，这从前文中新安江水之清在唐朝诗人群体心目中的印象可以看出。如果我们借问新安江，何以清如许的话，那么答案应该就在这群山峻岭，境域遍布的山林树木之上。的确，徽州良好的自然生态环境与这些山林密不可分。

这漫山遍野的绿色植被涵养了水源，正如唐代诗人王维在《送梓州李使君》诗中写道：“山中一（一作半）夜雨，树杪百重泉。”[②]山林通过潺潺的清澈泉水而非混浊的暴洪输出，减少了水土流失。同时，这些植被也可以作为风水林，障空补缺，给予徽州人生理和心理上的抚慰。当然，众多的林木也给这里的人们提供了源源不断的燃料和建筑材料，更作为一种重要的对外输出的商品，成为长久以来徽州许多人赖以为生的谋生之物。

就水利而言，山林不仅可以涵养水源，还具有水土保持的作用。这种作用表现在，林木不仅能避免真正的削峰填谷，即水土流失的出现，也能实现对于水量的“削峰填谷”——多雨则涵养，少雨则补充。对于徽州而言，水之生聚和离散与“樵夫”们的樵采密切相关——无论是本地的“樵夫”，还是外来的“樵夫”。

水的特性是无拘无束的，肆意妄为的，可柔克刚，人们努力驯服水，是希

---

① （宋）罗愿撰，萧建新、杨国宜校著：《〈新安志〉整理与研究》，合肥：黄山书社，2008年，第53页。

② （唐）王维：《送梓州李使君》，见（清）彭定求、杨中讷等编纂：《全唐诗（增订本）》，北京：中华书局，1999年，第1272页。

望水的柔与刚得宜适度。过柔，容易造成是干旱；过刚，就容易成为洪涝了。要想趋利避害，就需要削峰填谷建造水库。但水库同时也会带来一些生态问题。

山林则有天然的水库功能。雨季之时，它可以“削峰”，蕴藏多余的水分；旱季之时，它可以“填谷”，将蓄积的水分从容不迫地释放，减轻干旱的程度。

清代文学家梅曾亮曾在与徽州咫尺之隔的宣城山区向农民请教，其文写道：

问诸乡人，皆言未开之山，土坚石固，草树茂密，腐叶积数年，可二三寸。每天雨，从树至叶，从叶至土石，历石罅，滴沥成泉。其下水也缓，又水下而土不随其下。水缓，故低田受之不为灾；而半月不雨，高田犹受其浸溉。今以斤斧童其山，而以锄犁疏其土，一雨未毕，沙石随下奔流注，壑涧中皆填污不可贮水，毕至洼田中乃止。及洼田竭，而山田之水无继者。是为开不毛之土，而病有谷之田。①

我们从中可以看出，山林蓄积对于水土保持的重要而有效的作用。综上所述，可以说，山林相对于水，是执其中，获其利。

徽州人特别重视山林的种植和养护，对于林木和水利的关系也有所认识。这种认识，一方面是徽州人本身历史经验的积累，另一方面也是深受风水学说的影响。比如北宋理学大师程颐，对地土草木和神灵子孙的关系提出了自己的看法，他说：

地之美者，则其神灵安，其子孙盛。若培壅其根而枝叶茂，理固然矣，地之恶者则反是。然则曷谓地之美者？土色之光润，草木

① (清)梅曾亮：《记棚民事》，见彭国忠、胡晓明校点：《柏枧山房诗文集》，上海：上海古籍出版社，2005年，第226页。

之茂盛，乃其验也。①

实际上，徽州人深沐传统文化，服膺程朱之说，在经验的基础上，十分迷信传统的风水理论，对于村落四周的来龙去脉、水口以及宗族祖坟上的风水林木，都尽最大可能地予以养护。

徽州许多乡村的水口林中超过百年历史的树木比比皆是，有的村子里的树木，比如深渡镇漳潭村的樟树、郑村镇槐塘村的银杏、杞梓里镇方家坦的黄连木，都有千年历史。在徽州，我们每每到一个村子，看到某个方向的树木特别高大繁密而茂盛，往往那就是村庄的水口所在。

至于其他类型的林木，比如私人家的山林，也多重视并努力种植，如明末崇祯年间担任歙县县令的傅岩就说：“本县地土硗瘠，蓄植树艺，民力颇勤。”②

此外，徽州人也强调养护，适度樵采。笔者在徽州看到好多人家的房外堆了许多木柴，询问过村民，据村民说，都是从自己分得的山林里砍的，并不伐树干，只砍一些枝杈或者杂木。有一首名为《荆州人民会当家》的徽州民谣就是反映了这样一种情况：

荆州农民会当家，棵棵松树都刁椏。
远看像排电线杆，近看像根牛尾巴。③

这首民谣很是生动地说明了绩溪的荆州人比较重视林木的修整维护，描绘了这里的松树经过当地人“刁椏”后的外部形状。实际上，通过修整枝条，有利于“顶端效应”的发挥，既增加了柴木的数量，松树的良干美材也没有因薪柴之用而损毁，还促进了松树树干的生长，可谓一举多得。

---

① （宋）程颐：《葬说（并图）》，（宋）程颢、程颐：《二程文集》，见《景印文渊阁四库全书》第1345册，上海：上海古籍出版社，1987年，第712页。

② （明）傅岩：《事迹》，《歙纪》，合肥：黄山书社，2007年，第55页。

③ 汪自源口述，方静笔录：《荆州人民会当家》，见方静：《徽州民谣》，合肥：合肥工业大学出版社，2007年，第76页。按：荆州是位处安徽绩溪东北方向的一个偏远乡镇。

图 堆积的柴薪

图片来源:2010 年暑期笔者拍摄于歙县。

徽州有封山育林的传统,对于一些宗族林和风水林,往往制定乡规民约或者其他措施给予约束。比如歙县瞻淇汪氏,以前共有一个总祠,八个支祠,各宗祠在村子的周围也皆有山林存在。为防止各支裔砍树伐薪越界,特在交界处种植紫荆花,花开灿烂时,山林中紫荆花丛横横竖竖排列隔断,成为明显的地标,各支裔也不逾越过界。①

当然,徽州人保护林木的意识是很强烈的,自觉性也比较高。在歙县里方,如果"村族禁山",往往只需要"在山脚树上系一束稻草",结草为号,此后就没有人擅自"入山打草砍柴"。②

徽州地理上是"八山半水半分田,一分道路和家园",山林多、田地少的地理特征,使得林业生产在徽州成为一项重要的收入来源。对于农业和林业的关系,祁门善和程氏的《窦山公家议》有所评论:

① 歙县地方志编纂委员会编纂:《歙县志》,合肥:黄山书社,2010 年,第 1436 页。

② 同①,第 1447 页。

田之所出，效近而利微；山之所产，效远而利大。今治山者递年所需，不为无费，然后利甚大，有非田租可论，所谓日计不足岁计有余也。①

其认为林业效益相对于农业效益，尽管林业生产在时间上花费比较长，经济上投入比较大，但从长远来看，林业产出效益更高一些。这种看法既是一种经验的总结，也是一种哲理的思辨。

林木产业经济发达，表现在有许多山林需要间伐。比如在歙县，“山场林木，民间以轮山间伐方式轮休山场，俗称‘拼山’”②。如果到了封山之时，“则结草为标，鸣锣示禁。来龙山、水口山、祖坟山林木永不砍伐。建房用材由族祠定山定片，逐根编号，以根定价，对号砍伐。如若违规，乱砍多伐，按族规议罚，严重的将违规户饲养之大猪拖至山场宰杀呼龙，烹制分食族众，以儆效尤。昔时迷信树有神，登山须祭老郎神外，砍伐大树，还须焚香烧纸，祭拜树神，方可动斧开锯”③。

从中可以看出，徽人、林木和水利构成一种和谐的生态关系，人处在这种山清水秀、草木青葱的生活环境中，似有“不知有汉，无论魏晋”的感觉。唐代隐士许宣平在《庵题壁诗》中，就表现了这种怡然自乐的生活：

隐居三十载，石室南山巅。
静夜玩明月，清朝饮碧泉。
樵人歌垄上，谷鸟戏岩前。

---

① 《山场议》，见周绍泉、赵亚光：《窦山公家议校注》，合肥：黄山书社，1993 年，第 74 页。

② 崇祯《开化县志》记载：“开地田少，民间惟栽杉木为生，三四十年一伐，谓之‘拼山’。邑之土产杉为上，姜漆次之，炭又次之，合姜、漆、炭之利只当杉利五之一。闻诸故老，当杉利盛时，岁不下十万，以故户鲜逋赋。然必仰给于徽人之拚本盈，而吴下之行货勿滞也。”见（清）嵇曾筠等监修：《浙江通志》，《景印文渊阁四库全书》第 521 册，上海：上海古籍出版社，1987 年，第 669 页。

③ 歙县地方志编纂委员会编纂：《歙县志》，合肥：黄山书社，2010 年，第 1134 页。

乐矣不知老，都忘甲子年。①

不过这种平静的局面，就徽州地方志上的记录上来看，至清代可以说被彻底打破，这是由于外地的“樵夫”们，也就是棚民群体，在清代中期大肆进入徽州的缘故。

明代后期美洲高产作物的引进和经过几个世纪的推广，以及明清赋役制度的变革，使得中国人口有了爆发式的增长，至乾隆时期已经超过3亿。人口的惯性增加，在粮食种植面积既定、粮食增产幅度较高程度地挖掘完毕之后，出现了新的人地矛盾。为解决矛盾，一些人口密集地区的农民开始向一些生态环境保持良好、森林密布的山区转进，筑棚为居，伐木种粮。

徽州地区田地少，但是山地多，拥有大片的森林资源，这成为附近安庆、池州和江西等地农民迁徙进入该地区的原因，这些一段时期之内有规模地且集中而来的流民，给徽州这一长时期自然环境和社会风俗保持相对稳定的地区带来了一定的冲击，特别是引发了作为既得利益群体的徽州士绅宗长们的不安情绪，并引起了激烈反应。更严重的是，给徽州地区的生态环境造成了极大破坏。

如民国《歙县志》记载：“新安江上游地少人多，山农辄梯山筑舍，号曰山棚，远望之如燕巢然。”这就容易使得本就“地隘陡绝，厥土骍刚不化”的歙县，经常有“山高水湍，悍少储蓄，寡泽而易枯。十日不雨则仰天而呼，骤雨过山涨暴出，粪壤之苗又荡然枯矣”的情况发生。②

清同治《祁门县志》记载：

今日徽郡之患不在水碓，而在垦山。嘉庆《绩溪县志》载：“乾隆年间，安庆人携苞芦入境，租山垦种，而土著愚民间亦效尤。其

① (清)许宣平：《庵题壁诗》，见(清)彭定求、杨中讷等编纂：《全唐诗(增订本)》，北京：中华书局，1999年，第9781页。

② 许承尧等纂，楼文钊、石国柱等修：《歙县志》，《中国地方志集成·安徽府县志辑》51，南京：江苏古籍出版社，1998年，第39页。

种法必焚山掘根，务尽地利，使寸草不生而后已。山既尽童，田尤受害。雨集则砂石并陨，雨止则水源立竭，不可复耕者所在皆有。渐至壅塞大溪，旱弗能蓄，潦不得泄，原田多被涨没。一邑之患，莫甚于此。”

诚哉是言！祁自棚民开垦，河道日高，水在砂下，舟不能达，十日不雨，货物不至，盘运翔贵，是以闾阎日即于贫苦。虽屡奉严禁，而孽芽未除，是长民者之责也夫。[①]

孙学治在《和施明府源黟山竹枝词》中这样描写：

腊腊包芦满旧蹊，半锄沙砾半锄泥。
沙来河面年年长，泥去山头日日低。

并注释说“棚民租山种包芦，休宁、祁门皆受其害，黟近亦渐有之。有山业者慎无贪小利而贻大害也”[②]。又有诗云：

去年一水小沧桑，数顷山田一半荒。
不是农夫开不得，上天砂到下田黄。

注释中也言及黟县“乾隆戊申年五月蛟水陡发，田庐多有漂没者”[③]。

从以上资料可以看出，棚民进入徽州地区，是力求“焚山掘根，务尽地利”，并导致“不可复耕者所在皆有”，且“壅塞大溪，旱弗能蓄，潦不得泄”这样的严重后果。

这种情况，对于徽州一些地方的田地灌溉、航运水利都带来了重大的影

① (清)汪韵珊纂，周溶修：《祁门县志》，《中国地方志集成·安徽府县志辑》55，南京：江苏古籍出版社，1998年，第118页。

② (清)吴甸华修，程汝翼、俞正燮纂：《黟县志》，《中国地方志集成·安徽府县志辑》56，南京：江苏古籍出版社，1998年，第557—558页。

③ (清)吴甸华修，程汝翼、俞正燮纂：《黟县志》，《中国地方志集成·安徽府县志辑》56，南京：江苏古籍出版社，1998年，第557页。

响，影响及于风水，所谓“砂石并陨”[①]“上天砂到下田黄”[②]的情景很难能称之为“地之美者”，自然也使得“其神灵安，其子孙盛”的心理暗示在徽州人的心中也大幅削弱，徽人惶恐情绪和激烈反应也有可理解之处。

图　黟县漳河畔安庆移民后人居所

图片来源：2012 年 1 月笔者拍摄于黟县盆地南缘。

此外，从道光《徽州府志》的记载中还能知道，棚民进入徽州地区“始于前明，沿于国初，盛于乾隆年间”[③]，这个轨迹与明清时期中国人口大量增长的轨迹有些符合。结合以上各县史料，可知棚民确实在清代乾隆时期开始大量进入，当时的主力是安庆人。笔者在从屯溪步行至祁门和黟县的途中，

① （清）汪韵珊纂，周溶修：《祁门县志》，《中国地方志集成·安徽府县志辑》55，南京：江苏古籍出版社，1998 年，第 118 页。

② （清）吴甸华修，程汝翼、俞正燮纂：《黟县志》，《中国地方志集成·安徽府县志辑》56，南京：江苏古籍出版社，1998 年，第 557 页。

③ 《道宪杨懋恬查禁棚民案稿》，见（清）马步蟾纂修：《徽州府志》，《中国地方志集成·安徽府县志辑》48，南京：江苏古籍出版社，1998 年，第 320 页。

分别在祁门榔木岭和刚进入黟县盆地的漳河畔小村进入两户人家询问，听他们说其祖上皆是安庆人。[①] 在休宁商山的考察中，经过访问，发现也多有当地居民言先辈自安庆迁徙而来。

当然，以上地方志的记叙，都是以徽州人的视角来看问题。棚民相对于徽州人来说，是处于舆论弱势的。判别一个问题，最好有两方陈词，但很可惜，棚民视角的言语少有，在拿出的证据和责任的辨析方面，外来的棚民在一定程度上是“委屈”的，当然，也必须承认他们也确实造成了恶劣的后果。

不过这种开山种粮食的事情并非一厢情愿就能做成的，尤其是在徽州这个宗法制度完善、律法素质比较高的地区。实际上，棚民开垦山地，许多都是在契约既定、主客皆能得利的前提下发生的。这种水土流失、生态灾难的恶果理应由棚民和一部分过于逐利的徽州土著一起承担，但结果显然没有那么简单，更大的非议还是投射到了欲言而不能言的棚民身上。

历史上，徽州也是有水土流失的情况发生，所谓沧海桑田，在地球引力和水流经年累月的冲刷等合力作用下，甚至还包括徽州本地人的活动作用下，都使得这种情况的发生在所难免。

康熙《徽州府志》上就有这样的记载：

> 自休之西而上，尤称斗入，岁收仅不给半饷，多仰取山谷，甚至采薇葛而食，暇日火耕于山，旱种旅谷……夜则俱入，持薪樵轻重相分。[②]

从这则史料中，我们可以注意到徽州本地人“薪樵”及“火耕”的情况。此外，有一首明人的《徽州》诗这样描写：

---

① 其中一家主人言其并不是清代迁徙至此，是有亲戚在本地，遂自幼跟随而来。

② （清）丁廷楗修，赵吉士纂：《徽州府志》，《中国地方志丛书·华中地方·第237号》，台北：成文出版社有限公司，1975年，第440页。

山绕清溪水绕城，白云碧嶂画难成。
日斜猛虎峰头度，雨歇游鱼镜里行。
处处楼台藏野色，家家灯火读书声。
居民一半依山食，不事牛犁用火耕。①

徽州目前仍旧存在“不事牛犁用火耕”这种依稀可见刀耕火种传统的农业种植方式，②这些情况的存在，一定程度上可以说是对于徽州山多地少的地理情势的无奈，但客观上也确实容易导致徽州的水土流失，造成“岸移无旧路，沙涨别成村”的后果。③

棚民租山伐木耕种之法，也并非突然出现的。比如，中国南方许多地区的传统杉木林造法，就是垦辟荒山或砍伐成林，然后炼山整地，种植玉米等作物 2—3 年，再行播种或扦插。20—30 年杉木成熟，再砍再造。通过炼山整地可以增加土壤肥力，有利于造林苗木的复壮生长，增强对病虫的抵御力，④也可以把与幼林争夺水分、养分和空间，严重影响幼林的成活和生长的大量杂草和灌木的根蔸去除。⑤ 这与棚民大量涌入徽州，上山砍伐林木并烧山种植苞芦的做法是比较类似的，都是很传统的生产方式。

需要强调的是，首先，棚民也多是和徽州本地山主订立合同的。其次，不少徽州当地人也参与逐利，因为徽州本地的人口也在持续地增加。有研究显示：“清前中期，徽州地区人口在明代的基础上不断增加，随着‘摊丁入亩’等政策的实施，到了清嘉庆年间，徽州地区的人口达到了历史的最高

① 王振忠：《徽学研究入门》，上海：复旦大学出版社，2011 年，第 1 页。

② 笔者在从绩溪到上庄的途中，仍能看到路边山腰有农人在整地烧荒。

③ （唐）张乔一：《寄绩溪陈明府》，见（清）彭定求、杨中讷等编纂：《全唐诗（增订本）》，北京：中华书局，1999 年，第 7371 页。

④ 苏晓祥：《枫香林病虫害及其综合防治》，《安徽林业》，2006 年第 5 期，第 46 页。

⑤ 徐志文、钟荣、李园华：《人工幼林化学除草技术的推广与应用》，《江西农业学报》，2007 年第 11 期，第 114—115 页。

峰。”[1]棚民只是垦山耕种的人中的一部分。

《歙风俗礼教考》就描写道：

> 迩为外郡流民，赁以开垦，凿石刨山，兴种包芦。土人始惑于利，既则效尤。寖致山皮剥削，石防沙倾，霉月淫淋，乱石随水而下，淤塞溪流，磕撞途径，田庐涨没。[2]

这里需要注意的是两个词语，一个是“赁以开垦”，另一个是“既则效尤”。这里棚民与若干土著之间在樵采和山种之上一拍即合，一部分土著跟随在棚民身后竞相效仿的景象，豁然出现在人们眼前。

当时参与查证棚民事件的一些官员，对于这些情形，也留下了证据记录：

> 其初起于租山者之贪利，荒山百亩，所值无多，而棚户可出千金、数百金租种。棚户亦因垦地成熟后，布种苞芦，获利倍蓰，是以趋之若鹜。或十年，或十五年，或二十年至三十年，迨山膏已竭，又复别租他山，以至沙土冲泻，淤塞河道、农田。
>
> 伐木搭棚，毁伤坟茔薪木，本不利于地方，历来奉文查禁。无如人情见利必趋，不肖之土民既阳奉阴违，无业之异民遂争先恐后，相续不绝，日聚日多。在棚民携本图利，究与霸垦强占不同。若土民不将山场租给，则异民又何由托身？[3]

利之所在，一往无前。歙县大阜潘氏记录过这么一件事情：明代有大阜潘氏十三世潘世荣，约在明成化初年自大阜迁居歙北霞峰芳田。世荣传八世至礼财，屋遭火灾而迁居王进坑。清乾隆四十五年(1780)，启愉、启慎、启

---

① 凌翠萍：《徽州地区历史人口数据集成与考释》，上海师范大学硕士学位论文，2012年，第58页。

② (清)江依濂、江绍莲撰：《歙风俗礼教考》，见许承尧纂，李明回、彭超、张爱琴校点：《歙事闲谭》，合肥：黄山书社，2001年，第604页。

③ 《道宪杨懋恬查禁棚民案稿》，见(清)马步蟾纂修：《徽州府志》，《中国地方志集成·安徽府县志辑》48，南京：江苏古籍出版社，1998年，第320页。

惟、启钰、启恺、启愲兄弟六人，到一处稍开阔的山湾开荒、烧炭，一个多月后发现炭凼尚有余火，认为地脉好，遂就地定居，并在炭凼处起屋基拟建支祠，遂称村为“屋基”。[①]

这个记录虽然主要是描写潘氏祖先们的迁徙路线，并夸耀祠堂的风水，但从乾隆年间潘氏六兄弟“开荒、烧炭”的叙述中，能从侧面看出当时徽州本地人参与伐木、烧炭和开荒的历史实景。

可以说，这些开荒、烧炭和租赁等活动，从经济上来说，对徽州本地的一部分人是有利的。潘氏兄弟开荒、烧炭在时间上恰恰是乾隆时期，而前文也已说过，这是棚民进入徽州山中种植苞芦的高潮期，外地樵夫和本地部分樵夫在“齐心协力”开山垦殖的情况下，对山林和环境造成的破坏是可想而知的。

在徽州，这种种利益上的驱动和对于契约之理性和惯性的遵守与保护，使得棚民问题持续不断地叠加和发酵，最后因为大规模的林地改种苞芦带来的严重的水土流失和自然灾害问题，引起了本地宗长士绅的警惕和反击行动，最终导致棚民事件的发生和扩大。

总的来看，清代中期发生在徽州棚民与徽人之间的冲突事件，其实质原因还是人口无序增长与资源供给有限之间失衡而带来的。

美洲高产农作物引入中国并逐渐推广，赋役政策中人丁税的改革，以及长久持续的安全稳定环境，种种因素综合起来，导致中国人口总数的增长极为迅速，这反映在祖籍徽州的洪亮吉的《治平篇》[②]中，也反映在了徽州人口数目的大规模增加上。

人口无序增加，尤其是中国人又特别重视“祀祖”传统，希望多子多孙，这导致了人口的数量和食物、燃料的既有承载能力之间，有所延宕和脱节。在这种情况下，无论棚民还是徽州本地人，面临的都是同样的情况，即首先

---

① 歙县地方志编纂委员会编纂：《歙县志》，合肥：黄山书社，2010 年，第 1382 页。

② （清）洪亮吉：《治平篇第六》，刘德权点校：《洪亮吉集》，北京：中华书局，2001 年，第 14—15 页。其文曰：“人未有不乐为治平之民者也，人未有不乐为治平既久之民者也。治平至百余年，可谓久矣。然言其户口，则视三十年以前增五倍焉，视六十年以前增十倍焉，视百年、百数十年以前不啻增二十倍焉。”

要获取更多的资源来解决儿孙满堂绕膝前的食物问题，满足并实现起码的温饱要求。

于是双方在退林种粮的意向上“英雄所见略同”，开始皆大欢喜，但这种对于环境潜力的过度开发引起了自然的反噬，造成对灌溉、航运等诸种水利的破坏，最终导致本地原有的樵夫和外地新来的樵夫之间的矛盾加剧，讼之于官府，记之于文字，在徽州历史上留下了一枚较深的印记。

第三节 耕在“水穷处”

徽州的耕作环境条件并不优越，实际上，随着人口的增长，徽州的粮食供应一直比较紧张。明清时期来到徽州的棚民，开山的目的有很大一部分是为了种植苞芦，获取粮食。粮食问题在徽州历史上一直是非常突出的问题。谈论粮食问题，无论是粮食的生产，还是粮食的运输，都离不开水利问题。道光《徽州府志》有言：

> 徽处万山之中，无水可灌，抑苦无田可耕，硗埆之土仅资三月之食，而水利之不可不亟讲者……一在塘堨也。地处陡峻，梯山而耕，河流之水不能激而使上。田在山谷，既远溪流，潴而为塘，乃资灌溉平坂之田。近溪流者乃得浚治堤防，筑而为堨，此以人力为天功者。[①]

徽州处于低山丘陵之间，一府六县内都有众多河流。在这些山谷溪畔，盆地河边，分布着徽州人赖以为生的大大小小的曾经是“鱼鳞”状的耕地，苏辙有诗云：“斜拥千畦铺渌水，稍分八字放遥山。”[②]徽州人就耕作于这溪河江水之间。为了获取更好的收成，围绕着这些水系，相互协作，制造水利工

---

① 《道宪杨懋恬查禁棚民案稿》，见(清)马步蟾纂修：《徽州府志》，《中国地方志集成·安徽府县志辑》48，南京：江苏古籍出版社，1998年，第300页。

② (宋)苏辙：《绩溪二咏·翠眉亭》，见曾枣庄、马德富校点：《栾城集》，上海：上海古籍出版社，1987年，第330页。

具，兴办水利设施，一方面是为了开发水利，另一方面也是试图避免水害，由此，人与自然、人与人之间慢慢形成了错综复杂、利害相关的各种关系。在前两节研究了徽州的“渔”“樵”与水的关系之后，本节将开始讨论徽州“耕”与水的问题。

一、地窄人稠水利先[①]：徽州的水利灌溉设施

徽州处于北纬 30°左右，属于亚热带季风性湿润气候，气温适宜，降水量丰富。良好的气候环境适合许多动植物生长。尽管有这样的气候条件，但是因为徽州山脉自身的地理环境特点，造成徽州耕地面积不足和一些山区土地贫瘠等问题，给人留下的印象就是“地隘斗绝，厥土骍刚而不化”[②]。

徽州地势高耸，相对于境内各条水系的下游而言，堪称“水穷处”。王维有诗云：“行到水穷处，坐看云起时。”[③]徽州的地理环境与此种情况很是有些类似。不过，意境虽然美妙，但因为这高耸的地势，导致降水极容易下泄，给农业耕作带来了很大的困难，地方志中对此评价说，徽州“高山湍悍少潴蓄，地寡泽而易枯，十日不雨，则仰天而呼；一骤雨过，山涨暴出，其粪壤之苗又荡然空矣”[④]。

徽州的地方文献中还屡屡出现“硗确”“硗瘠”“硗狭”“骍刚不化”等形容徽州土地的词语，颇为夺人眼目。《国语·楚语上》：“瘠硗之地，于是乎为之。”韦昭注：“硗，确也。”“确”则指的是“石多土薄。亦指石多土薄之地”。[⑤]

---

① (清)吴梅颠撰，胡益民点校：《徽城竹枝词》，见安徽大学徽学研究中心编：《徽学》，合肥：安徽大学出版社，2000 年，第 380 页。

② 顺治《歙县志》，见张海鹏、王廷元主编：《明清徽商资料选编》，合肥：黄山书社，1985 年，第 7 页。

③ (唐)王维：《终南别业》，见(清)彭定求、杨中讷等编纂：《全唐诗(增订本)》，北京：中华书局，1999 年，第 1276 页。

④ 顺治《歙县志》，见张海鹏、王廷元主编：《明清徽商资料选编》，合肥：黄山书社，1985 年，第 7 页。

⑤ 汉语大词典编纂委员会、汉语大词典编纂处编纂：《汉语大词典》，上海：上海辞书出版社，2007 年，第 4537 页。

可知“硗确”是指土地坚硬瘠薄。文献对徽州土地的描述难免有所夸张和偏颇,毕竟徽州的一些地势平坦的地区,如歙县西乡一带,开阔平坦,还算肥沃。不过总的来说,徽州“郡处万山之中,田本有限,又地势高峻”①,山多地少的现实,使得这些词语的记录与形容,总体上仍然是徽州土地贫瘠程度的一种客观反映。

徽州的土地贫瘠,兼且“溪涧涨涸不时”,在此情况下,“非浚塘修堤,莫能俾年谷时熟”,也就是说,为了获取好的收成,在不同季节溪水江河的径流量大小不定的情况下,需要建设一些“塘”“堤”“堨”“圳”之类的水利灌溉设施②,以人工约束和总量调控的手段,充分统筹和利用数量飘忽不定的宝贵水利资源。

徽州的水利灌溉设施主要有以下种类:塘、堨、陂、堤、坝、水射等。其中塘与陂性质类似,都有池塘之意。古人有云:“畜水曰陂,穿地通水曰池。”③地方志言“潴而蓄之者曰塘”④。

堨与坝意思相近。志书上言:“凡叠石累土,截流以缓之者曰坝……决而导之,折而赴之,疏而泄之者曰堨”。⑤

而堤与水射其义略同,“障流而止之者曰堤”⑥,“水射者,方言防御也”⑦,

① 《道宪杨懋恬查禁棚民案稿》,见(清)马步蟾纂修:《徽州府志》,《中国地方志集成·安徽府县志辑》48,南京:江苏古籍出版社,1998年,第325页。

② (清)廖腾煃修,汪晋征等纂:《休宁县志》,《中国方志丛书·华中地方·第90号》,台北:成文出版社有限公司,1970年,第335页。

③ (汉)郑玄注,(唐)陆德明音义,孔颖达疏:《礼记注疏》,见《景印文渊阁四库全书》第115册,上海:上海古籍出版社,1987年,第327页。

④ 许承尧等纂,楼文钊、石国柱等修:《歙县志》,《中国地方志集成·安徽府县志辑》51,南京:江苏古籍出版社,1998年,第68页。

⑤ 同④。

⑥ 同④。

⑦ 《道宪杨懋恬查禁棚民案稿》,见(清)马步蟾纂修:《徽州府志》,《中国地方志集成·安徽府县志辑》48,南京:江苏古籍出版社,1998年,第303页。

“御其冲而分杀之曰射”[①]。以上各种水利设施中以塘、堨两种最为重要，在徽州其数量也最多，几乎村村皆有，其余各种，相对偏少。

因溪堰水者谓之堨，凿田蓄水者谓之塘。两者皆有灌溉之效用。叶适《绩溪县新开塘记》中就说：

> 田于山谷蹁高逗深，烧变筑叠而堨，引其泉流以润泽之，有所不及，益凿为塘，储雨以待。昔之聚民于此者，择其水土之利，固已详矣。若夫计田而堀，量亩而浚，必使水无不足而不以雨旸之。[②]

许承尧也在《一雨》诗中说过：“预事谋通洫，程功待浚塘。”[③]

徽州山势高耸，山地、平原势差较大，水流众多而湍急，为了获取灌溉之利，需要挡水、引水和存水，徽州人因地制宜，筑堨坝以挡水，修渠圳以引水，挖塘陂以存水，由此形成了遍布徽州各个区域的大大小小的各种水利设施。

徽州塘多，塘亦是田也，同样可以买卖，如清代时“土人乃以人力为天功，潴而为塘用，桔槔取而灌之，天不能灾。故塘亦输税，民间贸易，田塘同价”。[④]

此外，因为雨量季节分配不均以及地形的原因，徽州旱灾频发，甚至有极端干旱的情况出现。许承尧曾在《闵旱》一诗中感叹：

> 池塘各龟坼，井涸不可引。
> 溉门望久绝，节啬到饮浣。
> ……

① 许承尧等纂，楼文钊、石国柱等修：《歙县志》，《中国地方志集成·安徽府县志辑》51，南京：江苏古籍出版社，1998年，第68页。

② (宋)叶适：《绩溪县新开塘记》，《水心集》，见《景印文渊阁四库全书》第1164册，上海：上海古籍出版社，1987年，第196页。

③ 许承尧：《一雨》，《疑庵诗》，合肥：黄山书社，1990年，第245页。

④ (清)汪韵珊纂，周溶修：《祁门县志》，《中国地方志集成·安徽府县志辑》55，南京：江苏古籍出版社，1998年，第115页。

病夫慰瘦妇，对拭流泪眼。
为言百年来，无此太甚旱！①

面临这种情况，徽州人以池塘贮存水，运用各种水利工具从池塘提水，灌溉农田，可以降低旱灾的危害程度。徽州的塘陂，如田地一样，可以“渔”耕，有利灌溉，能优化局部小气候和环境，有风水之用，观之亦可赏心悦目，因为这些功用，徽州的塘陂与耕地同样具有相当的价值，这从一些买卖塘契的徽州文书中可以得到印证：

歙县程荫之卖塘赤契

二十一都三图立杜卖塘契人程荫之，今因正用，自愿将承祖遗受被字四百六十九号，塘一广〔口〕，计原额实税一分四厘八毫，土名竹林后，凭中立契杜卖与二十一都二图一甲许孝睦名下为业，三面言定得受塘价九四平元丝银四两五钱整。其银当即收足。其塘即交受业人管业，灌溉己田取用，支解输粮。其塘系本家己业，并无有他田灌溉〔丝毫之税〕，本家亦无毫忽存留。从前至今亦未典卖他人，重复交易。此系两相情愿，并无准折等情。倘有亲房内外人等异说，俱系出卖人一并承当，不涉买人之事。恐口无凭，立此杜卖塘契永远存照。

嘉庆十二年十月日立杜卖塘契人 程荫之
凭弟 程芸楼
凭中 程舜功
程西序
许正大
亲笔②

① 许承尧：《闵旱》，《疑庵诗》，合肥：黄山书社，1990年，第244页。

② 《歙县程荫之卖塘赤契》，见安徽省博物馆编：《明清徽州社会经济资料丛编》，北京：中国社会科学出版社，1988年，第394页。

我们从中可以看出，塘陂如耕田一般，同样需要输税，并可以自由买卖，其作用除了养鱼之外，还可以“灌溉己田取用”，对于在水利灌溉中具有重要作用的徽州塘陂，有一首竹枝词描写的非常生动和形象，其文曰：

灌田所重在开塘，东路名塘多别乡。
大似小湖船习泛，有长有大有圆方。[①]

从中可以看出塘陂在水利灌溉中的重要作用，另外也知道徽州有的塘陂的面积是比较大的，形状也多种多样。

堨的作用也大。同治《祁门县志》记载：

按田在山谷者为山田，在旷野者为坂田。坂田远山谷，沿溪不资塘水资溪水乃为堨。堨者，古堤防意也，溪水迅奔激，不少留，必扼之障之，水始为用，故造堨。[②]

所谓“堨”，即是拦水的堰、坝。段玉裁在《说文解字注》中解释：

壁间隙也。隙者，壁际也。壁际者，壁之衅也。亦曰堨。此古义也。今义堰也。读同壅遏。后人所用俗字也。从土，曷声，读若谒：此古音也。十五部。大徐鱼列切。广韵乌曷切。[③]

意思是说，“堨”古音读若谒，墙壁上的细缝之意，后来用为俗字，有堰、坝等遏止水流之意，读同壅遏，变换了读音。就笔者在歙县实地询问而知，歙县不少当地人称堨为“堨”(he 四声)，岩寺附近的堨田村，称呼堨田为“堨”(hui 四声)田，黟县人也称堨为“堨”(hui 四声)。

---

① (清)吴梅颠撰，胡益民点校：《徽城竹枝词》，见安徽大学徽学研究中心编：《徽学》，合肥：安徽大学出版社，2000 年，第 380 页。

② (清)汪韵珊纂，周溶修：《祁门县志》，《中国地方志集成·安徽府县志辑》55，南京：江苏古籍出版社，1998 年，第 117 页。

③ (清)段玉裁：《说文解字注》，上海：上海古籍出版社，1981 年，第 685 页。

有学者指出：“堨”的发音同“褐”，为吴楚方言，按韵书，“堨”有“揭”、“竭”、“遏”音，而不音“褐”，皆云“堰”也。[①] 堨、堰、坝三个汉字可以认为是同义字，都是通过在河流两岸间堆积材料，借以拦截流水、抬高水位的建筑物。这种水利设施徽州各地多有，名字各有不同，多数称堨，命名为坝、堰的水利设施，如比较著名的歙县渔梁坝、婺源曲尺堰，数目相对较少。

图　婺源曲尺堰

图片来源：2012 年 3 月笔者拍摄于江西婺源汪口。

不过，我们都知道概念随着时间的推移，其内涵也是容易随之变化的。

① 吴媛媛：《明清时期徽州的灾害及其社会应对》，复旦大学博士学位论文，2007 年，第 160 页。

就像“渔梁坝”和“曲尺堰”[1]的名称，一般是约定俗成，形成了固定称呼的，不过，也能通用其他的名称，比如曲尺堰，当地人也称呼其为曲尺堨、汪口堨、江永堨、平渡堰等，不一而足。

堨的灌溉作用巨大。康熙《休宁县志》言道：

> 自李冰凿离堆以灌蜀，而山溪之水皆可溉田。吾休诸堨，广狭不同，大抵蜀守遗制也。土虽瘠，傍堨之田岁收可与泽国等。[2]

也就是说，徽州休宁之诸堨有成都都江堰遗意也，这些堨虽然长短不一，但灌溉效果明显，即使为贫瘠干旱之地，粮食也能够达到水量丰沛之乡的高产水平。

在徽州，堤与水射是比较少见的。比较著名的是有清代扬州盐业总商鲍志道于嘉庆三年(1798)到四年，独自捐资修筑的东河(扬之河)水射。东河水射位于徽州府城附近，水射障河之西南，水使之东流，凭借湍悍水流，使得久湮之沙得以冲刷倾泻而下。[3]

徽州的水利设施种类众多，其数目也随着历史的变迁而有增减。嘉靖《徽州府志》记载：“本府取勘塘 252 所，堨 322 所，陂 71 所。”[4]康熙《徽州府志》载：“通府塘 510 所，堨 633 所，陂 112 所，堤 2 所，坝 4 所，渠 2 所。”[5]道光《徽州府志》中统计：清代徽州“通府塘 708 所，堨 840 所，陂 124 所，堤 5 所，

---

① 曲尺堰，位于婺源汪口西侧河中，由清代著名学者江永设计倡建于清代雍正年间。坝长 120 米，宽 15 米，是一座既加强水口“闭合”，又方便商船通过的水利工程，构思精妙，存留至今。

② (清)廖腾煃修，汪晋征等纂：《休宁县志》，《中国方志丛书・华中地方・第 90 号》，台北：成文出版社有限公司，1970 年，第 335 页。

③ (清)马步蟾纂修：《徽州府志》，《中国地方志集成・安徽府县志辑》48，南京：江苏古籍出版社，1998 年，第 303 页。

④ (明)何东序修，汪尚宁等纂：《徽州府志》，《北京图书馆古籍珍本丛刊・史部・地理类》第 29 册，北京：书目文献出版社，第 239 页。

⑤ (清)丁廷楗修，赵吉士纂：《徽州府志》，《中国地方志丛书・华中地方・第 237 号》，台北：成文出版社有限公司，1975 年，第 1143 页。

坝 5 所，水射 1 所"。

这是就徽州一府六县而言，本书主要研究徽州位于新安江流域的歙县、绩溪、黟县、休宁四县，四县从宋至清以来水利设施的数目变化情况如下所示：

> 歙县：宋塘 1207 处，堨 262 处；明塘 72 所，堨 35 所，堤 1 所；国朝塘 149 所，堨 63 所，堤 3 所，坝 2 所，水射 1 所。
>
> 休宁：宋淳熙间塘 510 处，堨 210 处，元延祐间塘 379 处，堨 225 处，明塘 278 所，陂 2 所，堨 166 所，堤 2 所，坝 1 所，国朝塘 295 所，堨 172 所，堤 2 所，坝 1 所，陂 2 所。
>
> 黟县：宋堨 190 处，元塘 6 所，堨 165 所，明塘 7 所，堨 172 处，国朝塘 111 所，堨 127 所。
>
> 绩溪：宋初塘共 95 所，堨 117 所，元塘 64 处，堨 106 处，明塘 66 处，堨 108 处，国朝塘计 43 所，堨 108 所，坝 2 所。[①]

列表如下：

宋代以来徽州四县水利设施数目一览表

	宋		元		明					清					
	塘	堨	塘	堨	塘	堨	陂	堤	坝	塘	堨	陂	堤	坝	水射
歙县	1207	262			72	35		1		149	63		3	2	1
休宁	510	210	379	225	278	166	2	2	1	295	172	2	2	1	
黟县		190	6	165	7	172				111	127				
绩溪	95	117	64	106	66	108				43	108			2	

① 《道宪杨懋恬查禁棚民案稿》，见（清）马步蟾纂修：《徽州府志》，《中国地方志集成·安徽府县志辑》48，南京：江苏古籍出版社，1998 年，第 300、303、312、314 页。

为了直观比较和感受，作图如下所示：

宋代以来徽州四县水利设施数目比较表

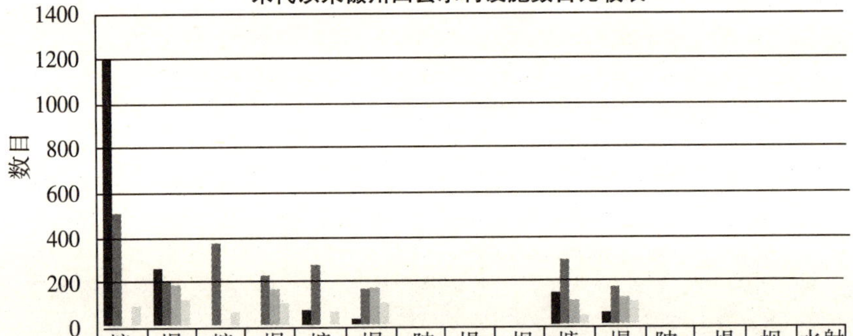

	宋 塘	宋 堨	元 塘	元 堨	明 塘	明 堨	明 陂	明 堤	明 坝	清 塘	清 堨	清 陂	清 堤	清 坝	清 水射
■ 歙县	1207	262			72	35		1		149	63		3	2	1
■ 休宁	510	210	379	225	278	166	2	2	1	295	172	2	2	1	
■ 黟县		190	6	165	7	172				111	127				
■ 绩溪	95	117	64	106	66	108				43	108			2	

可以看出，徽州四县以塘、堨为名的水利设施数目是比较多的，陂、堤、坝、水射等几种类型的水利设施数目相对而言比较少。就各个朝代水利设施数目的变化趋势来看，歙县塘、堨数目从宋代到清代有一个很明显的下降然后回升的过程；而休宁、黟县和绩溪塘、堨数目各代变化不大，不过也是宋代建设数量较多，元代数量有所减少，至明清有所恢复。

当然，这是仅就文字史料上记录数据而言，实际上的水利设施数目，我们很难得知，不过应当有相当一部分遗漏统计了。民国《歙县志》上有言歙县“按劳志(引者按：当是劳逢源修、沈伯棠纂之道光《歙县志》)载塘仅一百五十三所，而塘税勘实一百四十五顷二十七亩七分七毫，以此推之，塘之记载不及十分之一矣”[①]，由此说明，就徽州地方志记录的水利设施来讲，只是真实存在的水利设施之一部分，不过应该是具有一定代表性的水利设施。

前面为徽州四县水利设施的数目一览表和比较图，至于这些水利设施的具体名称，则如下所示：

① 许承尧等纂，楼文钊、石国柱等修：《歙县志》，《中国地方志集成·安徽府县志辑》51，南京：江苏古籍出版社，1998年，第69页。

宋代以来新安江流域徽州四县水利设施名称一览表

	类型	名称
歙县	塘	新塘(有3所),源塘,上呈塘,下呈塘,刘塘(有2所),神仙塘,谷塘,坑塘,汪塘(有3所),陈可塘,秦塘,众塘,野坑塘,子樟塘,王武塘,汪义塘,胡谷塘,外子塘,坊塘,长塘,蛮塘,周塘,古塘(有3所),汪从塘,朱叶塘,原塘(有3所),大塘(有4所),五里塘,石禾塘,牙塘,连塘,淮塘,胡禾塘,叶塘,章塘(有2所),程塘,涌泉塘,青琉塘,次塘,慈姑塘,张兴塘(邑志作长兴),山后塘,藕塘,油坑塘,锅塘,佐府塘,正河塘,枋塘,后梯塘,下山塘,横路塘,竦塘,琶塘,汪伯塘,春前塘,黄社塘,大莲塘,社屋塘,排充塘,梅村塘,中塘(有2所),朗塘,榜塘,鲍塘,竹塘,胡塘,仲兴塘,得公塘,上塘,辛塘(有2所),舒塘,涌塘,张塘,黄塘,东山塘,成坎塘,后山塘,方塘(有2所),朱塘,高塘(有2所),古成塘(邑志作古城),富停塘,积景塘,七亩塘,社义塘,淡塘,湶水塘(邑志作泉水),岸塘,古亩塘,汪淫塘,尖山塘,西塘,荒塘,西坞塘(邑志作雨塘),河塘,桑塘,芦费塘,付真塘,下宥塘,江坑塘,里塘,外塘,上里塘,左昌塘,溪子塘,洪芹塘,樟塘,上流塘,米塘,流塘,十亩段水池(邑志作十亩段池水),云雾塘,吴塘,仲孙塘,葛塘,洪塘,命新塘,槐塘,汪明塘,尹山塘,大冯塘,源塘,武田塘,古□塘,将塘,大圣塘,黄富塘,结稍塘,长塘,詹塘
	堨	新田堨,荆堨,金竹堨,丰堨,官干堨,涌泉堨,丰堨,休堨,善堨,侧堨,勋堨,黄成堨,梅堨,大堨,宗堨,石口堨,汪眼堨,竹金堨,水晶堨,米堨,花五堨,亩滴堨,西堨,昌堨,雷堨,江坑堨,胡堨,十八亩堨,鲍南堨,龙堨,永丰新堨,吕堨,富余堨,秋堨,瑶堨,寺堨,大母堨,小母堨,新堨,张潭堨,小梅堨,黄潭堨,大佛堨,小坑堨,大堨,小堨,白毛堨,殿子堨,濠堨,汪堨,瑶堨,良堨,惠化堨,隆堨,条堨(旧名西堨),垅堨,青山堨,澄清堨,湖干古堨,头堨,虾蟆堨,渔塘堨,水碓堨
	堤	张公堤,觉公堤,登云堤
	坝	渔梁坝,回龙坝
	水射	东河水射

续表

	类型	名称
休宁	塘	四郎塘，大塘，平山塘，石羊塘，小塘，古塘，莲塘，林家塘，长塘，杨塘，南塘，白水塘，新塘，布政塘，囊兜塘，钟家塘，塘舟塘，山川坛下塘，厚均塘，流塘，湖塘，和尚塘，栗园塘，八亩塘，上高塘，张湖塘，野鸭塘，寺前塘，浮塘，鸟儿塘，藕塘，石岭大塘，双隔塘，北□塘，思寻塘，梁头塘，料头塘，查木塘，金家里塘，外干塘，鱼亭塘，柿树塘，四充塘，大塘，巴梨塘，大充塘，吴塘，罗洪中塘，约公塘，小塘，干源塘，倪家塘，南塘，吴大塘，新塘，猪栏塘，程十伯塘(邑志伯作百)，三义塘，潘塘，张家山塘，汪道充塘，汪塘，小坞塘，邓塘，交塘，陈家塘，新塘，东山上下塘，独笋塘，木瓜塘，乌株塘，唐坞塘，潘塘，大坑塘，陂小塘，前山塘，瑶塘，南塘，潘村塘，双车塘，方塘，栏山塘，三义塘(邑志义作乂)，莲花塘，大塘，下村塘，社屋下塘，北塘，胡高塘(邑志高作膏)，仙环塘，迎善塘，大塘，上塘，大沉松塘，坑塘，黄泥塘，盔塘，前坑塘，李家塘，下塘，后下塘，观音塘，下塘，黄充塘，莲塘，吴失塘，□木塘，仁安塘，戴家塘，孝塘，孝来塘，大塘，叶四塘，麻窄塘，江塘，孙家□塘，牛栏塘，朱源塘，尖塘，下山塘，双塘，新塘，东宫塘，茶塘，远充塘，珠塘，中沙塘，东海塘，方塘，□公塘，张塘，林家塘，珠塘，新塘，大坞塘，小塘，陈言塘，毕坑塘，义塘，大口水塘，大塘，后塘，呈塘，云塘，崇湖塘，南塘，长塘，黄干塘，孝塘，汪陂塘，宋坑塘，龙亭塘，杨梅塘，石灰塘，影塘，小塘，舅公塘，塚塔塘，前山塘，下山塘，起角塘，北充塘，汪充塘，莲婆塘，狐狸塘，粥□塘，毬家塘，林塘，村中塘，查岭塘，茭笋塘，易村大塘，石山塘，瓦窑塘，由山塘，毕塘，麻窄塘，新塘，西塘，叶塘，呈社塘，大塘，前门塘，新言塘，呈什伯塘，湖塘，长塘，言坑塘，湖官塘，酒浆塘，外下塘，戴家塘，吴言塘，塔山塘，福坑塘，孙村塘，泉郎塘，栏山塘，洪□巷塘，水互岭塘，全充塘，王细八八塘，隐塘，典马塘，新塘，春塘，汪塘，程山塘，九公塘，方付山塘，新付塘，舅公塘，程田塘，林坞塘，齐塘，石塘，山塘，长塘，六十三盘塘，大石塘，梅塘，小儿塘，北塘，石进塘，籍塘，新塘，荒塘，呈塘，隔山塘，新塘，南塘，巴滩塘，吴大塘(邑志作大吴)，柿木塘，车塘，汪村塘，八伏塘，东塘，瓦窑塘，连绵塘，巴充塘，江家塘，下罗塘，金家充塘，遐富塘，上充塘，黄村吴已塘，葛塘，跃龙塘，呈休塘，宝林塘，长塘，朱塘，大塘，天伯山塘(邑志作大伯山塘)，林婆塘，麻鸭塘，木瓜塘，古柏塘，毕塘，西充塘，吕安塘，言塘，仓厅塘，后干塘，四洗塘，程背塘，后充尾塘，上中塘，真塘，江舟塘，汪三塘，南岸塘，麻窄塘，岭井塘，罗州上村塘，长塘，八闽塘，陈潭塘，闸上塘，苦竹坑塘，汪塘，后干塘，塘尾塘，汪六塘，亩半塘，方塘，胡家塘，朱宅塘，观音塘，二保大塘，千山塘，莲花塘，三角塘，塘竭塘

续表

	类型	名称
休宁	堨	金堨，凤山堨，广武桥堨，东堨，观音堂堨，坟亭塘堨，金湖堨，楝子堨，下堨，罗川古堨，双古堨，申充堨，塔石堨，手擘堨，阜字堨，塘芸庄堨，望堨，琅(王斯)堨，弓堨，冶舍堨，八公堨，倪堨，下北堨，五滩堨，皮园堨，茶堨，金堨，汪村堨，枧潭堨，叶杨堨，弓干堨，新城堨，江塘堨，竹林堨，金大堨，杨堨，蓼堨，溪南堨，三阳堨，琅源堨，许家堨，黄公堨，胡田堨，刘公堨，历堨，显公堨，木客堨，查木堨，言坑堨，洪滩堨，石坑堨，陈公堨，东溪石堨，杨家堨，千秋堨，付吾堨，杨公堨，金婆堨，沙堨，程堨，公溪堨，大坦堨，孤山头堨，江潭堨，三公堨，岩山堨，杨安堨，二亩干堨，大溪墩堨，孙村堨，大王干堨，杨干堨，大方堨，临溪堨，古溪干堨，洪锦堨，余坑堨，西山堨，四亩干堨，社屋干堨，祈雨坛堨，中心干堨，石伏堨，塔用堨，子堨，后山堨，和尚堨，庙堨，沙干堨，泉水干堨，良泉堨，新思堨，程树坞堨，小伏堨，良村干堨，镇头堨，沙邱堨，栏山堨，麻窄干堨，石壁堨，乌石堨，水干堨，十亩堨，牛栏堨，刘家滩堨，章干堨，杨林堨，毕□堨，古溪堨，黄潭堰堨，东干堨，山下堨，夙延干堨，藏干堨，汪祈堨，西干堨，郑安堨，杨桃堨，程齐二堨，全堨，古冈堨(邑志冈作罔)，富昨堨，程文堨，朱村堨，青苗堨，瑶堨，富秋堨，青苗堨，前坑堨，吴三公堨，古堨，四柱堨，石堨，平阔堨，姚堨，画充堨，墩后堨，吕安堨，程堨，后干堨，驴驼堨，阜坞堨，陈家堨，韩有堨，黄枧堨，汪干堨，莫子堨，高仓堨，余干堨，陈家段堨，萃秀桥堨，三宝桥堨，岭下堨，韩班堨，徐子堨，枫木堨，呈干堨，鸢儿潭堨，沙干堨，隐陀堨，金家堨，言堨，桑木堨，清漪堨，齐堨，释林堨，许家堨，汪家堨，程干堨，兰山堨，坝田堨，张堨
	堤	鲁公堤，富国堤
	坝	永年坝
	陂	下村市前陂，社屋前陂
黟县	塘	李坑塘，张家背塘，麻榨塘，深田湾塘，东岳(左土右充)塘，石门下塘，江柏山塘，上岩头塘，上垅塘，长窑塘，瑜村塘(有 4)，亭前塘，大路下塘，牛屎(左土右党)塘，塘坵塘，石村塘，大宽段塘(有 5)，田段塘，亭前塘，后山塘，并坵塘，岭下塘，轴上塘，三元桥塘，上元坵塘，后山塘，下村口塘，林前塘，百户塘，黄陂头塘，上村塘，深坑塘，后深坑塘，中村塘，四眼塘，泉窟，新田塘，新田舍塘，荷村塘，胥王庙塘，百尺段塘，大路下塘，百石塘，古筑塘，路下坵塘，三郎庙塘，泉水塘，下江村塘，乌潭塘，余村塘，前塘，黄柏坞塘，石门塘，大坵塘，下坞塘，(左土右太)里塘，金朱里塘，横川塘，上西坑塘，山坞降塘，山木下塘，坞口塘，闾堨塘，胡村塘，坟林(左土右党)塘上横路塘，老□井塘，红庙塘，小坞塘，前山塘，大坞里塘，渐水田塘，浅□塘，牛路塘，胡婆井塘，长演岭塘，前段塘，中田塘，外段塘，坦前塘，石头坦塘，

续表

	类型	名称
黟县	塘	珠林下塘，岩下塘，霭江塘，札坑塘，李村塘，金林塘，乔领塘，潭口塘，叶村塘，李田塘，横降塘，门背塘，村口塘，大坵塘，宏村，南湖，石鼓段塘，宏村口塘，际村口塘，山背塘，山后塘，上大塘，西山下塘，下田塘，双塘，篱塘，冷水塘，上大塘，西山下塘，下田塘，双塘，篱塘，冷水塘
	堨	庙前堨，鱼鳞堨，历下堨，井林堨，新田堨，龙潭堨，城比堨，上寺堨，下寺堨，东门堨，王三堨，石堨，古田堨，效上塍，江柏山堨，瑜村堨，桂堨，枧堨，庄前堨，道士堨，开干堨，高园堨，柴堨(有作紫堨)，大杩堨，古楼堨，天井堨，王田堨，胡村堨，村前堨，邵家堨，赤土堨，新溪堨，金家堨，江家堨，枧坵堨，车头堨，三郎堨，西门堨，李树堨，古田堨，社下堨，鱼塘古堨，降下堨，三十五工堨，黄陂堨(有 2)，沙园堨，汪光堨，古堨，青山堨，乌石堨，旱溪堨，横山堨，根脚堨，假山堨，塘下堨，新坵堨，鱼鳞堨，头堨，井林堨，老鸦堨，塘下堨，庄金额，新坵堨，头堨，中堨，培下堨，狮子石堨，茶盘堨，鲍村堨，石堨，鸦头堨，苦竹堨，杨村堨，尖坵堨，新田堨，杨□堨，杨田堨，胡坵堨，牛角堨，鲤鱼涨堨，千金堨，麻石堨，杨林堨，垅里堨，桥下堨，鱼塘堨，小段堨，庄墩堨，杨田堨，葫芦堨，小堨，徐堨，榉木堨，天功堨，吴村堨，溪比堨，柴堨(旧作七堨)，三百堨，高桥堨，庙背堨，间堨，查堨，新田堨，猪头堨，杨树堨，天竹堨，巨角堨，车公堨，道士堨，社公堨，石桥堨，小圳堨，碓堨，塘堨，月丘堨，山嘴堨，尺四堨，胡村堨，胡大堨，倪村堨，胡堨，胡堨(重名)，□墩堨，南山堨，汪漆堨，南山下堨，汤田堨，石燕堨，汤田上堨，曹成堨，石堨(重名)，史文保堨，开干堨，塘堨，新田堨，葫芦堨，汪村堨，林堨，叶堨，谢家堨，里堨，吴田堨，严坑堨，杨柳堨，陈堨，张堨，良堨，古堨，村前堨，辛堨，白沙堨，乌石堨，东山堨，□坵堨，达麦堨，郭漆堨，李家堨，村口堨，车定堨，东山堨，桂坵堨，和尚堨，双堨，十二堨，柘树堨，苦竹堨，石堨，西堨，六亩堨，叶里堨，桥下堨，胡隆堨，郭大坵堨，江家堨，石堨，高堨，桥头堨，大堨，中叚堨，叶村堨，小坑堨，吴村堨，黄泥堨，冈(土夆)堨，下堨，杨柳堨，郭坑堨，小堨，考溪堨，郭大坵堨，横坳堨，中俄，汪堨，庙堨，杨家堨，胡家堨，程家堨，朱家堨，何村堨，高堨，补林堨，顾家堨，何家堨，汪王堨，南渡堨，小风堨，庙前堨，濯(有作霍)溪堨，赏坑堨，叶村堨，高堨，朱堨，插(土夆)堨，竹林堨，枧堨，黄泥堨

续表

	类型	名称
绩溪	塘	眉山塘,八公塘,东山塘,水救塘,洪源塘,冲塘,乌塘,毛屋塘,泉塘,横塘,冷坦塘,莲花塘,古塘,深塘,墓前塘,大古塘,小古塘,鸬鹚塘,凿石塘,大塘,外塘,水塘,江大塘,社屋塘,新塘,汪母塘,新源塘,茭塘,叶毛塘,到塘,长塘,大胜塘,和尚塘,公塘,弯塘,子坞塘,茭笥塘,叶朝塘,沙塘,木瓜塘,银钱塘,山元塘,坞塘
	堨	隆堨,九隆堨,脚山堨,东林堨,西林堨,腴干堨,柽干堨,隆干堨,于干堨,后里堨,金竹堨,汪堨,石壁堨,王源堨,下丰堨,莫干堨,汪干堨,胡村堨,永定堨,秧田堨,九公堨,石堨,新堨,上圳堨,下圳堨,上丰堨,花干堨,石堨,王堨,决堨,前坦堨,东干堨,西干堨,中车堨,辛田堨,庙头堨,松菇堨,龙须堨,麻榨堨,考坑堨,白石堨,胡前堨,上干堨,副堨,岩脚堨,大石门堨,小石门堨,麻果堨,内鼓堨,前干堨,梅树堨,地墓堨,高家堨,新进堨,高堨,绿堨,寺前堨,洪堨,尚春堨,十八堨,水堨,胡□堨,青山堨,慈母堨,川堨,孙公堨,大石堨,流黄堨,浇堨,辘干堨,查林堨,孔堨,洪家堨,黄瓜堨,永定堨,胡大八堨,枫树堨,下堨,际上堨,蔡家堨,宋村堨,太公堨,王源堨,助霸堨,汪家堨,鹅公堨,上溪堨,搖油堨,程堨,银定额,深坞堨,戴家堨,王檀堨,高山堨,□堨,郎堨,石坝堨,楼堨,驴堨,桥堨,金堨,头堨,东堨,鲍堨,官堨,交溪堨,寺堨,桥亭堨
	坝	东门石坝,登源石坝

资料来源:《道宪杨懋恬查禁棚民案稿》,见(清)马步蟾纂修:《徽州府志》,《中国地方志集成·安徽府县志辑》48,南京:江苏古籍出版社,1998年,第300—315页。

我们通过一览表中可以看出徽州水利设施的一些特点:比如就名称而言,首先,徽州的不少水利工程是以姓氏命名的。像歙县以塘而言,就有汪塘、程塘、胡塘、吴塘、方塘、黄塘、鲍塘等名称,绩溪的堨则有汪堨、王堨、洪堨、程堨、金堨、鲍堨等名称,而这些姓氏基本上都是徽州的著姓,从这种水利工程的命名来看,可以隐约窥见宗族组织在徽州水利社会的一些影响和作用。还有以纪念修建之人而命名的。比如歙县著名的吕堨、鲍南堨等,有以村名命名的,如歙县梅村塘,休宁潘村塘,孙村塘,汪村塘,黟县瑜村塘,石村塘,胡村塘,叶村塘,绩溪的宋村堨等。

其次,一些水利设施是因其形状而命名的,比如歙县的锅塘、黟县的鱼鳞堨、猪头堨、巨角堨，绩溪的木瓜塘、银钱塘等。

最后，许多水利设施是以所在地理位置或以地标性建筑命名的，如歙县的东河水射，休宁的下村市前陂、社屋前陂，黟县的三郎庙塘、红庙塘、江柏山堨，绩溪的东门石坝、登源石坝等。

不仅命名方式多种多样，其灌溉面积也差别极大。就道光《徽州府志》而言，新安江流域四县当中，尤以休宁县水利设施灌溉面积记录最为详细，下文就以休宁县为例列表如下：

休宁县塘堨灌溉面积一览表

类型	面积区间(单位:亩)	名称和灌溉面积(单位:亩)	塘堨数目	百分比
塘	0—20	小塘10，湖塘15，栗园塘17，张湖塘20，潘塘10，陈家塘20，新塘15，东山上下塘20，木瓜塘6，乌株塘9，唐坞塘12，潘塘20，大坑塘7，陂小塘18，前山塘8，瑶塘17，南塘5，潘村塘10，双车塘20，栏山塘20，胡高塘20(邑志高作膏)，仙环塘20，上塘20，黄泥塘20，盔塘10，下塘15，黄充塘19，叶四塘15，孝塘20，孝来塘20，大塘20，江塘20，孙家□塘20，牛栏塘10，下山塘20，汪陂塘12，宋坑塘11，石灰塘9，影塘15，小塘13，舅公塘14，前山塘7，下山塘5，起角塘7，北充塘13，汪充塘5，林塘8，村中塘17，石山塘9，瓦窑塘10，麻窄塘14，西塘8，大塘14，新言塘20，呈什伯塘15，言坑塘8，湖官塘6，酒浆塘11，塔山塘10，栏山塘5，洪□巷塘12，水互岭塘17，全充塘15，梅塘10，小儿塘15，柿木塘20，汪村塘12，东塘10，江家塘18，黄村吴已塘20，葛塘10，跃龙塘7，宝林塘19，西充塘20，吕安塘15，言塘20，仓厅塘7，程背塘15，真塘5，汪三塘13，后干塘20，塘尾塘18，亩半塘5，方塘5，朱宅塘11，观音塘10，千山塘15	87	31.0%

续表

类型	面积区间(单位:亩)	名称和灌溉面积(单位:亩)	塘堨数目	百分比
塘	21—50	四郎塘45，南塘40，布政塘36，流塘30，和尚塘25，上高塘21，寺前塘27，浮塘37，乌儿塘31，石岭大塘23，查木塘32，外干塘25，小塘50，倪家塘50，新塘40 猪栏塘50，程十伯塘30(邑志伯作百)，张家山塘40，汪道充塘40，三义塘50(邑志义作乂)，莲花塘30，大塘50，下村塘30，北塘40，大沉松塘30，坑塘30，李家塘40，下塘40，观音塘25，莲塘32，吴失塘48，□木塘50，戴家塘50，麻窄塘30，朱源塘25，双塘40，新塘30，茶塘35，远充塘28，珠塘35，中沙塘40，新塘50，大坞塘36，小塘50，义塘30，大口水塘32，龙亭塘48，杨梅塘23，塚塔塘22，莲婆塘46，狐狸塘45，弼□塘21，毬家塘32，查岭塘35，茭笋塘22，易村大塘45，毕塘30，呈社塘40，湖塘43，长塘45，外下塘26，戴家塘50，孙村塘43，泉郎塘50，王细八八塘25，典马塘41，石进塘30，籍塘25，新塘46，荒塘26，呈塘36，新塘40，车塘40，八伏塘35，瓦窑塘30，连绵塘25，巴充塘43，下罗塘25，金家充塘45，遐富塘30，长塘30，天伯山塘49(邑志作大伯山塘)，林婆塘43，木瓜塘23，古柏塘39，后干塘25，四洗塘50，后充尾塘38，江舟塘30，上中塘37，南岸塘35，麻窄塘45，岭井塘41，罗州上村塘42，八闽塘36，塘堨塘35	96	34.2%
	51—100	石羊塘60，囊兜塘93，厚均塘72，八亩塘52，藕塘58，双隔塘52，北□塘52，思寻塘85，料头塘65，金家里塘55，鱼亭塘51，四充塘78，巴梨塘70，大充塘60，吴塘80，约公塘100，干源塘93，南塘78，三义塘100，小坞塘60，交塘60，社屋下塘60，前坑塘80，后下塘51，仁安塘90，方塘56，□公塘54，张塘54，毕坑塘58，大塘60，后塘100，黄干塘75，孝塘63，由山塘100，新塘55，前门塘100，吴言塘80，新塘63，春塘95，汪塘83，程山塘75，九公塘75，新付塘72，舅公塘53，程田塘82，林坞塘61，齐塘56，石塘92，山塘71，六士三盘塘84，北塘73，南塘78，上充塘78，呈休塘54，大塘95，麻鸭塘75，长塘59，陈潭塘85，闸上塘65，苦竹坑塘72，汪塘70，汪六塘60，胡家塘70，二保大塘75，三角塘62	65	23.1%

续表

类型	面积区间(单位:亩)	名称和灌溉面积(单位:亩)	塘堨数目	百分比
塘	101—200	林家塘200,新塘102,山川坛下塘200,梁头塘157,柿树塘130,大塘105,罗洪中塘150,吴大塘178,汪塘145,邓塘110,大塘100余,尖塘200,东宫塘115,东海塘120,林家塘200,陈言塘120,云塘150,叶塘190,方付山塘110,长塘100余,大石塘100余,隔山塘110,毕塘150,莲花塘120	24	8.5%
	201—500	杨塘257,独笋塘500,方塘500,迎善塘200余,珠塘332,呈塘292,福坑塘300,巴滩塘450,朱塘220	9	3.2%
堨	0—20	大坦堨15,程树坞堨15,良村干堨8,麻窄干堨8,石壁堨20,乌石堨20,十亩堨10,刘家滩堨17,杨林堨12,毕□堨13,古溪堨17,黄潭堰堨7,山下堨12,平阔堨19,程堨17,黄枧堨5,释林堨8,兰山堨5,坝田堨3弘治府志溉田30余亩,张堨20	20	11.7%
	21—50	广武桥堨45,坟亭塘堨49,金湖堨40,楝子堨42,下堨45,双古堨30,申充堨32,塔石堨32,手擘堨43,金大堨40,石坑堨30,千秋堨40余,金婆堨45,孤山头堨46,江潭堨25,三公堨40,岩山堨45,古溪干堨50,洪锦堨50,余坑堨30,祈雨坛堨35,中心干堨30,塔用堨25,和尚堨40,沙干堨40,良泉堨30,新思堨28,小伏堨27,镇头堨30,沙邱堨31,水干堨23,牛栏堨40,古堨35,石堨38,姚堨29,画充堨22,墩后堨30,吕安堨37,后干堨25,阜坞堨50,汪干堨50,沙干堨46,齐堨25,许家堨41,隐陀堨58	45	26.3%
	51—100	凤山堨70,阜字堨60,冶舍堨71,下北堨95,五滩堨96,茶堨58,金堨78,汪村堨72,叶杨堨90,新城堨95,竹林堨100,杨堨100,蓼堨100,溪南堨70,三阳堨60,琅源堨91,许家堨60,历堨71,木客堨60,言坑堨50,洪滩堨80,杨家堨86,沙堨70,公溪堨53,杨安堨100,西山堨60,石伏堨100,子堨100,泉水干堨54,栏山堨60,凤延干堨75,瑶堨100,富秋堨100,驴驼堨75,陈家堨100,韩有堨65,莫子堨92,高仓堨63,余干堨60,陈家段堨95,岭下堨72,韩班堨70,徐子堨95,枫木堨100,呈干堨80,鸢儿潭堨80,金家堨100,汪家堨80,程干堨95	49	28.7%

续表

类型	面积区间(单位:亩)	名称和灌溉面积(单位:亩)	塘堨数目	百分比
堨	101—200	罗川古堨 128,塘芸庄堨 126,琅(王斯)堨 101,弓堨 100 余,八公堨 130 余,皮园堨 170,弓干堨 103,江塘堨 140,黄公堨 150,胡田堨 200,显公堨 120,查木堨 110,付吾堨 200,杨公堨 150,二亩干堨 120,大溪墩堨 120,杨干堨 200,大方堨 105,后山堨 160,章干堨 109,藏干堨 121,汪祈堨 166,西干堨 156,郑安堨 143,杨桃堨 118,全堨 192,古冈堨 191(邑志冈作罔),富昨堨 111,朱村堨 125,青苗堨 164,吴三公堨 200,三宝桥堨 108	32	18.7%
	201—500	观音堂堨 362,望堨 307,倪堨 270,枧潭堨 201,刘公堨 300,东溪石堨 200 余,程堨 265,孙村堨 300,大王干堨 380,四亩干堨 240,社屋干堨 220,庙堨 300,程文堨 220,言堨 455	14	8.2%
	501—1000	金堨 1000,临溪堨 810,程齐二堨 1000,四柱堨 700	4	2.3%
	1000 以上	东堨 3700,陈公堨 1900 余,东干堨 1000 余,青苗堨 2000,前坑堨 2230,桑木堨 1800,清漪堨 3000	7	4.1%

说明:"小塘 10",即小塘灌溉农田面积 10 亩,以下皆略。

资料来源:《道宪杨懋恬查禁棚民案稿》,见(清)马步蟾纂修:《徽州府志》,《中国地方志集成·安徽府县志辑》48,南京:江苏古籍出版社,1998 年,第 303—307 页。

从上表中我们可以看出,塘的灌溉面积较之堨的灌溉面积为小,塘的灌溉面积没有超过 500 亩的,而堨的最大灌溉面积甚至能达到 3000 亩。塘的最大灌溉面积与最小灌溉面积之比为 100:1,而堨的最大灌溉面积与最小灌溉面积之比为 1667:1。可见塘与堨,特别是堨,规模大小不一,差距是比较大的。

另外,塘的灌溉面积为 0—100 亩的数量最大,达到总数的 88.3%,而堨的灌溉面积为 20—200 亩的数量最大,达到总数目的 73.7%。由此可知,大部分塘、堨的规模都不是很大。为了直观考虑,特作图如下所示:

休宁塘堨数目比较表

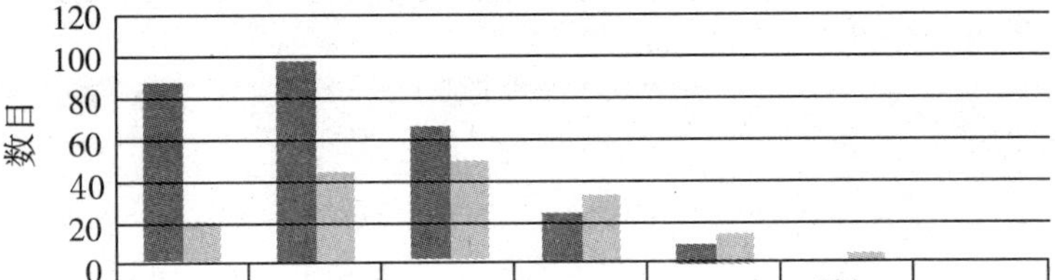

	0–20亩	21-50亩	51-100亩	101-200亩	201-500亩	501-1000亩	1000亩以上
塘的数目	87	96	65	24	9	0	0
堨的数目	20	45	49	32	14	4	

其中,清代道光年间休宁的“顷田堨”灌溉面积为3亩,而据弘治《府志》记载当时“顷田堨”溉田面积有30余亩。联系到“每一大雨,沙泥即随雨陡泻,溪涧渠堨,渐次淤塞,农民蓄泄灌溉之法,无所复施”[①]这样的描述,可以证明,徽州这些水利设施的溉田面积并不是一成不变的。就像《歙纪》中记载的那样,崇祯年间,歙县“原有良堨、胡七、小满等塘堨,以储蓄泄,日久淤塞”[②],徽州的不少水利设施正是因为这样的淤积而慢慢消失。

徽州的众多水利灌溉设施,多是以人力而夺天工,借水势之高、水流之速,以及通过人力或者畜力代替流水之力,经由能量的转换,借以实现灌溉等诸多水利之目的。

在徽州,水的地理和时间分布并不是非常均匀的。徽州人逐水而居,因水而生,为了获得更好的生存条件,徽州人建造了各种水利设施,包括制造一些水利工具,如筒车、龙骨水车等。

① (清)方椿:《楚颂山房杂著》,见(清)马步蟾纂修:《徽州府志》,《中国地方志集成·安徽府县志辑》48,南京:江苏古籍出版社,1998年,第322页。

② (明)傅岩:《事迹》,《歙纪》,合肥:黄山书社,2007年,第56页。

图　筒车

图片来源：（元）王祯撰，缪启愉译注：《东鲁王氏农书译注》，上海：上海古籍出版社，1994年，第341页。

宋应星在《天工开物》中谈到：

> 凡稻防旱借水，独甚五谷。厥土沙泥、硗腻，随方不一。有三日即干者，有半月后干者。天泽不降，则人力挽水以济。凡河滨有制筒车者，堰陂障流，绕于车下，激轮使转，挽水入筒，一一倾于枧内，流入亩中。昼夜不息，百亩无忧。①

① （明）宋应星著，潘吉星译注：《天工开物》，上海：上海古籍出版社，2008年，第16页。

这种筒车与徽州地方志和文书上经常见到的水碓原理类似，其第一步都是将流动的水的动能转化成水的重力势能。筒车还是比较适合徽州这种山谷地形普遍、水系相对势差较大的地区的。不过因为徽州的堨坝建造特别普及和发达，通过堨坝相应地提高溪流水位，然后凿渠引水，直接流至田畴之中，不再太多地需要通过筒车转动抬升河水水位，借以浇灌土地，因此，筒车的使用范围就没有那么广泛，这种高转水车的结构原理更多地应用于水碓的制造当中。

图　翻车(又名龙骨车、龙骨水车)

图片来源：(元)王祯撰，缪启愉译注：《东鲁王氏农书译注》，上海：上海古籍出版社，1994年，第341页。

翻车又称龙骨车，也是一种提水的农业水利工具。《歙县志》上说：

龙骨水车由水槽、车头、龙骨三部分组成，水槽断面呈凹形，长

2—5米,随提水高程而异。车头根据齿轮原理组成,有手摇式、脚踏式及畜力牵引三种。龙骨是水车主要部件,每节龙骨装置一片拍水板,一端固定于水槽头伸入水中,另一端套在车头上,组成环形"履带",人车或畜力转动车头,带动龙骨,水即被拍水板经水槽提升上来,全为木质部件,适用于低山丘陵平畈水源相对充足、扬程较低的地方提水。[①]

《天工开物》上对此也有论及:

其湖、池不流水,或以牛力转盘,或聚数人踏转。车身长者二丈,短者半之。其内用龙骨拴串板,关水逆流而上。大抵一人竟日之力灌田五亩,而牛则倍之。[②]

这种通过人力或者畜力来推动的水车,较之需要流水的筒车而言,虽然费力些,但是更方便一些,对于地形和水势的条件要求没有那么高。

因此,如果在井水、塘水或其他静水之畔,缺乏流动的水的话,龙骨水车相对而言,应用更方便。总的来说,筒车和龙骨水车的构造算是比较复杂和精密的,其对于零部件的制造要求是比较高的。

二、灌溉恃塘还恃堨[③]:从《吕堨记》开始说起

《吕堨记》,一般认为是徽州最早的一部水利文献。不过南宋罗愿在淳熙《新安志》中没有记载,明代程敏政编辑《新安文献志》时也没有收录,明代弘治年间的《徽州府志》才第一次记载吕堨,其文曰:"(歙)西有九堨,后废其

① 歙县地方志编纂委员会编纂:《歙县志》,合肥:黄山书社,2010年,第367—368页。
② (明)宋应星著,潘吉星译注:《天工开物》,上海:上海古籍出版社,2008年,第16页。
③ (清)吴梅颠撰,胡益民点校:《徽城竹枝词》,见安徽大学徽学研究中心编:《徽学》,合肥:安徽大学出版社,2000年,第380页。

一，而吕堨最大，灌田两万亩有奇。侍郎吕文达所开浚也。”[①]言吕堨为侍郎吕文达所开浚，不过也没有将该记收进。后来从一些地方志中，如万历《歙志》、乾隆《歙县志》、民国《歙县志》；碑石辑录集中，如《歙县金石志》等，陆续见到。

这对于一个号称南朝时所建、传承千年以上，并在徽州历史上不仅影响而且灌溉规模都比较大的水利工程来说，有些不合情理。笔者也产生了一些疑问，为了便于分析和理解，先照录《吕堨记》全文：

吕堨记

文达家世南阳，父安国事宋为直阁将军，母袁氏，以明帝泰始元年乙巳六月十八日生文达于台，先直阁将军酷爱之，以为类己，凡有征伐，必携之以从，未几，齐受宋禅，魏师攻寿阳，敕先将军救之，因授朐山，没于陈（阵），时建元二年九月十二日也。长兄文度承父荫长兵权，次兄文显为中书舍人，得幸用事，文达菲材，叨蒙圣恩，擢为侍中，出入禁门，屡蒙推奖。永明十一年，武皇帝封次子昭文为新安王，迁文达为新安内史，代王之郡治事。隆昌元年七月，郁林废黜新安即真改元延兴，达以字犯主讳改名明远，寻受敕命，以为藩地根本宜守，免朝十月，高宗自立，废主上为海陵王，已而弑之。高宗既得志，宰戮诸王，斥逐朝士。二兄解职失势，家居。始予至新安。洎主被弑甫周，寒暑不幸，家人接踵云亡。夫人王氏亦殒，继娶歙西湖田郑思公女仲娘，生升平二年戊午二月十五日未时。先是，余闻主上被弑，即欲纳职归朝，妻父王晏为尚书令，贻书止予曰：“且勿轻动，待其宁息，然后上进。”又三年，外父被杀，父友沈文季复书语予：“宜深韬晦，潜迹俟恩。”于是问舍求田，无意朝廷事。乃于继室郑氏所居之右筑室而家焉。

① （明）彭泽修、汪舜民纂：《徽州府志》卷二，《天一阁藏明代方志选刊》第21册，上海：上海书店，1982年。

然新安之为郡,山多田少,惟湖田一坂,首尾约十里左右,半之中有湖名吕,莫知何人所浚,潴水以浇湖下之田,岁得有秋。而湖上之田,则引各涧之水为之灌溉,一或亢阳为虐,则桔槔连阡,湖之利及人广矣。天监初,此湖倏然堙塞,向之深渊处所,悉为沮洳。古称沧海变桑田,信不诬哉!然所仰湖上涧水所溉,愈难种莳,又况连年旱暵,莽苍丛生,民为叹息,至有洒泪者。予因忆往年侍先将军救寿阳时,豫州刺史恒崇祖堰淝水以灌魏师,可为法则。于是同妻兄孟公窃相地形高下,流派得宜,率四民畚插疏凿一十余里,上通深渊洄洑之所,横绝中流,筑而捍之,约高五丈有奇,横涧二十余丈,引水入渠,地势差高,灌田一万余亩;北渠地势差低,田则倍之。经始于大通元年丁未八月十五日,成通于十一月二十日。

次年戊申二月十六日,山水骤发,流入二渠,滔滔瀰瀰,上下浸溉,南北有余。数年之间,荒郊断垄复见扶犁秉耒老稚在田,禾稼青青,被满阡陌,由春抵夏,由夏抵秋,不动桔槔,而年书大有。远近相庆,椎牛炮羔,烹鲜载醪,鼓吹喧号,达于衡茅。有礼有文,斯乐陶陶。酒既毕,举盏请曰:“今者工事告完,稼穑有登。愿请厥名,俾远传流。”予曰:“天道有盈亏,水道有通塞。昔之湖水,功被万民。岂知一旦填塞乎,膏腴变作硗确,苗稼化为草莱。又岂知今日复通乎?此皆天地之数,诸人疏沦之功,岂可独推于予哉。”众固请,予曰:“昔湖以吕名,今堨亦以吕名。何如?”众谓余不矜不伐,咸乐从之。既以吕名堨,又以堨名村,逐改湖田为堨田。

诸君子更欲俎豆我于堨上之滨也。予亦何德足当此乎?顾予老景寻侵,传宗乏嗣,乃谋诸阴阳家,得吉地于所居之北。于大同元年乙卯十一月十九日丑时,营寿藏以为吾夫妇他日归真之所,刻像于堨上之亭。且予生北居南,平生练事及开浚颠末,苟不纪录付诸岳氏之子孙以传永久,后人罔知。况予后嗣既绝,则拜吾墓、装吾像，亦在岳氏之子孙焉。后之览者，亦将感于斯云。[①]

民国《歙县志》收录《吕堨记》全文时，有一条小字注释，其文曰："按此疑后人记述之词，托于文达者。"[②]这引起了笔者的注意，于是笔者试图就《吕堨记》中记录的材料进行一番查证，发现了一些疑问，陈述如下：

第一，吕安国去世方式和离世时间有异。《吕堨记》中记述吕文达"父安国，事宋为直阁将军"。吕安国，《南齐书》有传，是南朝宋、齐之时的一位名将，曾拥有宁朔将军、辅师将军、冠军将军、征虏将军、平西将军等名号，不过在其传记中并没有担任直阁将军的记录，他也并没有如《吕堨记》所言"因援朐山，没于阵，时建元二年(480)九月十二日也"。实际上正史中明确记载：吕安国"(永明)八年，卒，年六十四"[③]。所以，《吕堨记》与正史中记录的吕安国离世时间是不一致的。当时"吕安国疾状，自不宜劳，且脚中既恒恶"，"须扶人"，[④]如此寸步难行的身体状态，是很难上战场的，《南齐书》也确实没有吕安国其人战殁于阵的记载。

第二，吕氏父子四人籍贯不一。《吕堨记》记载，吕文达"长兄文度承父荫长兵权，次兄文显为中书舍人"。至于在正史中，吕文度和吕文显都是在南齐之时，虽出身贫寒，却成为"既总重权，势倾天下"[⑤]，"并以奸佞谄事武

① (宋)吕文达：《吕堨记》，见(清)张佩芳修，刘大櫆纂：《歙县志》，《中国方志丛书·华中地方·第232号》，台北：成文出版社有限公司，1975年，第1497—1502页。又见许承尧等纂，楼文钊、石国柱等修：《歙县志》，《中国地方志集成·安徽府县志辑》51，南京：江苏古籍出版社，1998年，第617—618页；歙县地方志编纂委员会：《歙县志》，合肥：黄山书社，2010年，第1497—1498页。

② (宋)吕文达：《吕堨记》，见许承尧等纂，楼文钊、石国柱等修：《歙县志》，《中国地方志集成·安徽府县志辑》51，南京：江苏古籍出版社，1998年，第617页。

③ (梁)萧子显撰：《南齐书》，见《景印文渊阁四库全书》第259册，上海：上海古籍出版社，1987年，第322页。

④ 同③。

⑤ (唐)李延寿：《南史》，见《景印文渊阁四库全书》第265册，上海：上海古籍出版社，1987年，第1101页。

帝”[①]的佞幸人物,需要注意的是,“吕文度,会稽人”[②],而“吕文显,临海人也”[③],虽然会稽和临海都在浙江,临海也曾属于会稽郡,但三国吴时,临海已从会稽析出,成为单独的一个郡。《南齐书》并未提到二人是兄弟,如果是的话,如此重要之信息应该会指出,并且籍贯同一。

此外,不止吕文显、吕文度籍贯不同,他们的“父亲”吕安国,在正史中却是“广陵人也”[④],当时的广陵约在今日江苏南到扬州、北到淮安的一部分地区,地处长江以北。如此,父子三人籍贯地处大江南北,分居三地,再与吕文达的“家世南阳”一说凑在一起,可谓扑朔迷离,令人疑云顿起。

第三,新安王身份及分封其人之皇帝称号不准确。《吕堨记》载“永明十一年,武皇帝封次子昭文为新安王”[⑤],但是,按《南齐书》记载,则是“(永明)十一年,(萧昭文)进号冠军将军,文惠太子薨,还都。郁林王(萧昭业)即位,为中军将军,领兵置佐,封新安王,邑二千户”[⑥]。可以看出萧昭文获封新安王,非是南朝齐武帝萧赜分封,实为郁林王萧昭业即位后分封。对此,郁林王本纪中说得就比较清楚:

> (永明)十一年,(齐武帝)给(萧昭业)皂轮三望车。诏高选国官。文惠太子薨,立昭业为皇太孙,居东宫。世祖崩,太孙即位。……十一月,辛亥,立临汝公昭文为新安王。[⑦]

还可以看出,郁林王萧昭业实为齐武帝萧赜之孙,而“海陵恭王昭文,字季

① (唐)李延寿:《南史》,见《景印文渊阁四库全书》第265册,上海:上海古籍出版社,1987年,第1098页。

② (梁)萧子显撰:《南齐书》,见《景印文渊阁四库全书》第259册,上海:上海古籍出版社,1987年,第551页。

③ 同②,第550页。又见(唐)李延寿:《南史》,见《景印文渊阁四库全书》第265册,上海:上海古籍出版社,1987年,第1101页。

④ 同②,第321页。

⑤ 见《吕堨记》。

⑥ 同②,第55页。

⑦ 同②,第51页。

尚，文惠太子第二子也”[①]，可以确认《吕堨记》的又一个比较大的讹误是新安王萧昭文非为武皇帝次子，而是武皇帝之孙。

第四，吕文达与郑仲娘结婚年龄差距过大。《吕堨记》记载“予至新安。洎主被弑甫周，寒暑不幸，家人接踵云亡。夫人王氏亦殒，继娶歙西湖田郑思公女仲娘，生升平二年戊午二月十五日未时”。升平是东晋穆帝的第二个年号，“升平二年”就是358年，而同在该《吕堨记》中，吕文达生于“明帝泰始元年”，也就是465年。一篇文章所载，吕文达与郑仲娘夫妻二人的年龄差距却有107岁，这显然不切实际。

第五，《新安名族志》所载吕氏、郑氏迁入徽州时间与《吕堨记》所载不符合。据《新安名族志》记载，“吕出炎帝姜姓后……唐有讳延者为御史大夫、浙东道节度使。延生渭，德宗朝仕殿中侍御史。厥后散居歙、婺”[②]。可以看出，新安吕氏是唐代德宗朝（779—805）以后迁入徽州的。而郑氏迁入徽州，《新安名族志》是这样记载的：

> 自汉以前皆居江北，至讳庠者，仕吴车骑府长史、平难将军，晋永嘉元年过江，居丹阳秣陵。子讳平，敕戍浙之峥嵘镇（引者按：在今浙江衢州），以功封开国功，卒葬衢州。孙五人，曰宠、望、碑、瑛、济，并显于时。传数世曰思，始迁新安郡北之律村。[③]

新安郡即徽州之古称。“新安郡北之律村”，即今歙县富堨镇青山村之律村，是歙县郑氏始迁祖最先定居之地。从文意来看，有可能这个律村的名曰“思”，也即“郑思”之人，可能是《吕堨记》的吕文达之岳父，不过后面的“律

---

① （梁）萧子显撰：《南齐书》，见《景印文渊阁四库全书》第259册，上海：上海古籍出版社，1987年，第55页。

② （明）戴廷明、程尚宽等撰，朱万曙等点校：《新安名族志》，合肥：黄山书社，2007年，第620页。

③ 同②，第448页。

村"条中却说"唐有讳思者始迁于此"[①]，可知郑思是唐代时方迁居徽州，这明显与吕文达及其岳父郑思所生活的南朝宋、齐、梁时代不符。

这一系列的疑问似乎昭示着民国《歙县志》中的注释对于《吕堨记》的怀疑是正确的。

虽然可以看出，《吕堨记》记录之事多似有所据，比如朝廷中的争权夺利与刀光剑影，如南齐诸位帝王、妻父尚书令王晏、父友沈文季、吕文达的父兄三人，皆正史所载，生活时代大致相同；地方上有如郑思、郑孟公、郑仲娘这样的具体人物，其中郑思在《新安名族志》中有明文记载。但因为前述的五条史料考证，文章的真实度大打折扣。

综上可知，这篇《吕堨记》很可能为后人所作，托名于吕文达。那就产生了新的疑问：这种托名作伪现象，特别是托名于吕文达，原因是什么？吕文达到底是谁？背后是否有什么利益之争呢？

弘治《徽州府志》有吕堨"最大灌溉两万亩有奇，侍郎吕文达所开浚也"[②]的记载。明万历五年修、民国二十四年德本堂木活字重刊本的《新安大阜吕氏宗谱》，其卷一世系图也记载文达为吕氏七十一世孙、新安吕氏七世孙，宋时人，迁歙县堨田。卷四《吕文达传》载：

> 公，字子贤，幼好学，博览群书。既长，举茂才，授嘉兴判官，寻知凤州，身先士卒，人爱慕之。……雍熙中，上谳疑狱不合，屡迁至刑部侍郎。退归，疏通西渠道，约二万亩有奇，田赖灌溉，民祀之，故有吕堨之名。著有《决狱典要》及诗稿遗文行于世。[③]

这是一份关键性的证据记录。我们对照地方志和家谱的记录，可以确认所

① (明)戴廷明、程尚宽等撰，朱万曙等点校：《新安名族志》，合肥：黄山书社，2007年，第450页。

② (明)彭泽修、汪舜民纂：《徽州府志》卷二，见《天一阁藏明代方志选刊》第21册，上海：上海书店，1982年。

③ 《吕文达传》，《新安大阜吕氏宗谱》卷四，复印本，安徽大学徽学研究中心资料室藏。

谓的吕文达，非南朝宋时之人，而是大约500年后的北宋时人。他曾任刑部侍郎，后退归家乡，疏通旧有渠道，能灌溉大约两万亩土地。当地百姓因感谢而祭祀他，并称水渠为“吕堨”。

图　吕堨

图片来源：2012年初春笔者拍摄于徽州区西溪南镇。

《吕堨记》中记载吕文达与郑氏家族有姻亲关系。所谓一损俱损，一荣俱荣，吕文达的地位高低、名誉大小，与郑氏一家密切相关。而现实中，郑氏在吕堨疏浚维护过程中也的确发挥巨大作用，地位特殊。

安徽省图书馆古籍部馆藏的《吕堨南北两渠图》[①]中，辑录了一份徽州府《乾隆二十五年五月二十五日示》，其中附录一份《吕堨条例》，条例中有这么

① 关于《吕堨南北两渠图》材料的利用上，笔者受到吴媛媛《明清时期徽州的灾害及其社会应对》启发，特此注明，并致以谢忱！

一个细节:“郑姓在堨之田任凭浇灌,修筑工费概不派及。”这说明郑氏家族在利用吕堨这一水利工程时,具有特殊的地位,可任意灌溉,且不用交费,即使在“康熙五十九年,郑复独任重开,今又照众捐输修理”,但这并不是郑氏必须承担的,郑氏捐输费用乃是“郑之义举,不可更改旧例”。①

其后,又有《咸丰元年四月十八日监生郑时辅等禀为〈公议章程〉禀恳宪裁赏示晓谕事》,其中附有《公议章程》,章程中有两条需要特别注意的规定:“一议郑姓在堨之田历代以来不派修筑之费者,所以报郑思公肇堨之功也。今郑姓自愿照众输谷,俟此次工竣,自当仍循旧制不派工费。”这一条章程点出了郑氏具有超然地位的缘由,就是为了“报郑思公肇堨之功”。这种报功就体现在另一条规定里:“一议堨祠供奉吕公、郑公、前郡尊、前邑尊诸公长生禄位,所以崇德报功,志不忘也。自堨事废弛而祠宇久未修理,今俟堨工告峻之后,即行重葺,妥神灵以昭祀事。”②

《岩镇志草》对于这种祭祀报功也有所论述:

> 捍大患、御大灾则祀之,明有功也,俎豆以云报也。法施于民则祀之,崇有德也,馨香以致敬也。生为人望,没祭于社,天理之当然,人心所同然矣。纪诸祠,所以发好德之诚,而立功德之典也。高山之景行有足赖焉。③

确实如此,徽人尤重报功,通过报功祭祀活动等制度化的礼仪措施,将祖先以及乡里前贤等的“功德”予以宣扬赞美,回报以血食之供。在此过程中,可以将传统伦理与秩序无声无息地宣示于众人,感化自身,达成教化乡里和传承有序的目的,通过这种“公平回报”前人功德的活动,借以激励更多的后代

---

① 徽州府《乾隆二十五年五月二十五日示》附录《吕堨条例》,见(清)郑学樵纂:《吕堨南北两渠图》,咸丰年间刻本,安徽省图书馆古籍部藏。

② 咸丰元年四月十八日《监生郑时辅等禀为〈公议章程〉禀恳宪裁赏示晓谕事》附录《公议章程》,见(清)郑学樵纂:《吕堨南北两渠图》,咸丰年间刻本,安徽省图书馆古籍部藏。

③ (清)佘华瑞纂,吴之兴校点:《岩镇志草》,2004 年,第 9 页。

子孙积极上进，造福乡梓。

郑氏家族之所以在吕堨一系列相关条例和章程中，对于他们在这一水利灌溉体系内相对于其他众姓的特权地位予以屡次重申并强调，正是因为这种特权地位随着时间的流逝和社会记忆的弱化，而逐渐变得岌岌可危。咸丰《公议章程》特别强调郑氏之功，暗示了在当时吕堨修筑过程中，郑氏"修筑工费概不派及"的特权受到了反对和冲击，因此，不得不予以妥协，但是最后还是要强调，当次"自愿照众输谷"只是特例，如果下次修筑吕堨，当按照惯例"不派工费"。

郑氏如何维持其在吕堨水利灌溉系统中的优势并长盛不衰，成为一个迫在眉睫的问题。需要说明的是，本来郑氏因为《吕堨记》中吕文达和郑仲娘的夫妻关系，有一个天然的吕堨水利共同体中的同盟军——吕氏家族，不在过这一系列的文献中，吕氏的存在感却比较淡漠，有一条材料与这种情况或有关系：作为金竺山延伸脉的三台山"山麓有塔，清康熙五十七年六月，因山洪暴发塔毁，居住于塔周的吕氏一族及房宅几乎消亡殆尽"[①]。独自面对这种特殊地位不断消解的情势，郑氏采取的应对办法是通过两个层面入手：一个是"人"的层面，一个是"神"的层面。

"人"的层面就是积极参与并主导吕堨的历次建设和维修，比如清代几次大的维修，不是郑氏家族独自承担，就是与其他族姓合作进行并占据主导权，这种积极主动地参与水利活动并承担一定的责任的行动，对于郑氏长久保持特殊的用水地位具有决定性的作用。

至于"神"的层面，就是试图将吕文达神化。作为吕文达岳家的郑氏家族，在吕文达获得更多的神性之后，一定程度上可以自然而然地获得权力和权利的加成。郑氏通过兴建祠堂、陈列刻像、岁时祭祀等富有庄严仪式感的措施，重新宣示这一微型灌溉型水利社会的传统秩序，强化参与民众的历史记忆，辅之以树碑立传，通过一定的故事，特别是细节性的描述，烘托人物的

① 歙县地方志编纂委员会编纂：《歙县志》，合肥：黄山书社，2010 年，第 1460 页。

神性。

于明神宗万历六年(1578)参与兴修吕堨报功祠的郑任,在《吕堨报功祠碑文》中记录了如下故事:“予尝涉履河渠间,渠势较河流差高,水之入汩汩焉。逆而行之,乡民之伺水也,夜视田间灯光隐隐,若有导之流者。”[①]这所谓的“导之流者”暗示的是谁,不言而喻。

这些传记、传说和故事背后隐藏的动机、真相和事实尽管俚俗而功利,但确实是活生生的,起着一种潜移默化的温润、缓冲作用,也成为塑造吕堨水利灌溉组织这一微型徽州水利社会的必要有机组成部分。

吕堨所处的地区原本有一个吕湖。《岩镇志草》对其有如此记载:“吕湖,在丰乐水之左,居镇东北隅。东距堨田,西至东方,南据湖村,北抵厚美,周环十余里。”[②]由此可以看出吕湖的面积还是比较大的。

与吕文达因吕堨而具神性相似,吕湖也牵扯到一个人的神性,那就是徽州历史上赫赫有名的忠壮公程灵洗。《太平御览》中如此记载:

> 《歙县图经》曰:篁墩湖在县西南,其湖有蜃,常与吕湖蜃斗。程灵铣好勇而善射,梦蜃化为人,告之曰:“吾为吕湖蜃所厄,君能助吾必厚报,束白练者吾也。”明日,灵铣弯弧助之,正中后蜃,不知所之,后人名其处为蜃滩。时有一道人诣灵铣母求食,讫曰:“劳母设食,今当为求善墓地。”使母随行上山,以白石识其地曰:“葬此可以暴贵矣!”灵铣因移父葬其所。侯景乱,灵铣率郡乡万余众保新安,因随陈武帝有奇功,及陈武受梁禅,灵铣以佐命功臣,与周文昱、侯安都为三杰。按灵铣宅在湖东二里。[③]

① (明)郑任:《吕堨报功祠碑文》,见(清)郑学樵纂:《吕堨南北两渠图》,清咸丰刻本,安徽省图书馆古籍部藏。

② (清)佘华瑞纂,吴之兴校点:《岩镇志草》,2004年,第27页。

③ (宋)李昉:《太平御览》,见《景印文渊阁四库全书》第893册,上海:上海古籍出版社,1987年,第671—672页。

南宋罗愿在《新安志》记有相类似的故事，文字稍异：

> 黄墩湖在县西南四十五里，阔二十余丈，长三百步，众水所潴。湖旧有蛟，湖侧居人程灵洗者，好勇善射，夜梦白衣道士告曰："吾数为吕湖蛟所困，明日当复来，君能见助，当有厚报。"灵洗问何以为识，道士曰："束白练者，我也。"许之。旦日率里中少年鼓噪于湖上，顷之波涌，大声如雷，有二牛相奔，触其一肩，白者甚困。灵洗射黑牛中之，俄而阴晦廓然，湖水皆变。明日有蛟死于吉阳滩下，吕湖由是渐塞，后名其滩曰蛟滩（原注：以上蛟及此蛟滩，本字并辰下虫）。未几灵洗偶出，有道人过其母，乞食。食已，令母随行至山上，以白石识地，曰："葬此可以骤贵。"灵洗还，母语之，因葬其父于此。已而灵洗官仪同封侯，宅在湖东二里。[①]

罗愿《新安志》与《太平御览》所引用的唐代《歙县图经》中有关吕湖的记录并不相同，《新安志》对于程灵洗射蜃或蛟的描述细节更加丰富，不过更引人注目的一点是多了"吕湖由是渐塞"几个字。

联系到前文《吕堨记》中有这样的叙述："天监初，此湖倏然堙塞，向之深渊处所，悉为沮洳。古称沧海变桑田，信不诬哉！"是否可以这样理解，从南朝开始，到唐代之前，以程灵洗为代表的徽州人，开始了围湖造田的活动，但因为人口较少，规模也不是特别大，所以《歙县图经》对此并未特别点出。

进入唐末和五代，大量北方人口为躲避战乱迁徙至徽州地区，至宋初吕文达时，已经有兴建大型堨渠的需要，此后经过北宋一百余年的经济发展以及两宋之交中国北方移民最后一次大规模的南迁，徽州人口同整个国家的人口数量一样，逐渐增多。由此，徽州围湖造田的情况加剧，淤塞的情况日趋严重，进而就在《新安志》中以"吕湖由是渐塞"，在《吕堨记》中以"此湖倏

① （宋）罗愿撰，萧建新、杨国宜校著：《〈新安志〉整理与研究》，合肥：黄山书社，2008年，第88—89页。

然堙塞”这样的文字表现出来。

北宋文学家曾巩在《序越州鉴湖图》一文中，对当时鉴湖(在今浙江绍兴)的情况有所描述，可作一比较：

> 宋兴，民始有盗湖为田者，祥符之间，二十七户，庆历之间二户，为田四顷。当是时，三司转运司犹下书切责州县，使复田为湖。然自此吏益慢法而奸民浸起，至于治平之间，盗湖为田者凡八千余户，为田七百余顷，而湖废几尽矣。①

吕湖应该与鉴湖情况差不多，“湖废几尽矣”，但“几尽矣”说明尚未全尽，仍存留一些湖面。清代徽州的《岩镇志草》就说，吕湖“自湖蜃见毙于吉阳滩而湖淤，仍一水泓然，长注如练，传闻宋元之时，尚可以通舟楫”，只是经过明清徽州经济的长期繁荣发展和人口的大量增加之后，“今则尽为沃壤”矣。②

从以上的分析可以看出，类似吕湖这样的面积并不是特别小的湖泊，通常情况下，都是逐渐地淤积，水面是慢慢消失的，既不会像地方志上记录的“明日有蛟死于吉阳滩下，吕湖由是渐塞”，③把湖塞认为是“蛟死”的结果；也不会像《吕堨记》中所说的那样“倏然堙塞”，除非发生强烈的地壳运动。就现在的认识来看，这些并非事实。

实际上，吕湖的湖水淤积、湖面缩小，最主要的原因除了围湖造田之外，还有丰乐河的水土流失，泥沙俱下，通过人们的双手，或直接或间接地加速了吕湖的消失速度。这种洪灾的发生，从之前村子旁边三台山山麓附近因洪水，“吕氏一族及房宅几乎消亡殆尽”④可以看出。另外，堨田这个地方，以位于村子中心位置的朱家坦地理位置最为优越，原因就是堨田的地形中心

---

① (宋)曾巩:《序越州鉴湖图》，见《浙江通志》，见《景印文渊阁四库全书》第526册，上海:上海古籍出版社，1987年，第132页。

② (清)佘华瑞纂，吴之兴校点:《岩镇志草》，2004年，第27页。

③ (宋)罗愿撰，萧建新、杨国宜校著:《〈新安志〉整理与研究》，合肥:黄山书社，2008年，第89页。

④ 歙县地方志编纂委员会编纂:《歙县志》，合肥:黄山书社，2010年，第1460页。

高，四周低，朱家坦地势较高，难受洪水的冲击和威胁。[①]

以上我们辨析了吕文达、吕堨、吕湖以及《吕堨记》的一些情况，总的来说，通过勾勒、描绘和渲染吕文达的水利故事和巨大贡献，这些水利故事背后的一些家族和个人得以获取超然的地位，赢得额外的利益，尽管有其私心，但并不能掩盖其良苦用心及为此付出的努力，他们的行为在一定程度上还是有利于徽州社会的。个人之私，众人之利。为了个人的私利，在不损害其他人利益的前提下，努力地争取，客观上是有利于整个社会的。

吕堨这个工程至今还在发挥功效，而吕文达也许不是南朝人物，但并不能掩盖其做出的贡献。郑氏家族长时期一直强调其在吕堨水利灌溉系统中的特殊地位，并为此积极引导吕堨的开掘维修，参与章程的制定和渠务的管理。这种获得的特殊利益，一方面可以看作祖先的遗泽，另一方面也可以看作对于郑氏家族积极参与灌溉水利组织和进行管理活动的回报。

第四节　思乐“泮水”：乡居读书与徽州的“隐士”

“渔、樵、耕”之外，“读”与水之间亦是密切相关。比如，明清时期读书初成的新进生员入学也称之为“入泮”，这源于学宫之前有半月形泮池之设。就清代徽州而言，在学宫文庙之南亦有此设施，如下图所示。

泮池又名“泮水”，其所以名之为“泮”，一般认为源于《礼记·王制》中“大学在郊。天子曰辟廱（亦作雍），诸侯曰頖（亦作泮）宫”之说，[②]也就是说，按礼制，天子大学之设，其地筑土，圆如璧，周环雍水，揣其意图，这种地势高耸，特别是邻水环护的自然环境，当含有防洪、御敌、饮用甚而航运等诸种水利。

① 安徽省黄山市歙县郑村镇堨田村汪平生先生总结。

② 王梦鸥注译：《礼记今注今译》，北京：新世界出版社，2011年，第112页。

图　徽州府学宫图

图片来源：(清)马步蟾纂修：《徽州府志》卷首，图，道光七年(1827)刻本，《中国地方志集成·安徽府县志辑》48，南京：江苏古籍出版社，1998年，影印本，第30页。

至于诸侯所置之大学则不得僭越，周边之水遂“半”之，此后环绕之雍水渐渐演化为地方如徽州府学内南边的一个半月形水池，借以避讳地方有俯察四海之意也。由此可见，自古以来，读书人集中学习的场所，就离不开一个良好的水利环境。

这种泮宫之制，清代徽州学者戴震认为春秋之时他国绝无，鲁国独有。戴氏在《毛郑诗考正》中分析：“鲁有泮水，作宫其上，故它国绝不闻有泮宫，独鲁有之。泮宫也者，其鲁人于此祀后稷乎？鲁有文王庙，称周庙，而郊祀后稷，因作宫于都南泮水上，尤非诸侯庙制所得及。宫即水为名，称泮宫。”[①]可见，“泮水”除了有后世州县学宫前的半月形水池之意外，还是一条水流的名字。《诗经·泮水》篇有云：“思乐泮水，薄采其芹。”[②]戴震就认为：“泮水出曲阜县治，西流至兖州府城东入泗。《通典》云：‘兖州泗水县有泮水。’”[③]

可以确认的是，鲁国有泮宫和泮水之格局，对映且区别于天子辟雍和雍水[④]之设置。而儒家和孔子出身于鲁国，后世儒生士子颂扬和效仿鲁国之礼仪风俗也顺理成章。

“思乐泮水，薄采其芹”，这种原始“游泮”之目的还是在于“济济多士”，“在泮饮酒”，“无小无大，从公于迈”，[⑤]后世读书人科举考入府州县学，亦称游泮，其目的亦在于未来得入仕宦，一展所长，服务帝王。泮水与游泮之名长存，其实是原始教学和读书环境深具亲水性的孑遗和证明。传统社会的读书人不拘泥于文庙、学宫与书院的那一弯窄狭的泮池，在日常学习和生活之余，会“浴乎沂”，能“观沧海”，可“曲水流觞”，或“江海寄余生”。对于徽州读书人而言，新安江水系就成为他们非常重要的栖息场所与活跃舞台，存在于徽州儒士和学子一咏三叹的诗歌里、举子和商贾漫漫的路途上、隐者和处士勤读力耕的场景中。

徽州原为山越聚居之地，其民多勇悍尚武，不知文礼，读书人较少，朝廷视之为蛮荒之地。两汉以后，北方中原地区或受外族入侵，或自相杀伐，战火频仍，生灵涂炭。为躲避战乱，中原不少衣冠之族、农商百工，如潮水般自北向南，依次南迁，越过淮河，跨过长江，来到相对安定的江南地区，其中一部分人也慢慢进入了吴、楚、越交汇的徽州地域。

---

① （清）戴震：《毛郑诗考正》，《戴震全书》第1册，合肥：黄山书社，1994年，第667页。

② （汉）毛亨传，郑玄笺，（唐）陆德明音义，孔颖达疏：《毛诗注疏》，鲁颂，泮水，《景印文渊阁四库全书》第69册，上海：上海古籍出版社，1987年，第950页。

③ 同①。

④ 雍水，河流名，源出陕西凤翔，流经岐山，而岐山、扶风所在之周原为周人的发祥地。

⑤ 同②。

在中原大族包括许多读书人持续迁入以后，再加上徽州特殊的群山四固、溪水环护的地理环境特点和本地人强烈的捍卫乡土的思想观念，在相对于长江以北甚至徽州以外的江南之地所具有的更为安全的社会环境中，徽州经过千年的持续发酵，渐渐地风俗大变。

从原来的“好为叛乱，难安易动”①，到宋时的“韬钤家法在，儒雅素风存。簪履陪游盛，乡闾俗化敦”②，再到后来的人文鼎盛，“东南邹鲁”，徽州的读书，大为增加。正如元人赵汸所说，“新安自南迁后，人物之多，文学之盛，称于天下”。③

原本生活在百越之地的徽州人就具有“易以理服，难以力胜”的性格特点，④前文所述的神话中的共工亦是这般禀性，可谓理屈力不屈。作为山越人曾经集聚的新安地区，虽屡受征伐，但时降时叛，并不能真正融入到中央政权中，只有随着一代代中原衣冠迁徙至此，诗书传家，儒育理化，土著与移民之间才会最终地融合到一起，浑然一体，正所谓堵不如疏，刚不若柔，山越人的刚强不屈性格在衣冠之家和诗书之族持续南渡后，方才慢慢知理明道，而彬彬有礼矣。

这种转变，绝对离不开人文之化育。对于徽州而言，就是儒学的传播，理学的兴起，教育的发展，科举的兴盛。在徽州这般“山乡僻处少尘嚣，多往山陬与水涯。到死不知城市路，近村随地有烟霞”⑤的自然清美环境下，又于汉时严子陵、唐时许宣平的持续影响下，随着读书人的逐渐增多，徽州的“隐

---

① （晋）陈寿撰，（南朝宋）裴松之注：《三国志》，见《景印文渊阁四库全书》第 254 册，上海：上海古籍出版社，1987 年，第 886 页。

② （唐）徐铉：《和歙州陈使君见寄》，见（清）彭定求、杨中讷等编纂：《全唐诗（增订本）》，北京：中华书局，1999 年，第 8679 页。

③ （元）赵汸：《商山学院学田记》，《东山存稿》，见《景印文渊阁四库全书》第 1221 册，上海：上海古籍出版社，1987 年，第 287 页。

④ （宋）苏轼：《两浙转运副使孙昌龄可秘阁校理知福州》，《东坡全集》，见《景印文渊阁四库全书》第 1108 册，上海：上海古籍出版社，1987 年，第 663 页。

⑤ （清）方士庹（一作方士度）：《新安竹枝词》，见歙县地方志编纂委员会：《歙县志》，合肥：黄山书社，2010 年，第 1518 页。

士”传统深厚而长久。

其实，无论是许宣平还是严子陵，他们都居住在新安江畔，皆生活于水边。这些隐士们可谓是“思乐浙水”或者“思乐新安江”是也。他们不是生活在泉边，就是活动于溪边，宁可食无肉，不可居无水，一定程度上反映了包括读书人在内的人类与水利的须臾不可分离。

隐士也要生活，无论是严子陵的渔，还是许宣平的樵，或者作为生存之本、必不可少的耕，都与水利关系密切，隐士一般都是读书人，要想优裕从容地读书，也必须具有一定的生活来源，而这渔、樵、耕就是古代读书之基础。而渔、樵、耕、读结合在一起，就形成了徽州众多的“隐士”。

本书所讲的徽州之“隐士”，不止于“采菊东篱下，悠然见南山”的身隐之士。有言云：大隐隐于朝，中隐隐于市，小隐隐于野。这正好对应了古代徽州人的三个主要出路：做官、经商和务农。所以，本书的“隐士”包括了活动于家乡的渔、樵、耕、读之小隐，浮舟于江河湖海的徽州商人之中隐，以及达则兼济天下，并且与中隐、小隐密不可分的徽州出仕官员，即所谓大隐。

一般来讲，这些隐士都是指的读书人。实际上，“献”者，贤人也，有些人虽未读书，但环境历练、生活萃取之下，有嘉言懿行足可为师范者，也可称之为“隐士”。正如孔子所言：“三人行，必有我师焉：择其善者而从之，其不善者而改之。”[①]实际上，在《论语》一书中，也确实有一些可称为隐士的普通人，比如“耦而耕”的“长沮、桀溺”二人，[②]“以杖荷蓧”之“丈人”[③]，很明显就是耕作的农夫。我们不能确认“长沮、桀溺”以及“丈人”避世之前就未读过书，但是总是有一些普通人拥有一些或简单、或朴素、或深刻、或有用的道理，比如孔子自认“吾不如”的“老农”[④]，他们在一定程度上可以说就是一种“隐士”。

隐士并不是真的隐而不见，《庄子·缮性》有言：“古之所谓隐士者，非伏

---

① 杨伯峻译注：《论语译注》，北京：中华书局，2006 年，第 82 页。
② 同①，第 218 页。
③ 同①，第 220 页。
④ 同①，第 151 页。

其身而弗见也，非闭其言而不出也，非藏其知而不发也，时命大谬也。”社会风云迁转，民众的应对方法和入世态度随着外界氛围和内心境域的差异而各有不同，“此存身之道也”。[①]

可以说，无论是就徽州还是就整个中国而言，在世态变迁、人物纷纭的历史舞台上，主要的角色群体还是这些逐水而居的“隐士”们，他们活跃于四民之间，上及王侯，下至黔首，从小隐、中隐到大隐，分布范围广阔，无论是历史文明的传续还是现实制度的运行，包括一些水利工程的兴建和维护，号称“儒商”的徽州商人们顺水而行并获利天下，相对而言，读书人都在其中起到了更为关键的作用，整个水利社会的框架主要还是围绕着他们来展开。

对于徽州而言，渔、樵、耕、读于家乡是根本，但是因为徽州人多粮少、不足食用的困境，使得仅仅作为小隐，坐守家乡是难以为继的，苏辙曾有诗就写道：“无限青山不容隐，却看黄卷自怜贫。”[②]这在一定程度上就是徽州隐士们的心境写照，可以说之所以不得小隐，恰因自家贫困，所以，徽州必得需要泛舟江湖与宦海之中的中隐与大隐之配合，才能走出穷迫困苦，生存下去。

隐，分为身隐与心隐两类。身心俱隐者，太远而难为论，他们绝迹息声于江湖之间，或者只是被动地留下片言只语的记录，他们享受田园之苦乐，行走于山水林泉之间，诚如桃花源中人所言：“不足为外人道也！”

而占据渔、樵、耕、读大部分人数的身隐心不隐者，可称之为小隐。小隐可敬，以往学者非是不欲详知其人其事，实不能也。一者需要态度转换，目光下沉；二者文献要翔实集中，真实可信。如此而言，徽州实为解剖分析“小隐”的绝佳标本。

---

① （晋）郭象：《庄子注》卷六，见《景印文渊阁四库全书》第1056册，上海：上海古籍出版社，1987年。

② （宋）苏辙：《初到绩溪视事三日出城南谒二祠游石照偶成四小诗呈诸同官》，曾枣庄、马德富校点：《栾城集》，上海：上海古籍出版社，1987年，第319页。

至于心隐或不隐，但身不隐者[①]，一者中隐，跋山涉水，以通有无，便利一地之民，比如徽商；一者大隐隐于朝，筹划谋算，一举一动，莫不攸关万民利益，比如徽州籍官员。

小隐算得是穷则独善其身，而中隐与大隐则是达则兼济天下，这也是小隐、中隐和大隐的区别。这种区别即是在于人与社会的接触面，和他们可能对社会的影响力大小。

面对困境，徽州人不能局限于家乡之一隅，过于清静无为，安贫乐农。司马迁曾引用老子之言对于这种情况进行过描述："至治之极，邻国相望，鸡狗之声相闻，民各甘其食，美其服，安其俗，乐其业，至老死不相往来。"如此行事其实是很难行得通的，即"必用此为务，挽近世涂民耳目，则几无行矣"。[②]

确实，如果在徽州，众人皆隐于乡野，恬淡自守，老死不相往来，那么在粮食不足的情况下，社会经济和文化体系将很难维持下去。

就徽州而言，中隐与大隐对于徽州的影响更大一些，尤其是中隐，也就是隐于市的徽州商人，对于徽州辉煌的"轴心时代"的出现，有极为重要甚至是决定性的作用。

中隐从事经商，贸易四方，一直以来，徽州商人声名远播，相对而言，因为"新安僻居山溪中，土地小狭，民人众，世不中兵革，故其齿日益繁，地瘠薄，不给于耕"[③]，徽州小隐受到的关注程度并不太高，实际上徽州人同大多数中国人一样，也是安土重迁，出现徽州中隐几遍天下的局面也是地狭人

---

① 一般而言，身心俱不隐，如果长久保持这种过于积极的状态，容易身心俱疲。所谓文武之道，一张一弛，身、心都是需要休息的，每一个人都需要一个"后花园"得以漫步其中，松弛身心。身心时隐时现，寻找一个安栖之所十分有必要，这一方面，徽州人具有得天独厚的优势。一定程度上，山水环绕、林木幽美的徽州就像一个"后花园"，众多"隐士"和徽州这个"后花园"之间拥有很多条通道，其中最重要的一条交流路径，就是新安江。

② （汉）司马迁：《史记》，见《景印文渊阁四库全书》第 246 册，上海：上海古籍出版社，1987 年，第 424 页。

③ （明）王世贞：《赠程君五十叙》，《弇州四部稿》，见《景印文渊阁四库全书》第 1280 册，上海：上海古籍出版社，1987 年，第 92 页。

稠、生齿日繁的结果，所谓“每喜远商异地，岂果轻弃其乡哉！亦以山多田寡，耕种为难，而苦志读书者又不可多得”①，实在是不得已而为之。

相对于小隐和大隐，徽州的中隐们沟通连接徽州内外，往来于小隐、大隐之间，成就特别突出，对于徽州的贡献特别巨大。徽州中隐也就是徽州商人的成功与新安江这条徽州之“泮水”的航路关系特别密切，因此在介绍了主要是徽州小隐也就是徽州的渔樵耕读之后，下文将开始探讨徽州、徽商之崛起与新安江水路航运的关系。

① 婺源《燉煌洪氏统宗谱》，见张海鹏、王廷元主编：《明清徽商资料选编》，合肥：黄山书社，1985年，第53页。

第三章 徽州的跃迁与水路航运

徽州的“隐士”们小隐隐于家乡，中隐和大隐们沿着水路一路向外，走出四塞的群山。三种隐士，为了共同的谋生目的，三位一体，分工合作，默契无间。徽州的辉煌就在此间关系中建立起来。当然，这种辉煌也是一步步开始的，并不是一步到位的，总要有一个契机。

南宋迁都临安对于中国经济文化重心的南移是一个标志性的事件，而这一事件，对于徽州而言，更有特殊的意义。因为徽州、杭州一水相连，一在新安江头，一驻钱塘江尾。南宋迁都临安，对于徽州而言，不啻从僻野荒陬到京畿重地的邀天之幸。

第一节 南宋迁都临安与徽州的跃迁

南宋理宗“端平乙未”即端平二年(1235)[①]，徽州州学教授李以申在《新安续志总序》中谈及徽州，曾有这么一段评论：

> 新安据浙江上游，山水奇秀，称于天下，唐人号为“水云深处”。

① (元)洪焱祖:《新安后续志序》，见(明)彭泽修、汪舜民纂:《徽州府志》卷十一，《天一阁藏明代方志选刊》第21册，上海：上海书店，1982年。

> 前代以去京邑差远，地狭瘠而俗质素，语地望者不以为优。[①]

这则史料点出了徽州在宋代之前的几个特点：一是山水秀美，名扬天下；二是离北方的都城遥远，算得上是僻野荒陬；三是“地狭瘠而俗质素”，可见农业耕作开发程度尚且不够，民风质朴，与外界的交流较少，受到的影响也较小。

这种僻居一隅、少人问津的情况，先秦时的江南也有类似遭遇。元代江逊在《徽风》序中评价三吴之地，文曰：

> 夫子删《诗》，有正有变。陋如曹桧，夷如强秦，淫如郑卫，亦皆有风。而吴独不以风见，何邪？言其地则扬州之野，言其君则太王之昭，言其俗则春秋之时，廉让之风，犹耿耿也。况季札观乐知政，谓不深于诗不可也。求其说不可得，无乃去王畿之远而然邪？[②]

这种政治、经济和文化上相对于北方地区的劣势，南方地区包括徽州一直以来都在长久地承受。江逊认为“吴独不以风见”，“求其说不可得，无乃去王畿之远而然邪”？将这种文化上受到的漠视归结于距离王畿这样的政治经济核心区距离太远，看法是很有道理的。

古代相对落后的经济水平，使得社会分工的程度并不如今日这般深入而细致，从农业中分流出来的其他政治、军事、手工业、商业、文化等各方面的人才有限，这些有限的人才大量地集中于国都及其附近地区，服务于君王，自有其道理。人才的会聚容易导致技术的进步和领先，这种进步和繁荣又吸引了更多的人才进入，这形成了良性循环。而偏居一隅的穷乡僻壤，比如徽州，与繁华之地相比，因为交通的不便，物流和人流的成本极高，故“语

---

① (宋)李以申：《新安续志总序》，见(明)彭泽修、汪舜民纂：《徽州府志》卷十一，《天一阁藏明代方志选刊》第21册，上海：上海书店，1982年。

② (元)江逊：《徽风序》，见(明)彭泽修、汪舜民纂：《徽州府志》卷十一，《天一阁藏明代方志选刊》第21册，上海：上海书店，1982年。

地望者不以为优”。[①]

不过这种情况随着时间的流逝而有所改变。自三国时代起，北方地区屡次经受战乱，而南方相对平静，大量的北方人，包括大量的衣冠之族，以及许多掌握先进生产技术的农民、手工业者，为躲避战乱迁居江南之地，先是平陆，再到山区，依次播迁于各地，三吴之地繁华起来，荆楚之地逐渐“破天荒”[②]，徽州之地也蓄势待发，等待一个契机。

北宋宣和三年(1121)，歙州更名为徽州。六年后，靖康之变，宋室南渡。建炎三年(1129)二月高宗驻跸杭州时，诏以为行宫。七月，升杭州为临安府。绍兴八年(1138)，正式以临安府为都城，仍称为行在。临安，取临时安顿之意，虽然北方的开封仍然是名义上的大宋首都，但临安也就是杭州，在南宋其后一百余年的历史发展过程中，却是实质上的首善之区。

北宋词人柳永曾有一首描写杭州富庶和美丽的词《望海潮》，其文曰：

> 东南形胜，三吴都会，钱塘自古繁华。烟柳画桥，风帘翠幕，参差十万人家。云树绕堤沙，怒涛卷霜雪，天堑无涯。市列珠玑，户盈罗绮，竞豪奢。
>
> 重湖叠巘清嘉，有三秋桂子、十里荷花。羌管弄晴，菱歌泛夜，嬉嬉钓叟莲娃。千骑拥高牙，乘醉听箫鼓，吟赏烟霞。异日图将好景，归去凤池夸。[③]

据说金主完颜亮读罢《望海潮》，艳羡江南杭州“市列珠玑，户盈罗绮”，具“十

---

① (宋)李以申：《新安续志总序》，见(明)彭泽修、汪舜民纂：《徽州府志》卷十一，《天一阁藏明代方志选刊》第21册，上海：上海书店，1982年。

② (五代)王定保撰：《海述解送》，《唐摭言》，见《景印文渊阁四库全书》第1035册，上海：上海古籍出版社，1987年，第705页。原文：“荆南解比号‘天荒’。大中四年，刘蜕舍人以是府解及第，时崔魏公作镇，以‘破天荒’钱七十万资蜕，蜕谢书略曰：‘五十年来自是人废，一千里外岂曰“天荒”。’”

③ (宋)柳永：《望海潮》，《乐章集》，见《景印文渊阁四库全书》第1487册，上海：上海古籍出版社，1987年，第72页。

万人家"之繁华,有"三秋桂子"与"十里荷花",可"乘醉听箫鼓",能"千骑拥高牙","遂起投鞭渡江之志","立马吴山第一峰"之心。[①]

南宋迁都临安对于徽州来说可以算作一个邀天之幸的契机。无论是从地理距离还是心理距离,这次迁都实际上都是一种徽州与中国的政治、经济、文化中心的大幅度拉近,这种距离的拉近对于徽州潜移默化的影响是巨大而深远的。

徽州从原来的边缘地区,北宋时距离都城开封直线距离千里之遥,《太平寰宇记》上言歙州"西北至东京二千一百七十里"[②],路程可谓"修远矣"。一下子跃迁到核心地区,"东至杭州四百七十九里"[③],距离都城临安仅有几百里之遥。

徽州与杭州,一在新安江头,一驻钱塘江尾,吴儆《浣溪沙》词就写道"歙浦钱塘一水通"[④]。一条新安江,将徽州和杭州紧密地联系在了一起,徽州一府六县的千年荣耀一定程度上肇始于此。

就当时的条件而言,"水运是最便利的运输手段。从徽州出发的交通路线非常方便,沿新安江而下,经富春江、钱塘江,即可到达杭州,进入浙江最富庶的杭嘉湖地区"[⑤]。

徽州与临安之间就是如此,相对于到北方的都城,从徽州到临安,不仅地理距离大大缩短,而且由于新安江的存在,水路交通运输的巨大成本优势,导致经济距离更是降低,徽州的发展由此形成了有利条件。

比如,临安实际都城地位的确立,预示着一个大型的消费型城市在徽州附近出现。这个城市因为朝廷的存在,皇室贵族,官宦婢仆,巨商大贾,以及

① (宋)罗大经:《鹤林玉露》,见《景印文渊阁四库全书》第865册,上海:上海古籍出版社,1987年,第255页。

② (宋)乐史:《宋本太平寰宇记》,北京:中华书局,2000年,第133页。

③ 同②,第134页。

④ (宋)吴儆:《浣溪纱·次范石湖韵》,《竹洲集》,见《景印文渊阁四库全书》第1142册,上海:上海古籍出版社,1987年,第294页。一说为范成大(石湖)作。

⑤ 葛剑雄:《从历史地理看徽商的兴衰》,载《安徽史学》,2004年第5期,第85页。

附着于此的大量行政、商业服务机构和从业民众，形成了巨大的消费潜力。

《梦粱录》曾经记录了杭州的商业之兴盛："大抵杭城是行都之处，万物所聚，诸行百市，自和宁门杈子外至观桥下，无一家不买卖者。"①而徽州因为其特殊的地理环境，山多地少，粮食不足，但其他物产丰富，号称"物产之多，流布四方"②，这就与都城临安形成天作之合，构成各个方面巨大的互补。

徽州与临安的商品贸易来往非常频繁。临安作为首都，北迁而来的大量达官贵人，为了宫廷府邸及家庭宅院的修建，对于徽州木材产生了大规模的需求，需求的扩大以及交易的兴盛，随之而来的就是徽州和临安之间的商路完善和贸易惯性。如南宋《新安志》记载，徽州地区"木则松、梓、槻、柏、梼、榆、槐、檀，赤白之樧，岁联为桴以下淛河，大抵松、樧为尤多，而其外则纸、漆、茶、茗以为货。"③，休宁"山出美材，岁联为桴下淛河，往者多取富"④。

范成大在《骖鸾录》中记录了其在严州停泊时所见到的徽州木材外运的情景：

> 三日，泊严州。渡江上浮桥，……浮桥之禁甚严，歙浦杉排毕集桥下，要而重征之，商旅大困，有濡滞数月不得过者，余掾歙时颇知其事。
>
> 休宁山中宜杉，土人稀作田，多以种杉为业。杉又易生之物，故取之难穷。出山时，价极贱，抵郡城已抽解不赀。比及严，则所征数十倍。严之官吏方曰"吾州无利，孔徹歙杉，不为州矣"。
>
> 观此言，则商旅之病，何时而瘳？盖一木出山或不直百钱，至

---

① (宋)吴自牧：《团行》，《梦粱录》，见《景印文渊阁四库全书》第590册，上海：上海古籍出版社，1987年，第105页。

② (宋)李以申：《新安续志总序》，见(明)彭泽修、汪舜民纂：《徽州府志》卷十一，《天一阁藏明代方志选刊》第21册，上海：上海书店，1982年。

③ (宋)罗愿撰，萧建新、杨国宜校著：《〈新安志〉整理与研究》，合肥：黄山书社，2008年，第53页。

④ 同③，第17页。

浙江，乃卖两千，皆重征与久客费使之。[①]

徽州出产的木材，在山区里价格极低，但是因为有新安江水道的原因，大量的山木被扎成木簰，一路漂流，尽管沿途有人为阻隔，但仍然可直达杭州，价值倍增。这一过程，徽州的山民与商人同时因为水路的便利而获得了收入，新安江的沿线州府官吏也得以分一杯羹。

对于像木材这种体积大、质量也大的商品来说，水运是最具竞争力的远距离运输手段，很难想象没有机械运输工具的条件下，用陆路运输大量的木材。当时自徽州而外至杭州的陆地道路情况，可用一则史料略窥其艰难险阻之一斑：

自睦州青溪界至歙州，路皆鸟道萦纡，两旁峭壁，仅通单车。[②]

这些情况在我们今日重走徽州那些古道时仍然感受颇深。相对于这些陆地山道的窄狭起伏，新安江水道的优势是巨大的。

与木材类似的，还有酒类。北宋苏辙任绩溪县令时在一首诗中写道："经秋卧病闻斤响，此日登临负酒船。"[③]看来北宋时许多酒类的运输，就是靠的水运。徽州是产酒的地方，这些酒不仅本地消费，许多也通过水路运到外地。比如歙县的沙溪酒就是其中之一。据《歙县志》记载：

唐乾符年间(874—879)，歙县沙溪酿造洞宾春酒。宋绍兴十七年(1147)，歙县有酒坊26处，缴纳酒税4935贯38文。[④]

---

① (宋)范成大撰：《骖鸾录》，孔凡礼点校：《范成大笔记六种》，北京：中华书局，2002年，第45页。

② (宋)罗愿撰，萧建新、杨国宜校著：《〈新安志〉整理与研究》，合肥：黄山书社，2008年，第320页。注：方勺《泊宅篇》。

③ (宋)苏辙：《绩溪二咏·豁然亭》，曾枣庄、马德富校点：《栾城集》，上海：上海古籍出版社，1987年，第330页。

④ 歙县地方志编纂委员会编纂：《歙县志》，合肥：黄山书社，2010年，第406页。

元末，休宁人吴讷在《克复昱岭关寄郑子美待制》一诗中对沙溪酒赞美有加：

沙溪春酒甜如蜜，醉卧花阴听鸟啼。①

元末明初的汪广洋也有诗赞道：

闻道沙溪酒，春来如蜜香。
买将千百斛，取醉到东阳。②

从这些资料中可以看出，作为徽州酒类代表的沙溪酒不仅历史悠久，产量巨大，而且可能是有规模地通过新安江水路向浙江运输出卖。

另外，明代崇祯年间，歙县县令傅岩审理了一桩案子，其断案后的谳语就与徽州酒类通过新安江向外运输和贩卖有关，且逐录于下：

审得凌祖老为汪正显驾船至浙，途遇病勿药，此舟中之客汪真所目击也。船过凌氏之门，诸凌如道美、道进及排年拦阻，不令之行。正显向真贷银二两、酒七尊以为谢。诸棍上船，乘势取酒十四尊而去，使真人命亦不应如此横也，正显又为之棺殓装载还乡，而犹欲以埋葬诿之，可乎？③

其大意是说一个名为凌祖老的船工为汪正显驾舟往浙江而去，因为生病无法医治而中途去世，这个过程为船上的客商汪真所看见。因为凌祖老的去世，其族人鼓噪纷纭，不让船只继行。不得已，船主汪正显向客商汪真商借银子二两、酒水七坛，给予凌氏，借以赔礼和道歉。不过凌氏族人不满足，多人强行上船取了十四坛酒而去，云云……

① (元)吴讷：《克复昱岭关寄郑子美待制》，见(元)郑玉：《师山集》，见《景印文渊阁四库全书》第1217册，上海：上海古籍出版社，1987年，第115页。

② (明)汪广洋：《滩行五首》，见(明)程敏政：《新安文献志》，合肥：黄山书社，2004年，第1316页。注：诗中所谓"东阳"，明属"金华府"，今仍属浙江金华。

③ (明)傅岩：《纪谳语》，《歙纪》，合肥：黄山书社，2007年，第175页。

从案子中透漏的信息，我们可以看出，在明代，徽州仍然是有酒类通过新安江水路船运运送到浙江的，并且从其数量上来看是比较多的，很可能是作为商品来贩卖。可以说长久以来，徽州就有一些酒类如沙溪酒是被徽州商人顺着新安江而下，贩运到了浙江的。在这其中，杭州作为三吴之一大都会，消费力惊人，自然也在销售的市场之列。

杭州所需要的商品，不止于木材和酒类，《梦粱录》中也说道："杭城柴炭、木植、柑橘、干湿果子等物，多产于此数州耳。"这里的数州，指的就是"严、婺、衢、徽"等地方。[①] 其中，柴炭、木植就是木材的加工品以及木材本身，不容易损坏，至于柑橘和干湿果子等难以长时间存储的商品，也从这几地之船运来，这种情况的出现，可能与新安江水路的存在以及其水系特点有关。

一滩复一滩，一滩高十丈。
三百六十滩，新安在天上。[②]

这首诗形象地反映了新安江之险峻、上下游落差之巨大。既然落差巨大，那么雨水多时，从新安江上游驾舟东南向杭州，"急湍甚箭，猛浪若奔"[③]，当有千里临安一日还之势。有诗人就这样描写过：

小火原头烧麦芒，收残菜子插新秧。
健儿趁得溪流涨，一夜乘槎到富阳。[④]

---

① (宋)吴自牧:《江海船舰》,《梦粱录》,见《景印文渊阁四库全书》第590册,上海:上海古籍出版社,1987年,第103页。

② (清)黄景仁:《新安滩》,李国章标点:《两当轩集》,上海:上海古籍出版社,1983年,第229页。

③ (梁)吴筠(一作吴均):《与朱元思书》,见(唐)欧阳询:《艺文类聚》,见《景印文渊阁四库全书》第887册,上海:上海古籍出版社,1987年,第263页。

④ (元)程文:《休宁道中》,见(明)程敏政辑撰,何庆善、于石点校:《新安文献志》卷五十七,合肥:黄山书社,2004年,第1363页。

如此快捷的运输方式，柑橘等新鲜水果类的易腐败的食品，就可以较为迅速地通过水路从新安江的上游山区运输至新安江的下游都会杭州。

新安江水路，从上游到下游，高屋建瓴，一路顺行，难以遏止，不过自下游溯流而上就相对困难一些。宋人曾发出“但往来严、婺、衢、徽州诸船，下则易，上则难，盖滩高水逆故也”的感慨。①

为了顺利逆水而行，往往需要在顺风的时候挂起风帆，不然就需要纤夫的帮助。汪广洋在《滩行五首》对这样的情况也有所记录：

花底住鸣鞭，晓行滩上船。
上流风较稳，百尺不须牵。

这首诗描写了顺风之时，船只挂帆逆江水而上，不需要纤夫拉纤的情境，如果风向不对，滩多水且急，船行艰难，就需要纤夫的帮助。

民国《歙县志》作者许承尧于1927年自沪经杭州由新安江逆水回歙，经过街口附近的米、麦二滩时，有诗云：“牵挽号呼涩不行，恶滩米麦斗狰狞。”②留下了船只在牵挽之下仍然沉重难行的情景描写。其后还有《新安江杂诗五首》，其中的第一首对纤夫有如此描写：

傍水依山纤路香，山山浓黛泼岚光。
绿阴深处嵌微径，人影一条如雁长。③

《归舟过深渡雨泊》也说：

竟夜萧疏篷背雨，为人呜咽枕边滩。

① （宋）吴自牧：《江海船舰》，《梦粱录》，《景印文渊阁四库全书》第590册，上海：上海古籍出版社，1987年，第103页。

② 许承尧：《由杭归歙途中杂诗五十五首》，《疑庵诗》，合肥：黄山书社，1990年，第151页。

③ 许承尧：《新安江杂诗五首》，《疑庵诗》，合肥：黄山书社，1990年，第200页。

悬流危纤心余警，老树孤村梦渐阑。[①]

这些岸边牵挽的纤夫，不止于男性，还有女性。有一篇文章里提到：

年长的人都曾看到过新安江两岸纤夫串串，躬着瘦骨嶙峋的身子，用力踩着沙滩；有的大姑娘，衣不蔽体，光着脚丫，和男纤夫一样匍匐在地爬着前移。而船工用竹篙顶着下腹，像弯弓一样，有的干脆跳下水用肩膀把船扛上急滩，那苍凉的号子声使人心颤骨悚！[②]

通过以上文字渲染之画面，再结合元代歙县文人方回在“舟行青溪入歙”途中，其诗句所勾勒的“下水轻舟弦脱箭，盘山细路线穿针”[③]的生动图像，我们能够描摹出新安江逆水而上之航运的大概场景。可以说，徽州而下则“一日千里”，上则“一顿一停”，这顺流逆流之路，一方面也许能说明徽州人沿着水路走出去之自然而然，另一方面也说明进入徽州之路的艰险。

在徽州与外地竞争的过程中，这种徽州外部难以进入徽州内部的地理优势让徽州获益不少。徽州地势高耸，四面的大山围绕，峰回道转，线路难通，《新安志》就说：

自睦州青溪县界至歙州，路皆鸟道萦纡，两旁峭壁，仅通单车。方腊之乱，曾待制出守，但于两岸上驻兵防遏，下瞰来路，虽蚍蜉之微皆可数，贼亦不敢犯境。[④]

---

① 许承尧：《归舟过深渡雨泊》，《疑庵诗》，合肥：黄山书社，1990 年，第 188 页。

② 正道沧桑：《五都骢马通威坪》，http://blog.zjol.com.cn/blog－2364626－2224356.html。

③ （元）方回：《舟行青溪道中入歙十二首》，《桐江续集》卷十五，见《景印文渊阁四库全书》第 1193 册，上海：上海古籍出版社，1987 年。

④ （宋）罗愿撰，萧建新、杨国宜校著：《〈新安志〉整理与研究》，合肥：黄山书社，2008 年，第 320 页。注：方勺《泊宅篇》。

这般险狭的陆上交通情况，使得外人相对难以进入徽州。

新安江水道势差较大，容易下，而不容易上，容易出，却不容易进。如果将徽州看作一个独立的经济实体的话，那么徽州很容易出超，而且这也相当于徽州人有一块安全而又稳定的自留地和后花园，出外做官或是经商无后顾之忧。徽州外来干涉力量的较少进入和宗族秩序的长期稳定，使得源源不断的人力和物力资本持续不断地积累，并从徽州输出到外面同时参与竞争。

这样的情况譬如楚汉相争之时，关中之地之于刘邦的汉军，一个稳固的后方基地能够大大增加前方博弈群体的实力。可以说，徽州相对于其他地区，其财富与文化的积累，较不容易被打断，更有持续性和坚实性之优势。而通过徽州新安江水路通道这种“脐带”，源源不断的新鲜养分和空气实现了交换，这对于区域性政治、经济和文化团体的竞争力来说，是一个有力的促进因素。

徽州地区出易进难，陆路相对封闭，水路成为生命通道，这种情况极为类似一个岛屿型社会。虽然不是真正的岛屿，但四周的群山峻岭一定程度上隔闭了大规模的陆路交流，徽州有一大部分人流、物流和信息流是通过河流特别是新安江水路来实现的，我们可以将徽州与日本进行类比。日本与徽州有类似的地方，都是因水或山相隔，独处一隅，相对安全，耕地狭小，粮产不丰，水路便捷，古来蛮夷，后来先进。

这里有一点疑问，就是面对南宋迁都临安这样天赐的良机，同为新安江上游的金华、严州、衢州具有一样的水路优势，甚至严州就在徽州的下游，距离杭州更近一些，为什么南宋以降徽州的发展特别是徽商之发展更加夺目呢？

除了上述地势高耸、出易进难的交通条件之外，从地图上来看，徽州处于吴、越、楚三大地域的会冲地带。

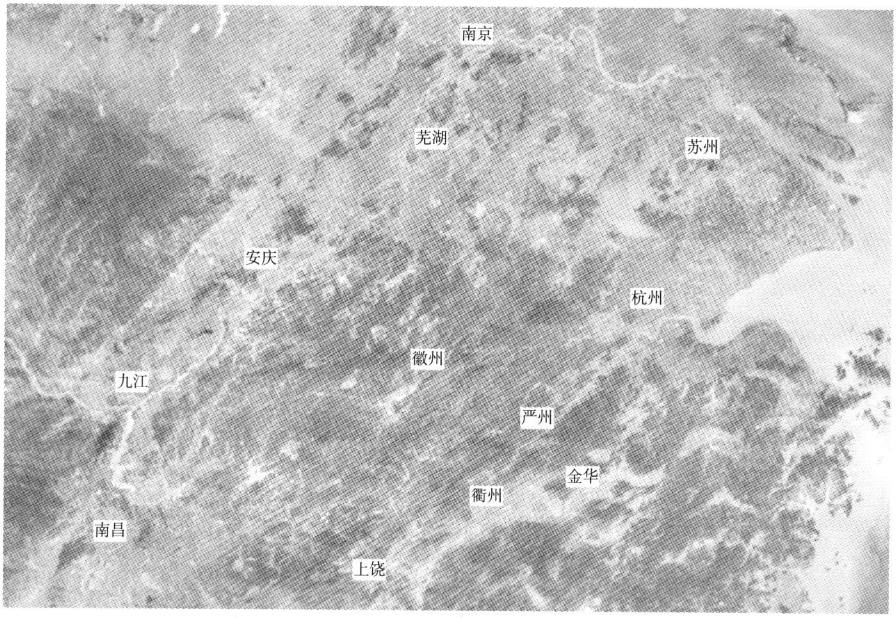

图 徽州与周围城市标示图

图片来源：百度卫星地图，http://map.baidu.com/。标注为笔者所加。

东西方向，处在杭州和九江的中心点；东北、西南方向，处在苏州与南昌的中心点；北近安庆、芜湖和南京，南向金华、严州和衢州。徽州成为连接东西特别是新安江流域和长江中下游流域的一个重要流通节点。

徽州相较于金、衢、严有更便利的沟通长江流域的条件，这是徽州相对于浙西三地区而言所具有的比较区位优势。从一定程度上讲，因为徽杭水道与徽饶水道的关系，徽州可以东方不亮西方亮，左右逢源，如果再加上徽宣水道和徽池水道以及其它陆路通道的补充，特别是东北方向与另一个号称"江南佳丽地，金陵帝王州"[①]的千年古都南京，较之金、衢、严三地距离更近，来往更方便一些，徽州的比较区位优势就更加明显。同样的，相比于东边的宣州与西边的饶州，徽州的优势正在于其有通过新安江水道更便利地

① （齐）谢朓：《入朝曲》，《谢宣城集》，见《景印文渊阁四库全书》第1063册，上海：上海古籍出版社，1987年，第623页。

沟通东南一大都会杭州的条件。

这些区位和水路优势，对于徽州千年以来的兴起与繁荣具有相当重要的作用。从僻野荒陬到畿辅重地，从“椎髻鸟语”到彬彬有礼，南宋迁都前后，徽州实现了一个巨大的跃迁，同整个中国南方一样，进入了一个持续发展和长期繁荣的状态。

这种发达而先进的状态，并不是凭空产生的，而是有一个过程。南宋迁都临安后，通过新安江这条天然的水路通道，徽州与临安间的经济距离和心理距离大幅度拉近，徽州更加容易接受到首都临安强烈的政治、经济、文化和信息等方面的辐射。这成为南宋以后，徽州从贫瘠走向富庶，在中国物质和精神两个文明版图中地位日益凸显的重要触发点和根源所在。

徽州通过水运通道密切了对外联系，科举和文化日益兴盛，商业和经济逐渐繁荣，徽州与外界的交流更加广泛，特别是在北宋。因为新安江水路交通的快捷与方便，所以在与临安这种核心区如上文所述的经济交流规模扩大之外，于人文领域徽州也没有落后。就政治上而言，罗愿在《新安志》中说“宋兴则名臣辈出”①，特别是南宋迁都临安后，徽州的科举兴盛不少。

根据《宋代徽州科举研究》一文提供的数据统计得知，北宋时期徽州正奏名进士数有 226 人，南宋时期增加了大约 103％，达到了 458 人，这还是在开科次数从北宋 58 次降低到南宋 49 次的情况下实现的。如果比较一下徽州进士总数占全国进士总数的比率，北宋全国进士总数有 19897 人，其中徽州进士占比只有 1.14％，而南宋时期全国进士总数有 23399 人，徽州进士占比达到了 1.96％。仅就徽州进士数目占全国进士总数的比率而言，南宋时

① (宋)罗愿撰，萧建新、杨国宜校著：《〈新安志〉整理与研究》，合肥：黄山书社，2008 年，第 16 页。

期较之北宋增加了约72%，[①]这几乎相当于从北宋100个进士中只有一个徽州人，变成了南宋时期100个进士中就有两个徽州人。

笔者对《歙县历代进士录》进行了简要统计，可以就歙县两宋进士人数做一个比较：北宋时期歙县进士数目有73人，南宋达到121人，也增加了66%。[②] 这与前面根据《宋代徽州科举研究》数据所做的统计结果差别不大，可以作为一个旁证，我们从以上数据中能够看出，徽州的科举形势在宋室南渡后，是有了很大的改善的。

南宋迁都临安，对于徽州的影响，时人也有所评论。嘉定十三年(1220)十一月，淳熙《新安志》作者罗愿之侄，时任文林郎的罗似臣就认为：

> 其地接于杭、睦、宣、饶，四出无不通，其州治即山为城，因溪为隍，而溪山又为天下胜处，中兴实为辅郡，四朝涵育，生齿日繁，地利日辟，人力日至，而溪山日以益胜。[③]

前文提到的徽州州学教授李以申在《新安续志总序》中也言及徽州：

> 自建炎南渡，驻跸吴京，视三百诸侯之邦，被声名文物之盛，遂推三辅重地。

《新安续志总序》评价徽州：

> 独念是邦，比岁以来，生聚日蕃，事物日新，人杰地灵，相望辈出，照映当世。[④]

---

① 于静：《宋代徽州正奏名进士数与全国进士总数的比较表》，《宋代徽州科举研究》表4，浙江大学硕士学位论文，2007年，第8页。

② 歙县地方志编纂委员会编纂：《歙县志》，合肥：黄山书社，2010年，第854—856页。

③ (宋)罗似臣：《徽州新城记》，见(明)彭泽修、汪舜民纂：《徽州府志》卷十二，《天一阁藏明代方志选刊》第21册，上海：上海书店，1982年。

④ (宋)李以申：《新安续志总序》，见(明)彭泽修、汪舜民纂：《徽州府志》卷十一，《天一阁藏明代方志选刊》第21册，上海：上海书店，1982年。

我们从这些评论中，可以看到南宋以后，特别是迁都临安以后，徽州较之之前“新安君莫问，此路水云深”①，“地狭瘠而俗质素，语地望者不以为优”②，一跃而为“隶畿辅而望东南”，“斯民邹鲁更丰年，雅道凄凉见此贤”③。

这种影响及于元代，有人就认为徽州“讴歌弦诵之声，代不绝响”④。生活在元末明初的徽州学者赵汸在《商山书院学田记》中也说：

> 新安自南迁后，人物之多，文学之盛，称于天下。……故四方谓“东南邹鲁”，其成德达才之出为当世用者，代有人焉。⑤

综上所述，徽州在南宋迁都临安之后，因为与临安之间的一条新安江水路而紧密相连。两宋之时，首都在从开封到临安的转换过程中，徽州实现了从中国边缘地区向中心地区的跨越。这个跨越是一种战略地位的跃迁，此一过程中，徽州受到临安在政治、经济和文化等各方面的辐射。

此后，徽州与“江南地区”这一长江流域基本经济区的核心地区，充分而紧密地联系在一起，又因为其特殊的区位和水路条件，成为沟通江南地区与江西、湖广地区的重要中介区域。

---

① （唐）刘长卿：《赴新安别梁侍郎》，见（清）彭定求、杨中讷等编纂：《全唐诗（增订本）》，北京：中华书局，1999 年，第 1487 页。

② （宋）李以申：《新安续志总序》，见（明）彭泽修、汪舜民纂：《徽州府志》卷十一，《天一阁藏明代方志选刊》第 21 册，上海：上海书店，1982 年。

③ （宋）范成大：《次韵知郡安抚九日南楼宴集三首》，《石湖诗集》，《景印文渊阁四库全书》第 1159 册，上海：上海古籍出版社，1987 年，第 636 页。

④ （元）江逊：《徽风序》，见（明）彭泽修、汪舜民纂：《徽州府志》卷十一，《天一阁藏明代方志选刊》第 21 册，上海：上海书店，1982 年。

⑤ （元）赵汸：《商山书院学田记》，《东山存稿》，见《景印文渊阁四库全书》第 1221 册，上海：上海古籍出版社，1987 年，第 287 页。

第二节 行者倍利:商人与徽州的水路航运

欲求生存,无论经商还是做官,徽州人必须走出去,动起来。对于徽州人来说,除做官比较难得之外,相对于株守故乡之山岭田土,顺水而行,贸易天下更容易获得较多的财富。比如方弘静,歙县岩镇(今徽州区岩寺镇)人,主要生活在明代嘉、万年间,累官至南京户部右侍郎。他在一篇文章中就有类似的看法:

> 吾郡山川环抱,甲于宇内。顾以三百六十滩,有天上之谣。势若建瓴,奔流过驶,故行者倍利,而居者屡空。[①]

他认为相对于"居者"而言,"行者"获利更大。这里的"居者"更多地指向居乡的小隐,特别是农业耕作之人,而"行者"则是多指向通过水路走出徽州的中隐,也就是徽商。

众所周知,徽商赫赫有名,在中国传统社会后期成为商业集团的代表,综合实力强劲,昌盛兴隆几百年,于国内而言,唯晋商可与之颉颃。大江南北徽商遍布,尤以水路沿线为甚,特别是长江和新安江及其支流、京杭大运河沿线城市,人称"钻天洞庭遍地徽"[②],有"无徽不成镇"[③]之说。

一直以来,徽州商人"借怀轻赀遍游都会,因地有无以通贸易,视时丰歉以计屈伸。诡而海岛,罕而沙漠,足迹几半禹内"[④],于大江南北、边塞海外,

① (明)方弘静:《里语》,见(清)佘华瑞纂,吴之兴校点:《岩镇志草》,2004年,第197页。

② 《今古奇闻》,见张海鹏、王廷元主编:《明清徽商资料选编》,合肥:黄山书社,1985年,第214页。

③ 许承尧等纂,楼文钊、石国柱等修:《歙县志》,《中国地方志集成·安徽府县志辑》51,南京:江苏古籍出版社,1998年,第39页。

④ 万历《休宁县志·舆地志·风俗》,见张海鹏、王廷元主编:《明清徽商资料选编》,合肥:黄山书社,1985年,第25页。

声名远播，这是有其原因的。

图　丰乐河畔的徽州岩寺文峰塔

图片来源：2014 年 10 月笔者拍摄于安徽省黄山市徽州区岩寺镇。

徽州地区的客观环境就是群峰环绕，山多地少，土地相对贫瘠。明人就曾说道："新都故为瘠土，岩谷数倍土田，无陂池泽薮之饶，惟水庸为搰搰，即力田终岁，赢得几何？"[①]而徽州一直以来的生活困境是人口逐渐增多，本地粮食不敷食用，地少人多。康熙《休宁县志》记载："徽州介万山之中，地狭人

① (明)汪道昆：《新都太守济南高公奏最序》，胡益民、余国庆点校：《太函集》，合肥：黄山书社，2004 年，第 146 页。

稠，耕获三不赡一。”[①]徽州面临的问题一如既往，徽州人解决的办法也一如既往，即通过贸易和经商来解决生计问题，包括粮食不足的问题。

早在唐宪宗元和三年(808)，宣歙观察使卢坦就说过：“宣歙土狭谷少，所仰四方之来者。”[②]《新安志》记载：“祁门水入于鄱，民以茗、漆、纸、木行江西，仰其米自给。”[③]明中叶时，汪道昆谈及“新安少田赋，以贾代耕”[④]，明末清初的思想家顾炎武认为：“徽人多商贾，盖其势然也。”[⑤]歙县学者许承尧在摘抄的《〈知新录〉记徽俗二则》中也有“盖新安居万山之中，土少人稠，非经营四方，绝无治生之策矣”的记载。[⑥]

可见，自唐至民国，徽州人在大部分时期内，都面临着生计问题，特别是粮食问题，为了解决这一问题，徽州人开始大规模地走出家乡，求取生机。

徽州人同大多数中国人一样，也是安土重迁，不愿轻离家乡的。南宋《新安志》中就记载当时徽州风俗：“力作重迁，犹愈于他郡。”[⑦]不过徽州因为地狭人稠，生齿日繁，粮食不足，生活困窘，欲行科举又难售，徽商几遍天下成为一种迫不得已的结果。有记载徽州人“每喜远商异地，岂果轻弃其乡哉！亦以山多田寡，耕种为难，而苦志读书者又不可多得”[⑧]，说的正是这个道理。

---

① (清)廖腾煃修，汪晋征等纂：《休宁县志》，《中国方志丛书·华中地方·第90号》，台北：成文出版社有限公司，1970年，第1083页。

② (宋)罗愿撰，萧建新、杨国宜校著：《〈新安志〉整理与研究》，合肥：黄山书社，2008年，第319页。

③ 同②，第17页。

④ (明)汪道昆：《先大父状》，见张海鹏、王廷元主编：《明清徽商资料选编》，合肥：黄山书社，1985年，第266页。

⑤ (清)顾炎武：《天下郡国利病书》，华东师范大学古籍研究所整理：《顾炎武全集》，上海：上海古籍出版社，2011年，第1024页。

⑥ 《〈知新录〉记徽俗二则》，见许承尧纂，李明回、彭超、张爱琴校点：《歙事闲谭》，合肥：黄山书社，2001年，第930页。

⑦ (宋)罗愿撰，萧建新、杨国宜校著：《〈新安志〉整理与研究》，合肥：黄山书社，2008年，第16页。

⑧ 婺源《墩煌洪氏统宗谱》，见张海鹏、王廷元主编：《明清徽商资料选编》，合肥：黄山书社，1985年，第53页。

面临这样的困境，徽州人不得已而大量走出家乡，外出经商。我们都知道，徽州地区林木等物产量众多，本地粮食却不足于用，比如黟县为山邑："米谷一宗，每年所收，仅供数月之粮。……虽遇丰年，犹虞欠收"①。物产结构这般失衡，令徽州具有强烈的对外商品交易的冲动和需要，不过因为徽州诸条水道包括新安江水路在运输上相对于陆路有天然的通达快捷之便，这使得徽州人出外经商，经过时间的推移，从"不得已而为之"变成了"自然而然"。有一首流行于黟县的民谣是这样说的：

丈夫志四方，不辞万里游。
新安多游子，尽是逐蝇头。
风气渐成习，持筹遍九州。②

徽州人迫于生计，不辞万里，长为客他乡，逐利于九州，渐渐地经商风气兴起，如粮食贸易而言，就像歙县，"新安米谷，向藉外来"③，黟县则是"乞籴邻封，成为惯例"④。

徽州人经商的重要目的之一正是获取粮食，以赡民用。徽州人获取粮食，主要就是通过水路航运，就像徽州一首竹枝词描写的一样："由来山郡不禁荒，舟挽人挑恃客粮。"⑤明末歙县县令傅岩也说过："商旅俱求楫。"⑥

航运是一种重要的水利，对于徽州而言，航运水利相对于农业水利，更为重要一些。徽州的商业发达，商品贸易兴盛，货物和人员流动频繁。在古代，舟楫之便利远胜于车马，特别是在粮食和木材等商品的运输过程中，水

① 《黟县乡土地理·物产》，见张海鹏、王廷元主编：《明清徽商资料选编》，合肥：黄山书社，1985年，第11页。

② 方静：《丈夫志四方》，《徽州民谣》，合肥：合肥工业大学出版社，2007年，第98页。

③ （明）傅岩：《通商贩平籴粜》，《歙纪》，合肥：黄山书社，2007年，第91页。

④ 《黟县乡土地理·物产》，见张海鹏、王廷元主编：《明清徽商资料选编》，合肥：黄山书社，1985年，第11页。

⑤ （清）吴梅颠撰，胡益民点校：《徽城竹枝词》，见安徽大学徽学研究中心编：《徽学》，合肥：安徽大学出版社，2000年，第378页。

⑥ （明）傅岩：《舟行至街口》，《歙纪》，合肥：黄山书社，2007年，第27页。

路运输因为借助于水的浮力以及风帆的助力，相对于陆路运输其载重量更大，运输成本也更低一些。道光《徽州府志》上就说徽州：“一郡日用之需，皆取给于外，而米粮一项，本地即年登大有，亦仅三月之储，尤恃外来接济，一线溪河，实百万生灵所系”①。

当时徽州获取粮食的途径主要是通过以下几条通道：一条是西边的徽饶水道。该水道分南北两线，其中南线是“婺江—乐安河”水路，北线是“阊江—昌江河”水路，两条水路于鄱阳汇合而为饶河，西北方向流程不远，即注入鄱阳湖。

江西、湖广等地区的粮食通过长江、赣江等河流进入鄱阳湖，再自鄱阳湖，沿饶河至鄱阳，从鄱阳或者逆乐安河，经鄱阳、乐平和德兴进入婺源，或者逆昌江河而上，经过鄱阳、乐平和浮梁，进入祁门。

相对于从婺源到休宁需要翻越高耸的五龙山脉，自祁门到达黟县需要翻越的榔木岭海拔高度就没有那么高。康熙《徽州府志》记载徽州：

> 即丰年亦仰食江、楚，十居六七，勿论岁饥也。天下之民，寄命于农，徽民寄命于商。而商之通于徽者，取道有二：……一从浙省杭、严，皆壤地相邻，溪流一线，小舟如叶，鱼贯尾衔，昼夜不息。②

笔者自休宁到祁门，曾经步行走过榔木岭。清人顾祖禹《读史方舆纪要》上有记载：

> 榔木岭，在县（祁门）东北五十里。《志》云：岭下水分东西，东入钱唐（塘）江，西入彭蠡湖，皆有滩三百六十，岭虽平坦，而据地独

---

① （清）方椿《楚颂山房杂著》，见（清）马步蟾纂修：《徽州府志》，《中国地方志集成·安徽府县志辑》48，南京：江苏古籍出版社，1998年，第322页。

② 《汪伟等奏疏》，见（清）丁廷楗修，赵吉士纂：《徽州府志》，《中国地方志丛书·华中地方·第237号》，台北：成文出版社有限公司，1975年，第1218页。

高也。①

因为有一个明显的上坡地形，笔者曾询问当地人是否曾被淹到过，榔木岭的一位老人就说这里“比南京高一万丈”，很生动的说法，让人印象深刻，但实际上榔木岭的绝对海拔并没有那么高，相对于休宁南边与婺源接壤的五龙山脉之高绝，也不可同日而语。

图　榔木岭（楠木岭、楠岭）②望祁门方向

图片来源：2012年暑假笔者拍摄于祁门。

① （清）顾祖禹撰，贺次君、施和金点校：《读史方舆纪要》，北京：中华书局，2005年，第1379页。

② 祁门县博物馆有一张民国手绘版《祁门县图》，该图内仍标示有“榔木岭”，通过与新地图的对比，可知“榔木岭”今已改名为“楠岭”或“楠木岭”，仍为休宁、黟县至祁门的必经之路，有S326省道通过，另附近有铁路涵洞“楠木岭明洞”。榔木岭相对海拔并不太高，皖赣铁路穿通而过。参历口许村许畅达手绘：《祁门县图》，年代：民国，编号：Q－2201，祁门县博物馆藏。

不过，正因为这个新安江与长江流域的小分水岭，也就是榔木岭地势相对平缓，其相对海拔不是太高，所以，徽州这个西线水路，从江西运来的粮食，不仅可以供给婺源和祁门，还可以从祁门翻越榔木岭，供应黟县。

这条粮食运输路线与前文第二章第一节提到的宋代江西湖口鱼苗经祁门到黟县渔亭的路线是一致的。顾祖禹也说：

> 鱼亭山，县南三十五里。高二百五十仞，周三十里，鱼亭水出焉。《志》云：山即祁门县榔木岭之支也。自榔木岭而东十里至鱼亭，又东五十里即至休宁县。旧时江西鱼船至祁门，以次泊山之东。①

嘉庆年间黟县孙学治有一首《竹枝词》对黟县仰食于江西的情形说得很清楚明白：

> 山田力薄半无泥，养得爹娘子又啼。
> 此地年丰休变喜，须将水旱问江西。②

可以看出，即便丰年，黟县本地产的粮食也不足够食用，还需要看看江西那边的情况。即使粮食并非江西本地出产，比如《黟县志》上说：

> 郑嘉莲，字濂若，上轴人，监生，好义，有推解风。尝于桐城金山墩卖米，自江西运之。③

但既然自其境内水路运进，就要充分了解当地的情况，比如江西地方当年的气候如何，丰收与否，降雨量多少，水路是否通畅，以及是否因为灾荒而出现

① (清)顾祖禹撰，贺次君、施和金点校：《读史方舆纪要》，北京：中华书局，2005年，第1381页。

② (清)吴甸华修，程汝翼、俞正燮纂：《黟县志》，《中国地方志集成·安徽府县志辑》56，南京：江苏古籍出版社，1998年，第557页。

③ 同②，第229页。

遏籴的现象等。

黟县欲将“水旱问江西”，想从江西获取粮食的话，其所行路线，自然需要经过渔亭、榔木岭、祁门直至江西，即徽饶水道的北线水路。

还有一条是徽杭水道。不同于黟县所缺的粮食多数能自江西获得，与婺源一山之隔的休宁则与歙县和绩溪一起，主要依靠新安江水路，从浙江获取粮食的补充。有一条史料是这样说的：“浙省衢、严之米，多为江南徽州贩运。”[①]清代乾隆十九年（1754），时任安徽巡抚的卫哲治向皇帝奏报称：

> 徽州府属，山多田少，所出米谷，即丰年亦仅供数月民食，全赖江西、浙江等处贩运接济，而溪河逆险，艰于挽运。六邑中，产粮少而距江、浙远者，又惟歙县为甚。[②]

新安江是外来粮食输入徽州的两条重要通道之一，在徽州的一府六县中，婺源、祁门和黟县三地向赖江西之米，而歙县、休宁和绩溪三县的外来粮食主要经由浙江，逆新安江水路从苏州运来的，而苏州以及南京、芜湖等地的粮食，主要自长江中游的江西、湖广而来，湖广之粮食，一部分又源出四川，我们从中就可以看出有这么一个与徽州地区利益攸关，相互之间又紧密联系的粮食市场网络的存在。

除了徽饶水道和徽杭水道等水路运输之外，粮食进入徽州的途径还有陆路运输。无论是畜力驮运还是人力背负肩挑，或者是现代机械在徽州出现之前的车运，陆路运输因为山势高昂，峡谷幽深等地形的原因，相对于水路运输而言，其载重量虽不多，运输成本却不少，陆路运输只是作为水路运输的一个重要补充。顾炎武说徽州地区“小民多执技艺，或贩负就食他郡

---

① 乾隆九年(1744)四月丁丑条，见《清高宗实录》，北京：中华书局，2008 年，第 10954 页。

② 乾隆十九年(1754)三月己卯条，见《清高宗实录》，北京：中华书局，2008 年，第 14378 页。

者，常十九。转他郡粟给老幼，自桐江，自饶河，自宣、池者，舰相接肩相摩也"[①]。可见自桐江、饶河和宣、池而来，既有"舰相接"，即通过徽饶、徽杭、徽宣、徽池水道舟船运输，又有"肩相摩"，即通过各自方向的陆路通道将粮食输入徽州。

严格地说，徽州的粮食输入方式是多种多样的，来源地也多种多样，并不局限于一种。比如明末崇祯年间担任歙县县令的傅岩认为该县"青黄不接，加以天久不雨，尔民岂不彷徨？第今时寿昌、淳安、兰溪、油榨沟等处，新米渐出，又闻江西有米至祁门，亦有米至芜湖。祁门米可以肩挑骡运，芜湖米可以舟载车运"[②]。这条史料就提及了至少三种的粮食来源地和输入方式，包括徽杭水道自寿昌、淳安、兰溪等而来，徽饶水道经祁门跨过榔木岭，徽宣水道自芜湖而来。

同时像休宁，地处黟县渔亭之下游，这样的话，从江西经祁门运到渔亭的粮食，在供应黟县的同时，也能同时补充休宁粮食的不足。比如康熙《休宁县志》上就说，休宁"粒米是急，日仰给东西二江，一遇公禁私遏，旬日之艘未至，举皇皇枵腹以待"。[③] 这里记录休宁是从东西二江获取米粮，对应的就是休宁是分别从浙江和江西以获取粮食。《歙事闲谈》中有一段《明季县中运米情形》的材料如此说：

> 《止庵集》中，有《厘弊疏商稿序》略云：余郡处万山中，所出粮不足一月，十九需外给，远自江、广数千里，近自苏、松、常、镇数百里而至，纳钞输牙，舟负费重，与所挟赀准。以故江南米价，徽独高。

---

① （清）顾炎武撰：《天下郡国利病书》，华东师范大学古籍研究所整理：《顾炎武全集》，上海：上海古籍出版社，2011 年，第 1024 页。

② （明）傅岩：《设法粜卖以安民心》，《歙纪》，合肥：黄山书社，2007 年，第 94 页。

③ （清）廖腾煃修，汪晋征等纂：《休宁县志》，《中国方志丛书·华中地方·第 90 号》，台北：成文出版社有限公司，1970 年，第 239—240 页。

这里就说明了徽州所需粮食来源地的多种多样，不过该文也强调："然自数境来者，杭、严两府，实司咽喉。"[①]杭州和严州两府都在徽州东南方向的新安江下游，这点出了徽州通过新安江水路输入粮食至关紧要。

实际上，在买卖和运输粮食的过程中，徽州独特的区位和水路条件也促进了徽商商业水路的形成。比如从"苏常熟，天下足"向"湖广熟，天下足"的古代中国粮食专业化生产区域转移的过程中，苏、常在徽州东部，湖、广在徽州西部，从东往西，跳过了徽州，而徽州素以商业发达著称，徽州自身的粮食需求迫使徽州商人通过长江水路和新安江水路满足自身要求的同时，自然而然地参与了江南地区与湖广地区的粮食贸易当中，比如，"万历己丑，新安商人自楚贩米至吴"[②]就证明了这一点。有研究也表明：

> 明初以来，徽州是缺粮地区，而明朝中期以后，江西、湖广却盛产粮食，享有"湖广熟，天下足"的美称，徽州的粮食靠江西、湖广供给。在这之前徽商就已经参与了江西、湖广的粮食运输。随着粮食需要量的增加，徽商又积极参与江浙地区的运粮业，并主导了长江的粮食流通业。[③]

不止粮食的商业流通，还包括徽商经营的其它种类，包括盐、茶、典、木、棉布及其它日用百货等。这种种行业的共同促进，才最终使得徽州人"于是走吴、越、楚、蜀、闽、粤、燕、齐之郊，甚则逖而边陲，险而海岛，足迹几遍禹内"[④]。由此，一个包括内河水路、陆路和海洋水路的徽州商路最终形成。其

---

① 《明季县中运米情形》，见许承尧纂，李明回、彭超、张爱琴校点：《歙事闲谭》，合肥：黄山书社，2001年，第181页。

② 《坚瓠五集》卷一《火焚米商》，见张海鹏、王廷元主编：《明清徽商资料选编》，合肥：黄山书社，1985年，第195页。

③ 曹永宪：《明代徽州盐商的移居与商籍》，《中国社会经济史研究》，2002年第1期，第33页。

④ （清）廖腾煃修，汪晋征等纂：《休宁县志》，《中国方志丛书·华中地方·第90号》，台北：成文出版社有限公司，1970年，第239页。

中，尤以新安江水路为代表的内河航路对于徽州的作用和意义最为重大。

粮食的流通主要通过水路逆流运进徽州，而林木和茶叶等本地商品主要通过水路顺流从徽州向外输出。对于林木运输，南宋《新安志》时就有祁门“木行江西”、休宁“山出美材，岁联为桴下淛河”的记录。[①]

可见，徽州通过阊江和新安江水路进行木材运输的历史非常久远，而就婺源商人而言，尤以木商著名，有记载说：“（倪）望铨公，字锦河，……年十六则往来贩木于鄱湖阊水间，以信任见重于同侪，所得滋丰。”[②]从“往来贩木于鄱湖阊水间”这句话可以看出，阊江水道也是一条木材外运通道，而“同侪”一词，则说明经营木业的是一个群体，也就是婺源木商群体。

至清代前期，休宁人赵吉士在《寄园寄所寄》中说：“徽处万山中，每年木商于冬时砍倒，候至五六月梅水泛涨，出浙江者由严州，出江南者由绩溪，顺流而下，为力甚易。”[③]这里又提到了徽州通过徽杭水道和徽宣水道进行木材水路运输，并记录了徽州木材运输的一种特殊形式：排运。

《徽州地区交通志》上记载徽州每年的“秋冬季节，林区砍伐的木材（原木），由人工肩扛或顺小河流放至河面较宽处，然后在每根木材的根部打孔，穿入小木棍，串扎成排，待雨季水位上升时，将单张木排连成长排，顺水流放。长排一般长 80 米，由排工 1—2 人撑篙航行。至深水航道，将长排编组成长 100 米，宽 5 米左右的大排，排头、排尾撑篙航行，排工食宿均在排上。每年雨季，新安江、阊江、青弋江河道上，木排云积，运输繁忙”。[④] 这段关于徽州木排通过河流运输的描述就比较详细，足可与赵吉士的说法相互印证。

---

① （宋）罗愿撰，萧建新、杨国宜校著：《〈新安志〉整理与研究》，合肥：黄山书社，2008 年，第 17 页。

② 《祁门倪氏族谱》卷续《望铨公启垣公两世合传》，见张海鹏、王廷元主编：《明清徽商资料选编》，合肥：黄山书社，1985 年，第 187 页。

③ （清）赵吉士辑撰，周晓光、刘道胜点校：《寄园寄所寄》，合肥：黄山书社，2008 年，第 877 页。

④ 徽州地区交通志编纂委员会编：《徽州地区交通志》，合肥：黄山书社，1996 年，第 180 页。

图　婺源木材水路运输

图片来源:2012年初春笔者翻拍于婺源博物馆。

徽州木商走出家乡最初目的之一是为了换取必要的粮食,如生活于明代前中期的徽人程实,“少客江湖间,尝以木易粟至姑苏贷人”①。这些徽商一般是在徽州本地进行木材的砍伐,并通过新安江和饶河水路编排、运输和出卖。不过随着徽州商帮的形成,外部视野的开阔,徽州木商渐渐走出徽州并在外地复制这一流程,其经商的水路范围大大拓展,因水而来的利益也愈来愈多。比如,徽州木商的经营活动范围,从宋至清不断延伸和扩大,从徽州本土一府六县,到宁国府太平,再到浙江衢州、处州。

“清初徽州木商胡某‘常在衢、处等府采判木植,商贩浙东、南直地方,因

① 《百岁程君实墓表》,见(明)程敏政:《新安文献志》,合肥:黄山书社,2004年,第2237页。

此常处开化'"[①]，渐渐及于江西、福建、湖南、贵州、四川，"权木值于闽越楚蜀数千里外"[②]。

又有人"佣于木商，跋涉江湖，远及苗洞"[③]，甚至有"行贾于四川，至建昌雅州宣慰司董仆家。土司所属，深谷峻岭多巨木，伐之以为利，役夫尝数百人"[④]。

通过以上这些史料我们可以看出，仅仅徽州商人中的木商，只是为了获取木材，已经是"跋涉江湖"，从中国的东南到西南，在在皆有，那么对徽商而言，真可谓利之所在，钻天洞地，无所不及。

这些徽州木商进入的地区虽然不一样，但有一个共同点就是这些林木砍伐之后，一般通过河流或者海洋水路运往消费市场。长江中上游的四川、贵州、湖南、江西等地的林木一般经由长江及其支流，运输到木材的主要集散地长江下游地区，特别是江南地区，而徽州和浙西金、衢、严等地的木材则经由钱塘江抵达杭州，福建的木材也多由海路运往江南地区。木材在江南地区的几个城市如杭州、苏州、南京等地经过集散和中转，自长江上游而下的一部分木材，就从大运河北上进入扬州、泰州、淮泗等地，[⑤]及至北京。[⑥]

茶叶是徽州除木材外对外输出的另一大宗代表性商品。徽州茶叶向外运输也基本依靠水路，简要的分类主要有以下三条水路：南向水路、北向水

---

① 《醉醒石》，见张海鹏，王廷元主编：《徽商研究》，北京：人民出版社，2010 年，第 252 页。

② 婺源《敦煌洪氏通宗谱》卷五十八《清华雪斋公传》，见张海鹏、王廷元主编：《明清徽商资料选编》，合肥：黄山书社，1985 年，第 184 页。

③ 《婺源县采辑·义行》，见张海鹏、王廷元主编：《明清徽商资料选编》，合肥：黄山书社，1985 年，第 186 页。

④ 《戴南山先生全集》卷八《程之藩传》，见张海鹏、王廷元主编：《明清徽商资料选编》，合肥：黄山书社，1985 年，第 186 页。

⑤ 张海鹏、王廷元主编：《徽商研究》，北京：人民出版社，2010 年，第 249－260 页。

⑥ 《冬官记事》记录有明万历年间(1573－1620)"两宫初兴，钻刺请托，蚁聚蜂屯，公(贺凤山，时为工部侍郎)一概峻绝。……惟有徽州木商王天俊干人，广挟金钱，依托势要，钻求札付。买木十六万根"之事，见张海鹏、王廷元主编：《明清徽商资料选编》，合肥：黄山书社，1985 年，第 397 页。

路和东向水路。

南向水路比较特别，还是由徽饶水道到达江西，所谓“婺水汇来通赣水”[①]是也。不过不同于木材运输的是，茶叶的南向水路，就赣江而言，是从鄱阳湖开始的，主要沿着赣江逆流南行，越过大庾岭后，运到广州。

历史上广州一直是中外贸易的重要口岸，甚至是某些时期唯一的对外口岸。明代时，在一些沿海城市设置市舶司，其工作职能是“掌海外诸蕃朝贡市易之事，辨其使人表文勘合之真伪，禁通番，征私货，平交易，闲其出入而慎馆穀之”[②]。有明一代，市舶司存废不定，不过广州市舶司相对延续时间最长，影响也最大。《明史》记载：

> 吴元年置市舶提举司。洪武三年罢太仓、黄渡市舶司。七年罢福建之泉州、浙江之明州、广东之广州三市舶司。永乐元年复置，设官如洪武初制，寻命内臣提督之。嘉靖元年，给事中夏言奏倭祸起于市舶，遂革福建、浙江二市舶司，惟存广东市舶司。[③]

此后，一直到道光年间五口通商之时，除少数时期之外，广州大部分时间是中国唯一合法的对外贸易口岸。随着欧洲人对于茶叶的接受程度越来越高，茶叶也逐渐成为中国向外部世界出口的重要商品。

徽州茶叶受限于政府政策，多数情况下只能经由地处内陆的水运航道，也就是经由赣江的南向水路将茶叶运到广州。

从徽州到广州的茶运水路，具体路线我们可以参考明代休宁人黄汴所著《一统路程图记》中的《祁门县至湖口县水路》和《湖口县由江西城至广东水路》两条路线。

一般而言，徽州及其附近部分地区的茶叶，在屯溪集聚，西运至祁门，再

① (清)詹鸣铎著，王振忠、朱红整理校注：《我之小史》，合肥：安徽教育出版社，2008年，第310页。

② (清)张廷玉等撰：《明史》，北京：中华书局，1974年，第1848页。

③ 同②。

自祁门南运到广州。祁门至广州路线，如文献所言，包括祁门到湖口：首先是从祁门县出发，经倒湖、浮梁县、景德镇、狮子山、饶州府、竹鸡林、八字脑、洪家阅、团砖、棠阴、打石湾、周溪、钓台、柴鹏、饶河口、都昌县、南康府、青山，然后到达湖口县。[1]

其次，从湖口到广州，则是先入鄱阳湖，经南康府、南昌府、丰城县、临江府、新淦县、峡江县、吉水县、吉安府、泰和县、万安县、赣州府、南康县、南安府大庾县，过大庾岭，又走南雄府保昌县、始兴县、仁化县、韶州府曲江县、英德县、清远县，然后到达广州府。[2]

当然，需要指出的是，从徽州祁门到广州，不必经过鄱阳湖北上至都昌、湖口的一段水路，可以从饶河口直接到南昌。这里有一个实例能够验证这条水运路线的真实性：

> 江有科(1792—1854)，乳名应科，字静溪、致远，芳坑人。清道光初年，将茶叶运至对外贸易口岸广州，俗称“漂广东”。10余年后，在歙南漳潭赁屋开设江祥泰茶号，向附近茶庄收购毛茶或支付佣金在茶庄坐地收购。又在江氏宗祠及家中，开办茶叶作坊。道光二十五年(1845)，通过本庄、春庄、遂安庄、鸡萝庄、街口庄、诸暨庄、绵庄、街源庄收购毛茶肩半秤(24两制)17523.4斤，折合户部市秤(16两制)26285.1斤。
>
> 二十六年(1846)，长子江文缵(1821—1862)押运箱茶30814斤赴粤。在休宁县屯溪(今属屯溪区)查验完税后，雇船运至黟县渔亭，起岸挑至祁门县后，雇驳船或竹筏运至江西饶州，再雇三板七仓船2只、六仓船1只运至赣州完税，雇安驳船6只运抵南安后，起岸翻越大庾岭至南雄，雇船运至广东韶关，在大顺报房交纳饷

---

① (明)黄汴:《一统路程图记》，见杨正泰:《明代驿站考(增订本)》，上海：上海古籍出版社，2006年，第270—271页。

② 同①。

银、挂号红票等费后，再雇老龙船运至广州，全程耗时近两个月。在芳坑建静远堂，在广州建别墅。太平天国战争爆发后，徽州茶商运粤路线中断。咸丰四年(1854)五月返里，半年后病逝。今存《江祥泰进广誊清账册》。[①]

从中我们可以看出，整个水运航路就是徽州茶商将茶叶自屯溪逆横江而上，到达渔亭，然后自渔亭雇人挑过祁门与黟县的榔木岭，然后沿阊江而下，至江西转而逆赣江水流南进广东的路程。它没有经由婺源线路到鄱阳湖，其原因前文也说过，是翻越五龙山脉太过艰难，而榔木岭一段只是短短的路程，地势也相对平坦一些。另外，对于木材运输，一般是顺水而下，很难逆流而上或者由陆路运输，这是由于其体积和质量相对于其它商品而言既大而又笨重而造成的。

徽州这条南向的茶叶水运路线的特点在于，它虽然有崇山峻岭的路段，但是，其主要的路段仍然是水路。尽管它有一段相当长的水程，即从赣北到赣南都是沿着赣江逆流而上，不过，从历史上徽州茶商络绎不绝来往于赣江之上的身影来看，就一些水路而言，逆流水路航运相对于陆路运输来说仍具有比较大的成本优势。

茶叶的北向水路和东向水路与前面提到的木材运输的水路有重叠的地方。就北向商路而言，从徽州到北京，首先是通过徽宣水道，从东北方向沿青弋江水系等进入长江，再沿漕路北上，具体路线我们可以参考《南京由漕河至北京各闸》水路，即从南京龙江关(即下关)启程，经龙潭、仪真县、扬州府、高邮州、宝应县、淮安府、清江浦、清河县、桃源县、宿迁县、邳州、徐州洪、沛县、萧县闸、济宁州、东昌府、临清州、武城县、故城县、德州、东光县、沧州、兴济县、青县、静海县、杨柳青、漷县、张家湾和通州，最终到达北京。[②]

---

① 歙县地方志编纂委员会编纂:《歙县志》，合肥:黄山书社，2010年，第1269页。

② (明)黄汴:《一统路程图记》，见杨正泰:《明代驿站考(增订本)》，上海:上海古籍出版社，2006年，第244—245页。

最后是东向水路，即新安江水路。从徽州到杭州的新安江水路，有一首《水程捷要歌》，对其行经路线给出了这样的描述：

一自渔梁坝，百里至街口。
八十淳安县，茶园六十有。
九十严州府，钓台桐庐守。
桐梓关富阳，三浙垅江口。
徽郡至杭州，水程六百走。[①]

相对而言，这个水程歌过于简要，只是一个对于路程的大略陈述，在《士商类要》中，还有更为详细的水程记录，即《徽州府由严州至杭州水路程》，这相当于是对《水程捷要歌》记录内容的扩展。

该线路首先是自徽州府城出发，从渔梁坝下搭船，经浦口、梅口、狼源口、瀹潭、薛坑口、庄潭、绵潭、蓬寨、九里潭、深渡、白石岭、境口、大川口、小沟、山茶坪、结坞头、横石、牵甽滩、米滩、八郎庙、街口、王家潭、滚滩、常潭、和尚领、威坪、竹节矶、云头潭、锡行渡、老人窗、慈滩、桐梓源口、仰村冈、向山潭、小金山、上石渡、羊须滩，到达淳安县。

再从东溪源口、赖爵滩、遂安港口、塔行、藻河、罗山墩、瓦窑埠、茶园、百步街、小溪岩、猢狲淇、童埠、试金滩、仓后滩、白沙埠、杨溪、下衙、马没滩、宗潭、倒潭插，到达严州府（建德县）。

然后由东馆（西南进横港，100里至兰溪县），经乌石滩、胥口、张村、冷水铺、钓台、鸬鹚源、黄山察、六港滩、鹅湾、桐庐县、柏浦、柴埠、窄溪、新城港口、黄山寺、桐梓关、新店湾、程坟、汤家埠、鹿山头、富阳县、大岭头、赤松铺、庙山铺、大安浦、渡船埠、鱼浦口、王家斗、毛家堰、半边山、范村、进垅浦、杭

① (明)程春宇:《士商类要》，见杨正泰:《明代驿站考(增订本)》，上海:上海古籍出版社，2006年，第312页。

州江头，最终到达杭州府。[1]

相对于《水程捷要歌》中经过的地点近于百里一标注，《徽州府由严州至杭州水路程》对于沿途上的各个地方几乎是十里一记叙，这样“巨细靡遗”的线路记录对于徽州商人的出行起到了很好的参考作用。

以上路线即是从徽州府城经由歙县境内“四水归堂”而形成的练江顺流而下，直到杭州的水程记录。在《一统路程图记》中还有一条从休宁县至杭州府的水路记录。首先是从休宁县城始，经万安街、梅林、到达屯溪，在此黟水（即横江）与浙源（即率水）汇聚为渐江，然后过吊桶滩、牛坑、溪东、溪南、草市、黄墩、烟村、岑山渡，到达浦口，在这里练江汇入，此后开始称为新安江。剩余的水程虽然与《徽州府由严州至杭州水路程》在记录的内容上有所不同，但实际路程几乎一样。

浦口过后，再经梅口、上昧滩、下昧滩、箬潭、薛坑口、绵潭、深渡、长滩、大沟、小沟、三栈坪、横石滩、牵删滩、汝滩（俗呼米滩）、街口、竹节滩、上锡滩、下锡滩，上、下慈滩，向山潭，到达淳安县。

再往下经遂安县河口、茶园、小溪岩、试金滩、上杨溪、下杨溪，到达严州府（南往兰溪县、衢州府），然后再由乌石滩、七里濑、钓鱼台、六滚滩、桐庐县、柴埠、程坟、富阳县、浮山案、六和塔，到达钱塘江，以至杭州。[2]

可以看出，无论从歙县还是休宁县出发，都是沿着新安江向下，其航运路线是大同小异、殊途同归的。

长期以来，徽州主要依靠着这几条水路与外界进行沟通，其中以新安江水路最为重要。实际上除了这些内河水路之外，随着清朝逐渐开放海运，特别是清代道光年间五口通商之后，在西方列强的持续叩关之下，中国沿海开埠口岸日趋增多，徽州茶叶经由新安江到杭州，再转运上海，然后通过海运

① （明）程春宇：《士商类要》，见杨正泰：《明代驿站考（增订本）》，上海：上海古籍出版社，2006年，第312页。

② （明）黄汴：《一统路程图记》，见杨正泰：《明代驿站考（增订本）》，上海：上海古籍出版社，2006年，第278页。

北上或者南下的情况慢慢地越来越多，由此新安江水路的重要性愈发凸显，经由新安江水路到达杭州，然后自上海转运海上航运线路，实际上部分替代了传统茶叶运输中的北向运河水路以及南向赣江水路。

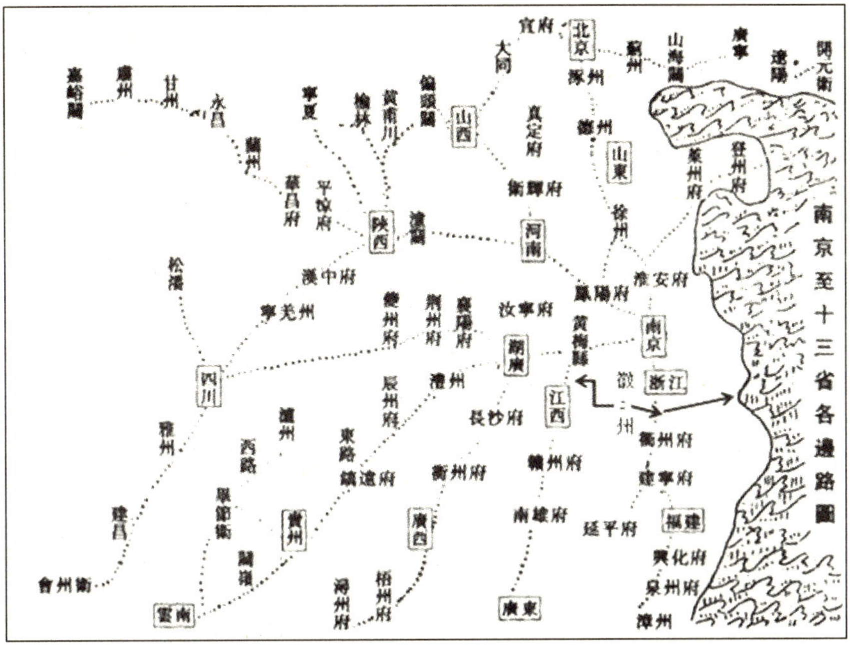

图　徽州“东向水路”和“西向水路”示意图

图片来源：(明)黄汴：《一统路程图记》，见杨正泰：《明代驿站考(增订本)》，上海：上海古籍出版社，2006年，第205页。按：图中“徽州”和箭头是笔者标注，箭头表示“东向”和“西向”两条水路。

仍以新安江为例，就人力流动而言，古代舟楫之便利远胜于车马。相对于山路的蜿蜒崎岖，水路更加地通畅平顺。人乘船沿水路而行，身体和精神轻松且愉快，从容而优裕。

比如，新安江堪称一条“诗江”，许多有关新安江的诗词，其作者本人或者记述的对象出入于徽州，不少就经由新安江水道，如刘长卿在一首《新安送陆[澧](沣)归江阴》的诗中就写道：

新安路，人来去。

早潮复晚潮，明日知何处。

潮水无情亦解归，自怜长在新安住。①

罗隐《送刘校书之新安寄吴常侍》也说：

野云如火照行尘，会绩溪边去问津。②

北宋时，苏辙卸任绩溪县令，本拟“将自宣城沿大江以归。家兄子瞻以书告曰：‘不如道歙溪，过钱塘，一观老兄遗迹’”③，在听取了其兄苏轼之言后，选择了从新安江水路往杭州而行。

南宋陆游《二月三日春色粲然步至湖上》一诗中也写道：

吾儿已到新安未？想掬清溪洗客尘。④

直至清末歙县翰林许承尧，在20世纪二三十年代，多次经由杭州和新安江水路，往返歙、沪之间，并写下了大量诗篇。如1927年夏末许承尧自上海转道杭州，经由新安江回歙县，就写下了《由杭归歙途中杂诗五十五首》⑤，其中一首诗这样说的：

一瓢天半注云浆，舟入新安草木香。

江窄时时弢首尾，半规潋滟似银塘。

① （唐）刘长卿：《新安送陆[澧]（沣）归江阴》，见（清）彭定求、杨中讷等编纂：《全唐诗（增订本）》，北京：中华书局，1999年，第1579页。

② （唐）罗隐：《送刘校书之新安寄吴常侍》，见（清）彭定求、杨中讷等编纂：《全唐诗（增订本）》，北京：中华书局，1999年，第7652页。

③ （宋）苏辙：《寄龙井辩才法师三绝（并叙）》，曾枣庄、马德富校点：《栾城集》，上海：上海古籍出版社，1987年，第334页。

④ （宋）陆游：《二月三日春色粲然步至湖上》，《剑南诗稿》，见《景印文渊阁四库全书》第1162册，上海：上海古籍出版社，1987年，第673页。

⑤ 许承尧：《由杭归歙途中杂诗五十五首》，《疑庵诗》，合肥：黄山书社，1990年，第148—152页。

又于1930年春在《发渐江入浙》[1]一诗中写道：

柔橹能沉梦，生平爱此声。
入山真渐老，听水又闲行。
饱饭连宵适，扁舟万念轻。
春光江上好，娱我太多情。[2]

此外，1932年也有诗作《归歙月余，仍由新安江过沪上入都二首(癸亥)》[3]，顾名思义，可以知道作者仍是通过新安江水道出入于徽州的。可以说，从以上这些诗人的作品中，我们可以从侧面看出新安江水路在货物运输之外繁忙的客运景象。

对于徽州人而言，新安江水路就像一个相对封闭空间的主要生存通道，人员、物品和信息等通过这个窗口与外界互通有无，新陈代谢，徽州社会就在这一个过程中不断发育和生长。

确实如此，包括茶叶在内的诸多商品，以及徽州大量的人员和信息流动，都主要依靠新安江水路，原因有以下几个方面。

首先，包括徽州一府六县中有四个县都是位于新安江流域，无论土地还是人口都占据了徽州的大部分；其次，南宋的迁都临安；再次，千年以来从新安江直下可以快捷便利地进入中国经济和文化的核心区江南地区；最后，新安江过杭州后就进入海洋，可以方便地接触到海洋世界。

新安江是徽州的母亲河，像新安江这样的河流对于人类的影响和作用，葛剑雄曾经说过：

河流不仅为人类提供了生活和生产所必需的水源和物资，而

---

① 许承尧：《疑庵诗》，合肥：黄山书社，1990年，第185页。原注：以下15首作于1930年春、夏，由歙经杭，在沪小住，至秋返歙。

② 许承尧：《发渐江入浙》，《疑庵诗》，合肥：黄山书社，1990年，第184页。

③ 许承尧：《归歙月余，仍由新安江过沪上入都二首(癸亥)》，《疑庵诗》，合肥：黄山书社，1990年，第111页。原注：此首作于1923年，由歙返京。

且也是人类迁移的主要通道。高山密林往往能将人类阻隔,但河流却能穿越峡谷或荒漠进入另一个谷地,为人们找到新的开拓空间。特别是在生产力低下、地理知识贫乏的年代,要在榛莽未辟、禽兽出没或荒无人烟、寸草不生的陆地上作长途迁移是相当困难的,顺河流而下却要方便得多,并且不会迷失方向,便于保持与原地的联系,是人类拓展生存空间最有效的手段。溯流而上也不失为一种可行的选择,往往是一个群体、一种文明从下游向中游、上游延伸的主要途径。汇入海洋的河流为人类提供了更加广阔的天地,在内海和近海地区更是如此。①

新安江于徽州而言,就有这样的作用。徽州人通过新安江这一天然的对外交流通道,走出徽州,与最先进的地区相联系,接受最新的文明成果和信息,随后进入更为广阔的海洋,通过海洋与世界上的其它地区联系在一起,因为海洋贸易的关系,徽州人与当时的世界经济潮流产生紧密的互动与共振。

---

① 葛剑雄:《水文化与河流文明》,《中国三峡建设》,2008年第6期,第12—13页。

第四章

渔梁坝与徽州的市镇

古人认为渔梁坝"固一郡利害所关"[①]，其地位非常紧要，徽州的盛衰一定程度上能在渔梁坝的修治与圮坏上反映出来，"相传水厚则徽盛，水浅则徽耗"[②]。如果想将徽州治理得好一些，首要任务就是要保证渔梁坝的建筑完整。

徽州志书也记载：

> 若扬之、布射、富资、丰乐之水，胥从郡西，河流汇屈而南，迳梁东注以达于浦口，水势斗绝，必筑石以堰之，则水厚土演，民用攸息，不则殚耗，是故昔之治郡者，聿求民莫，蔑不由兹。[③]

---

① （明）倪岳：《徽州府重建渔梁坝记》，见（明）彭泽修、汪舜民纂：《徽州府志》卷十二，《天一阁藏明代方志选刊》第21册，上海：上海书店，1982年。

② （清）吴苑：《重修渔梁坝记》，见（清）张佩芳修，刘大櫆纂：《歙县志》，《中国方志丛书·华中地方·第232号》，台北：成文出版社有限公司，1975年，第1551页。

③ （清）马步蟾纂修：《徽州府志》，《中国地方志集成·安徽府县志辑》48，南京：江苏古籍出版社，1998年，第303页。

第一节　渔梁坝的历史演变

扬之水出于绩溪，在绩溪境内汇合诸溪之水，西南向进入歙县，在歙县县城，也就是徽州府城，从北向南依次接纳布射水、富资水和丰乐水，四条水系呈扇形翕聚，水势汹涌，直泻如练，名为练江。练江以环抱金城之势，自北向西转东南绕过徽州府城，奔突而下，再经过不长的一段距离，到达浦口，与自屯溪而来的渐江汇合，称为新安江。

渔梁坝就位于府城和浦口之间，其横跨于练江之上，练江之水因其阻隔而水势稍缓。坝址位处府城东南近郊两公里左右，距离不远，步行即到。

渔梁坝是徽州一项非常著名的水利工程，其主要的功能在于通过筑坝拦截水流，抬升上游水位，缓和下游水势，兼具航运、灌溉、防洪、饮用、消防等功能，并有徽州府城也就是歙县县城水口的功能，被称为“徽州都江堰”。不过相对于四川的都江堰来说，渔梁坝的灌溉功能相形见绌，其航运水利更为紧要一些。

渔梁坝历史悠久，南宋年间，钱时（1175—1244）曾在《新安建石梁记》中说过：“紫阳之麓，绝流为梁，潴为渊，其来尚矣。”[①]从文章名字来看，当时还未有“渔梁坝”之专称，直到曾担任过弘治朝礼部尚书的倪岳（1444—1501）写了一篇《徽州府重建渔梁坝记》，可以确定至迟于明代中叶，开始正式有了“渔梁坝”之名称，这个先有石梁、再名为坝的过程，正好验证了渔梁坝“因渔而梁，继梁而坝”[②]的说法。

另外，对于渔梁坝的修建时间，由《新安建石梁记》中的“其来尚矣”[③]，我

① (宋)钱时：《新安建石梁记》，见（明）彭泽修、汪舜民纂：《徽州府志》卷十二，《天一阁藏明代方志选刊》第21册，上海：上海书店，1982年。

② 姚胜峰：《因渔而梁 继梁而坝——渔梁村》，《小城镇建设》，2006年第9期，第71—72页。

③ (宋)钱时：《新安建石梁记》，见（明）彭泽修、汪舜民纂：《徽州府志》卷十二，《天一阁藏明代方志选刊》第21册，上海：上海书店，1982年。

们可以知道，在渔梁坝这个位置，“绝流为梁，潴为渊”[①]，建造石梁的历史并非很短，从弘治《徽州府志》“嘉定辛巳，郡守宋济即旧处，聚石立栅”中的“即旧处”可以看出，[②]南宋前期渔梁坝是有所修建的，只不过有所毁坏。

这在乾隆《歙县志》的记载中也得到了验证，如“坝权兴于唐宋绍兴间”[③]，又有“宋绍兴辛巳以来，急湍荡决，废逾六十年”[④]这样的记录，可以确定，南宋高宗绍兴年间，渔梁坝是兴工修筑过的。

至于在此之前，甚至隋唐之时的情况，除了“唐宋绍兴间”的“唐”字之记录，姚胜峰在《因渔而梁 继梁而坝——渔梁村》一文也说：“坝始建于隋末唐初”。[⑤] 而2010年版《歙县志》中记载：“唐代在练江筑石梁蓄水。”[⑥]

此外在祁门，唐代“咸通三年，令陈甘节以俸募民冗石积水为横梁，因山派渠，余波入于乾溪，舟行乃安”[⑦]，这一发生在唐朝徽州地区的筑梁积水的事件对于了解渔梁坝早期的建造情况是有参考价值的。虽然有如上记录，但南宋《新安志》中并没有关于渔梁坝的直接记载。

自迁都临安后，从南宋高宗绍兴年间开始，渔梁坝在开始了一个屡废屡兴的发展过程。

南宋嘉定辛巳年(1221)，“郡守宋济，即旧处聚石立栅”。[⑧] “栅”即水栅，

---

① (宋)钱时：《新安建石梁记》，见(明)彭泽修、汪舜民纂：《徽州府志》卷十二，《天一阁藏明代方志选刊》第21册，上海：上海书店，1982年。

② (明)彭泽修、汪舜民纂：《徽州府志》卷二，《天一阁藏明代方志选刊》第21册，上海：上海书店，1982年。

③ (清)张佩芳修，刘大櫆纂：《歙县志》，《中国方志丛书・华中地方・第232号》，台北：成文出版社有限公司，1975年，第209—210页。

④ (清)马步蟾纂修：《徽州府志》，《中国地方志集成・安徽府县志辑》48，南京：江苏古籍出版社，1998年，第302页。

⑤ 姚胜峰：《因渔而梁 继梁而坝——渔梁村》，《小城镇建设》，2006年第9期，第71页。

⑥ 歙县地方志编纂委员会编纂：《歙县志》，合肥：黄山书社，2010年，第1415页。

⑦ (宋)罗愿撰，萧建新、杨国宜校著：《〈新安志〉整理与研究》，合肥：黄山书社，2008年，第129页。

⑧ 同④。

元代王祯《农书》中说:“水栅,排水障水也。……说文云,竖木立栅也。”[1]我们从这个“栅”字可以看出,当时的坝体还是木石结构的。我们现在无法确认当时的坝体形状是怎样的,不过可以参考王祯的记述,在《东鲁王氏农书译注》中,水栅是“在溪流中成排植立桩木,桩前倚护着‘伏牛’,各桩间用横木拉牢固,再用块石砌高作外护,又用多根楗木斜撑住使稳固,使之能迎流经受冲击”[2]。

以上是小型水栅,还有一种巨栅,其建筑方法是“在河中流横河深植桩木,一排排沉下石囤,其长或可达一百来步,高可到八尺、一丈”,“横亘中流拦截河流”[3]。关于小型水栅和巨栅,如下图所示。

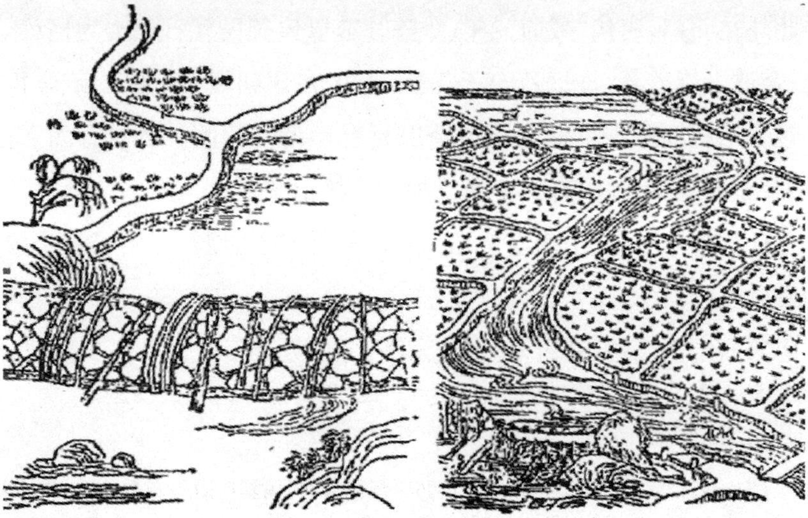

图　水栅和大水栅

图片来源:(元)王祯撰,缪启愉译注:《东鲁王氏农书译注》,上海:上海古籍出版社,1994年,第335页。

① (元)王祯著,王毓瑚校注:《王祯农书》,北京:北京农业出版社,1981年,第322页。

② (元)王祯撰,缪启愉译注:《东鲁王氏农书译注》,上海:上海古籍出版社,1994年,第334页。

③ (清)马步蟾纂修:《徽州府志》,《中国地方志集成·安徽府县志辑》48,南京:江苏古籍出版社,1998年,第334—335页。

虽然聚石立栅其上，但是仍有隐忧。石梁常年经受练江之激流洗刷，受到的冲力巨大，木石合成结构的坝体毕竟没有全石结构的坝体牢固，一旦水冲损坏，就要维护，并且维护的时间间隔很短。钱时就说过：

> 然立栅硗碛之上，而聚石其中，霖潦暴豪，何能钟固？岁一葺或间岁大葺，科役民伍覃害不细，况木之障水，犹絺障风，迸漏穿泄，草草而已。[①]

设置这种水栅只是权宜之计，三年后的嘉定十七年（1224）秋，时知徽州的袁甫"慨念利兴而害不除非便，必大锢石为不朽计乃可"[②]，认为相对于木材的容易朽坏，石制材料更容易长期保存，变木为石方为经久之策，遂"始议易以大石，未及兴役，以忧去，留钱万五千缗，以俟继者成其事"[③]。

据宋史所载，因为父亲去世，袁甫以丁父忧，石梁未及兴工而去职。

直到绍定二年（1229），袁甫提举江东路，委任本州推官赵希愬兴修石梁，当时"砌石八层，又拨钱五千缗市田，以备将来修筑"[④]。关于这次建筑石梁的具体情况，钱时在《新安建石梁记》曾有详细记录：

> 推官赵希愬董之，得闽工甚精，凿山料材汇别三品。
>
> 直而方者曰眉石，层垒绳整，严边幅也；狭而长首，方而末削，若钉若斧者，曰箄石，斜透中通，互穿镤也；其磊块不可尺度者，曰囊石，补漏罅，实要腹。
>
> 大抵魁杰轮囷，有力势，梯转而下，桴浮而来，机运而登，皆极

① （宋）钱时：《新安建石梁记》，见（明）彭泽修、汪舜民纂：《徽州府志》卷十二，《天一阁藏明代方志选刊》第21册，上海：上海书店，1982年。

② （清）马步蟾纂修：《徽州府志》，《中国地方志集成·安徽府县志辑》48，南京：江苏古籍出版社，1998年，第302页。

③ 同②。

④ 同②。

巧便。眉箅迭用，左右蓬卷，凡十有八层[①]，而后周内固外圆，不斗于水，斗门东泻，不怒其流。阔三丈，高半之，横亘可二十倍，越四年九月竣事。[②]

可以看出，当时修筑石梁，是请福建石匠工人建造的，主要的石材有三种，分别是眉石、箅石和囊石。

其中，眉石似砖，箅石像钉，囊石如泥，各有分工，共成石梁。石梁左右蓬卷，水自斗门东泻，水势不为激烈，整个石梁阔3丈，高半之，通过三角函数的计算来看，整个石梁的坡度大约有26°，这个工程直到绍定四年(1231)九月才终于完成。

此后从元代到明朝初年，石梁久历溪水冲刷，逐渐圮坏，文献中记载：

历岁滋远，水日崩啮，遗址难存，而圮坏甚矣。工巨费穰，莫有能复之者。[③]

因为维修的经费巨大，难以筹措并恢复旧观，直至"洪治(引者按：应为弘治，避乾隆皇帝"弘历"名讳而改)己未，知府张正(引者按：应为张祯，避雍正皇帝"胤祯"名讳而改)葺之加石为九层，高丈余，遂成巨浸"[④]。

其具体兴建情况是：

弘治戊午，平度张侯祯来守是郡，典利祛弊，百务具举，民乃相率以石坝为言，侯念民情之恳，躬相度之，以为是固一郡利害所关，

① 按：从前文南宋绍定年间赵希懃"砌石八层"以及后文弘治时期张祯"葺之加石为九层"两条道光《徽州府志》中的记录来分析，此处"凡十有八层"，或应为"凡石有八层"。

② (宋)钱时：《新安建石梁记》，见(明)彭泽修、汪舜民纂：《徽州府志》卷十二，《天一阁藏明代方志选刊》第21册，上海：上海书店，1982年。

③ (明)倪岳：《徽州府重建渔梁坝记》，见(明)彭泽修、汪舜民纂：《徽州府志》卷十二，《天一阁藏明代方志选刊》第21册，上海：上海书店，1982年。

④ (清)马步蟾纂修：《徽州府志》，《中国地方志集成·安徽府县志辑》48，南京：江苏古籍出版社，1998年，第302页。

殆不可后。[①]

长期以来石梁圮坏，徽州民众念念不忘，乃纷纭陈情，恳请时任徽州知府的张祯，希求修复渔梁坝。张祯荷民众殷殷期望，在亲自考察度量之后，认为渔梁坝与徽州特别是徽州府城之盛衰利害攸关，兴修渔梁坝已是刻不容缓。

当时都宪彭礼巡抚各地，恰至徽州，“侯（张祯）具以请”，听取了张祯的汇报后，彭礼认为兴建渔梁坝，有财政等许多方面的难题，“非可以易言者”。不过，张祯认为当时的徽州“岁丰人和，时与势便，且会诸邑帑金之羡，则敛弗及民而业易集，至于经营区画，以底于成，祯当任焉”[②]。他觉得修复渔梁坝各方面的条件基本具备，兴建资金可以从各县府库盈余之中提取，并准备亲自参与领导渔梁坝具体的筹划修筑工作。

在准备工作已经完成，“为文以告诸神”以后，首先寻找梁坝旧址，所谓“汰浮沙于积壅之下，得故址焉”，然后正式修建。

整个工程“经始于己未之夏，四越月而工已完告”，可见是从 1499 年夏天开始，历经 4 个月左右的工时最终完成，当时工料所用“凡为费石以丈计约三，于余灰以担计，约一，于九百余钱以缗计，约三千”，最后建成的渔梁坝“天然石骨，横枕南北，铲而琢之，其平如砥，垒石其上，顺流栉比，而两甃之当石之交，纳锭于凿以为固，参和灰沙于内以为密，其广二十五尺，高半之，延袤五百尺有奇”。[③]

这与前文提到的南宋绍定年间石梁形制和大小较为类似，如南宋的眉石、笄石和囊石 3 种，对应弘治时期的石骨、石锭与灰沙 3 种。而大小的变化，只是从阔 3 丈变为了广 25 尺，变化不大，高度仍为半之，可见坡度一如从前约 26°，而长度距离也就是南北方向距离，“延袤五百尺有奇”，较之宽度

① （明）倪岳：《徽州府重建渔梁坝记》，见（明）彭泽修、汪舜民纂：《徽州府志》卷十二，《天一阁藏明代方志选刊》第 21 册，上海：上海书店，1982 年。

② 同①。

③ 同①

距离也就是东西方向距离,“其广二十五尺”①,仍旧有大约20倍左右的差距,正所谓“横亘可二十倍”②。

府志记载:“数百年来前人已堕未复之业,还于旧规。”③总的来看,明代弘治年间的渔梁坝修复是参考了南宋石梁的旧制并在原址上修建的。

对于这次渔梁坝修建所产生的影响,时人给出了很高的评价:

> 盖是坝之作,不杀不隆,如插入券,将使水之泻者潴,奔溃者止,坳漥渟瀯,渺乎巨浸,灌溉以资氛沴,以息一郡之民相安于乐土之上,其为利民之政,孰有大于此者哉。

徽州的民众反响十分强烈,据称称“天鉴于上,民颂于下”,“落成之日,四民环视,欢呼歌颂”。④

不过徽民期盼已久的渔梁坝修筑完成之后,“不二年而圮”,也就是从“明宏治己未,太守张正重筑”⑤,到“辛酉洪水冲坏”⑥。

面对这种情况,在吸取教训之后,对于渔梁坝的形制要有所改变,以增加其使用寿命。当时,府志记载:

> 知府彭泽命通判陈理督工,去旧填新,沙砾表里并用一色方石,照旧结甃,高减一层,下流节为梯级,以杀水势。梁上水过有如

---

① (明)倪岳:《徽州府重建渔梁坝记》,见(明)彭泽修、汪舜民纂:《徽州府志》卷十二,《天一阁藏明代方志选刊》第21册,上海:上海书店,1982年。

② (宋)钱时:《新安建石梁记》,见(明)彭泽修、汪舜民纂:《徽州府志》卷十二,《天一阁藏明代方志选刊》第21册,上海:上海书店,1982年。

③ 同①。

④ 同①。

⑤ (清)吴苑:《重修渔梁坝记》,见(清)张佩芳修,刘大櫆纂:《歙县志》,《中国方志丛书·华中地方·第232号》,台北:成文出版社有限公司,1975年,第1550页。

⑥ (清)马步蟾纂修:《徽州府志》,《中国地方志集成·安徽府县志辑》48,南京:江苏古籍出版社,1998年,第302页。

平崖悬瀑。[1]

另一条史料上也说：

> 十四年洪水冲坏，知府彭泽复申白巡抚彭礼，命通判陈理督工去旧添心（新），沙砾表里并用一色方石，照旧结甃，高减一层，下流节为梯级，以杀水势，完实坚固，蓄水无虞，梁上水过，有如平厓，县瀑仪制主事杨循吉记。[2]

这次通判陈理督工修建，较几年前张祯修筑，有几个明显的变化。比如“表里皆甃以方石”，也就是“去坝囊中砂砾，实以方石”；[3]高度稍减，较张祯时降低一层，又回复八层，其坝体形成“梯级”，随“梯”而下，坝体的坡度逐渐降低，这有利于缓冲练江流速，稍杀过坝水势。

总的来说，渔梁坝从南宋嘉定辛巳年（1221）宋济兴建之时的木石水栅结构、绍定和嘉定年间袁甫之时的方石和碎石结构，再到明代彭泽之时（弘治十四年，1501）的全方石结构，从平冲而下到梯级坝体，较之张祯的修复旧观，彭泽与陈理此次修筑是有所改制的，因此，有人认为“厥功与袁均焉，而梁一兴”[4]。

弘治年间虽大力修筑，但是渔梁坝“至明末益圮，自后守兹土者不敢议修，复非怠事也，工大费繁，民不堪任。”虽然是这样说，但真实的情况是仍不时有所修复的，比如万历年间，渔梁坝“又复倾圮，知县方承郁劝合邑绅耆捐

① （清）马步蟾纂修：《徽州府志》，《中国地方志集成·安徽府县志辑》48，南京：江苏古籍出版社，1998 年，第 302 页。

② （明）彭泽修、汪舜民纂：《徽州府志》卷二，《天一阁藏明代方志选刊》第 21 册，上海：上海书店，1982 年。

③ （清）马步蟾纂修：《徽州府志》卷 4 之 2，《中国地方志集成·安徽府县志辑》48，南京：江苏古籍出版社，1998 年，第 302—303 页。

④ （清）吴苑：《重修渔梁坝记》，见（清）张佩芳修，刘大櫆纂：《歙县志》，《中国方志丛书·华中地方·第 232 号》，台北：成文出版社有限公司，1975 年，第 1550 页。

资重建。崇祯中知县高标(叶高标)又劝修之”。[1]

明代末年,天灾人祸迭起,国家和地方政府财政陷入危机,相对而言,明代藏富于民,这个“民”非普通小民,主要是指地方上的士绅商人集团,他们的财力比较雄厚,所以兴修渔梁坝的资金来源开始从主要由国帑拨付到民间捐资转变。

明清鼎革之后,渔梁坝的修复工作仍然受到徽州民众的重视,地方官员通过上疏朝廷,试图请求朝廷的财政支持。

> 顺治十六年,巡抚卫公贞元上其事,疏称:府南垒石阻流曰渔梁,宋、明咸出官钱加筑。相传水厚则徽盛,水浅则徽耗。今已颓废,不可不议修筑。部议上,奉旨俞允。

不过疏议修建渔梁坝虽然得到“奉旨俞允”,但实际情况却是“三十余年矣,而未果行”[2]。

渔梁坝长时间的颓坏,对于徽州本地各方面的影响巨大。但是,一方面朝廷拨款并兴修渔梁坝的计划迟迟得不到实施,其总体效率甚为低下。另一方面,徽州通过新安江水路对外交往频繁,徽州人特别是徽州商人之富庶也名闻遐迩,因此,徽州人自下而上地发起修筑工作,使修复渔梁坝成为了可能。

康熙年间徽人吴苑对于渔梁坝就曾评论说:

> 予尝与郡之士大夫及家伯叔兄弟谋,以为此吾郡利病所系,不当仰给公币,宜各醵财鸠工,而良有司董其成,于是为便。

徽州本地的士大夫开始筹备修复渔梁坝并向地方政府请求修复渔梁坝:

---

① (清)马步蟾纂修:《徽州府志》,《中国地方志集成·安徽府县志辑》48,南京:江苏古籍出版社,1998年,第302页。

② (清)吴苑:《重修渔梁坝记》,见(清)张佩芳修,刘大櫆纂:《歙县志》,《中国方志丛书·华中地方·第232号》,台北:成文出版社有限公司,1975年,第1551页。

康熙二十六年，会太守朱公廷梅甫莅郡，遂以是为请。[①]

朱廷梅本人对此也有所记录：

吴太史告予曰：渔梁不修，徽俗将日敝，为历言往事多有明征。予甫下车，即申请抚宪，并致书绅士之家广陵者，绅士谊笃维桑，慨任工费。[②]

吴苑又记录朱廷梅：

“及下车，即与郡丞曹公贞吉、别驾沈公弼、蒋公灿、歙令靳公治荆，经营相度。而总督傅公、巡抚江公、督学使者许公，后先鼓舞，以为当行。爰合郡之同志，……乐义共襄厥成。”[③]

在士商一致的共同努力下，渔梁坝的修筑工作最终得以成功完成。当时总“计费钱将二万缗”，“不役府史，不资群众”。[④] 花费虽巨大，但扰民甚少，修筑时间“始于戊辰冬，迄今癸酉冬，凡阅六载，获于督抚、督学、太守诸公之任而落成”[⑤]，也就是从 1688 年开工，到 1693 年完工，花费时间较长，大约有 6 年之久。

本次渔梁坝的修复，“仿严州雷湖之制，凡叠十石中立石柱，左右相维，微窍其所入，不镭而自固”，这是说每叠石十块，就立一根石柱，像钉子一样将上下层的石头固定起来。除此之外，本次修复较之明代又有了一些进步，时人记录渔梁坝：

---

① （清）吴苑：《重修渔梁坝记》，见（清）张佩芳修，刘大櫆纂：《歙县志》，《中国方志丛书·华中地方·第 232 号》，台北：成文出版社有限公司，1975 年，第 1551 页。

② （清）马步蟾纂修：《徽州府志》，《中国地方志集成·安徽府县志辑》48，南京：江苏古籍出版社，1998 年，第 302—303 页。

③ 同①，第 1551—1552 页。

④ 同①，第 1552 页。

⑤ 同①，第 1553 页。

洒为三门，层级而下，以时停蓄众流。且虑赤石易泐，悉用青、白二石，至坚可久。方之绍定，殆增胜焉，而梁又一兴。[1]

徽州知府朱廷梅对于这次修复的记录，可以对吴苑之说稍作补充，其言渔梁坝：

仿严郡之石梁规制，纵横各半，中为鳌背，而坦其脊，更择石于城之北乡，色青而理坚，斧凿不易施，补罅实腹咸以之，旧石屏不用，左右蓬卷，凡青石二十余层，阔三丈，高半之，横亘二十倍，内固外密，上为三水门，于是泻者潴奔，趋者止郡以西，渟滢浩瀚，俨乎巨浸而功以告成。[2]

可以看出，这次修建后，渔梁坝"甃叠二十余层，高广如绍定制"[3]，除了将原来建筑石料中比较容易裂开的赤色石头改换成更为致密的青、白两色石头外，还将渔梁坝分成高度不一、依次而下的三道水门。这样的话，河水水量较少时，只能通过最低的水门，坝上可以存储更多的水量，即使河水水量暴涨，因为有三个水门同时下泄，所双不会出现壅塞不通的恶劣局面。

渔梁坝在康熙年间修复以后，直到乾隆时期又有了一次大修。活动于乾隆时期的歙县人吴梅颠曾写过一首《竹枝词》：

渔梁坝甓石层层，潴蓄奔流关替兴。
横卧玉虹雷怒吼，倾颓修葺望谁能？[4]

① (清)吴苑:《重修渔梁坝记》，见(清)张佩芳修，刘大櫆纂:《歙县志》，《中国方志丛书·华中地方·第232号》，台北:成文出版社有限公司，1975年，第1552页。

② (清)马步蟾纂修:《徽州府志》，《中国地方志集成·安徽府县志辑》48，南京:江苏古籍出版社，1998年，第302—303页。

③ 同②

④ (清)吴梅颠撰，胡益民点校:《徽城竹枝词》，见安徽大学徽学研究中心编:《徽学》，合肥:安徽大学出版社，2000年，第379页。

这首《竹枝词》对于当时渔梁坝的颓废情况有所记录，也表达了当时对有人能够维修梁坝的愿望。吴梅颠在注中也说："水蓄则物阜民安且无火灾，历考皆验，故老传言也。"[①]

图 潴泻得宜渔梁坝

图片来源：2010年暑期笔者拍摄于渔梁坝。

地方官也确实起议兴修，并最终在民间捐助工费的支持下，渔梁坝得以修建完成。当时方志记载：

乾隆三十七年，太守张廷炳复议修葺，邑西稠墅节妇汪石妻徐氏独力捐银万七千两成之，胡赓善作记。[②]

① (清)吴梅颠撰，胡益民点校：《徽城竹枝词》，见安徽大学徽学研究中心编：《徽学》，合肥：安徽大学出版社，2000年，第379页。

② 许承尧等纂，楼文钊、石国柱等修：《歙县志》，《中国地方志集成·安徽府县志辑》51，南京：江苏古籍出版社，1998年，第68页。

从康熙戊辰(1688)冬开工,到乾隆三十七年(1772)重新议建,正如《胡赓善碑记》所言:“迩来八十有余载矣。”[①]

这八十多年的时间,因为不时的洪水肆虐与冲刷,渔梁坝体受到了一定程度的损坏,亟待修复,时人记载:

> 盖吾郡依山为治,山溪湍环,泄多潴尠加夏秋霖涨,挟蛟为灾,冲堤坏堰,久须修复,势固然也。[②]

当时徽州知府张廷炳,“壬辰始夏,旋膺朝命,擢涖此邦”,刚到任徽州不久,“期月之间,政浃人和”。他常常考察询问于民间,“爰舆郡治学士、大夫,四境之耆黎,究询利弊”,徽州本地士绅纷纷要求以修建渔梁坝为急务,即“佥以修坝为请公”。

知府张廷炳“既俞斯言,方相观经营”,准备开工修建,这时候正好歙县稠墅有一位名为汪徐氏的妇人说:“承风慨然又窃高许吴数公之义,独立输白镪万七千金有奇,助成兹役,官帑不烦,工用克集。”[③]她独立为工程捐输白银一万七千多两,因为资金的充足,所以渔梁坝修复工程得以顺利进行并最终完工。

除了乾隆年间的徐氏之外,光绪二十八年(1902)还有一位吴氏捐输了大量资金,于志书有载:

> 二十八年,邑北冯塘程谨轩妻吴氏,承夫遗志,命子源锾、源铨,慨任经费,由程立达、巴树谦、毛云兴等监工重修,三十一年功峻,共输银一万八千四百余圆。[④]

---

① (清)马步蟾纂修:《徽州府志》,《中国地方志集成·安徽府县志辑》48,南京:江苏古籍出版社,1998年,第303页。

② 同①。

③ 同①

④ 许承尧等纂,楼文钊、石国柱等修:《歙县志》,《中国地方志集成·安徽府县志辑》51,南京:江苏古籍出版社,1998年,第68页。

自南宋至清末，地方文献中关于渔梁坝的兴建维修记录主要就有以上几次，当然绝不仅仅止于以上几次。

地方志中所记载的主要是渔梁坝历史上兴修规模和影响比较大，并最终兴建完工，很具有代表性的几次，事实上也有议而一时未成之举，像“郡守袁甫谓非经久计，始议易以大石，未及兴役，以忧去”[①]，“光绪间柯观察铭等议修事未集”[②]等就是例子。因为官员的离任、资金的匮乏等诸多原因，对于渔梁坝，初欲谋而终未立的事情是屡见不鲜的。

历史上渔梁坝一直是屡修屡坏，徽州人就在这对渔梁坝为代表的各种水利工程的修建维修的过程中，吸取经验，改进材料和技术。比如渔梁坝从使用木材到使用沙砾，到最后全部使用石制材料，就是徽州人在实际修建渔梁坝过程中，对于建筑材料的优化选择过程。

此外，关于渔梁坝修复的资金来源，也有一个很明显的转变过程。从南宋“拨钱”[③]、明中期弘治年间“且会诸邑帑金之羡”[④]这样的“出官钱加筑”[⑤]，一直到明代后期的“劝合邑绅耆捐资重建”[⑥]“劝修”[⑦]，以及清代“绅士之家广陵者，……慨任工费”[⑧]和乾隆、光绪两朝徐氏、吴氏的妇女捐重赀，徽州普通民众及地方士绅的身影从前期的一无所见再到中期的隐隐约约，最后终至身影完全浮现，这些在一定程度上反映了徽州民间

① （清）马步蟾纂修：《徽州府志》，《中国地方志集成·安徽府县志辑》48，南京：江苏古籍出版社，1998年，第302页。

② 许承尧等纂，楼文钊、石国柱等修：《歙县志》，《中国地方志集成·安徽府县志辑》51，南京：江苏古籍出版社，1998年，第68页。

③ （明）彭泽修、汪舜民纂：《徽州府志》卷二，《天一阁藏明代方志选刊》第21册，上海：上海书店，1982年。

④ （明）倪岳：《徽州府重建渔梁坝记》，见（明）彭泽修、汪舜民纂：《徽州府志》卷十二，《天一阁藏明代方志选刊》第21册，上海：上海书店，1982年。

⑤ （清）吴苑：《重修渔梁坝记》，见（清）张佩芳修，刘大櫆纂：《歙县志》，《中国方志丛书·华中地方·第232号》，台北：成文出版社有限公司，1975年，第1551页。

⑥ 同②。

⑦ 同②。

⑧ 同②。

对于地方社会秩序的建构，特别是水利社会的形成日益起到更为重要的作用。

第二节 渔梁坝的水利作用

渔梁坝之所以修建，据地方志记载："渔梁坝，在府城南三里，即宋放生池也。以扬之水及丰乐、富资、布射诸溪会流于此，陡泻而下，无复停蓄，故为津梁，以缓水势。"[①]从这个记录中，我们可以看到渔梁坝修建的主要目的还是蓄水缓流，而通过蓄水缓流，借以实现其在饮用、防火、安全、航运等各方面的水利作用。

首先如饮用和防火水利。对于歙县县城而言，其城池地下水位与毗邻的练江水位密切攸关，《新安志》说："殷公井在县南罗城内，井甚大，不假淘渫，自然蠲洁。下有二穴，一通铜井，一通釜底，每井遗物多于二潭得之。"[②]志书中提到的"铜井"与"釜底"，实际上是指县城附近的练江中的两个水潭：铜井潭和釜底潭。铜井潭，在县东北四里扬之水中，"周二百尺，傍有井深不可测"，而"釜底潭，在县南二里扬之水中，潭底稍敛如釜"。[③]

从"每井遗物多于二潭得之"这条记录可以看出，县南罗城内的殷公井与扬之水是通过地下水流连通的，否则不会有"井失而潭得"的现象出现。

为了徽州府城民众打井饮水的方便，城内的地下含水层之水面需要保持一定的高程，因为城内地下水和城外河水相通，所以二者之间的水位具有相关性。筑坝拦河，抬高练江的水位成为了自然而然的事情。否则，练江水

① (清)马步蟾纂修:《徽州府志》,《中国地方志集成·安徽府县志辑》48，南京:江苏古籍出版社,1998年,第302页。

② (宋)罗愿撰,萧建新、杨国宜校著:《〈新安志〉整理与研究》,合肥:黄山书社,2008年,第90页。

③ 同②,第89页。

位太低，城内的地下水因为势差的关系，大量地通过地下水道流入练江，城内的井水水位会因此降低，饮水就不太会方便。

同样的道理，于防火而言，徽州志书记载："宋绍兴辛巳以来，急湍荡决，一废逾六十年，城市雕耗，火灾屡见，民益不安，阴阳家归咎于梁之废，谓当修复以遏怒流，俾停蓄城下水，胜则火息。"①

徽州之所以"火灾屡见"，原因在于渔梁之破败，这导致练水"陡泻而下，无复停蓄"②，而练江水面的下降又导致府城整体水位的降低。如果徽州地下水位能够保持在一个较高的水平，那么水气更易升腾，府城的环境较为湿润，这种情况较之天干物燥的生活环境，更不容易导致火灾的发生。

不仅是这种细微环境的差异，如果火灾发生，较高的井水水位也方便取水，提高灭火的效率，所以地方志上说："邑多火灾，形家谓修坝蓄水，水胜则火息。"③

渔梁坝的修建，对于徽州府城的安全是有利的。一面依山，三面环水，这迤逦绕城而过的练江，于徽州府城而言，就是一条天然的护城河。

古代城池的修建，安全性更重于经济性。人们建造城池，是为防止来自于野兽以及城池外的人的攻击，《墨子·七患》言："城者，所以自守也。"④

城的守护需要池的帮助。不过，南宋《新安志》记载："新安地最高，环城三面可揭涉。"⑤

万历年间曾任徽州知府的高师孔，对于距离府城不远的练江这般描述：

---

① （明）彭泽修、汪舜民纂：《徽州府志》卷二，《天一阁藏明代方志选刊》第 21 册，上海：上海书店，1982 年。

② （清）马步蟾纂修：《徽州府志》，《中国地方志集成·安徽府县志辑》48，南京：江苏古籍出版社，1998 年，第 302 页。

③ （清）张佩芳修，刘大櫆纂：《歙县志》，《中国方志丛书·华中地方·第 232 号》，台北：成文出版社有限公司，1975 年，第 210 页。

④ （战国）墨子：《七患》，《墨子》，见《景印文渊阁四库全书》第 848 册，上海：上海古籍出版社，1987 年，第 28 页。

⑤ （宋）罗愿撰，萧建新、杨国宜校著：《〈新安志〉整理与研究》，合肥：黄山书社，2008 年，第 17 页。

“涸，曾不及马腹。”[①]

水深不及马腹，提起衣裳就可以跨过，如此水位的练江明显不利于徽州府城的御敌和防卫，练江作为天然护城河的作用大大降低。为了扭转这种局面，必须抬高练江水位，这使得修筑渔梁坝成为一种必要。

徽州人通过建造渔梁坝拦江蓄水，增加练江的深度和水面面积，以水隔绝敌人，减少受到攻击的可能性，增加外界攻城的难度。弘治《徽州府志》记载徽州府城“东半抱山，西半据平麓，筑以为城。扬之河顺城东北而西，为练溪，环绕东南隅，而下歙浦，因以为池。山溪之险，天造地设”[②]。

徽州府这种“东山龙盘，徽城虎踞，练水环护外围”的山水形势，浑似具体而微之金陵。金陵号称“帝王之宅”[③]，徽城虽没有那般夸张，但在攻城器械还比较原始的古代社会，以山环水聚而兼有安全与航运之利，其作为徽州一府之“首善之区”，还是绰绰有余的。

除此之外，因为一个渔梁坝横断南北，自上游渐江和下游新安江经浦口逆行而来的大小船只，至坝下为止，皆需停船，然后在港口转运，这也有利于避免船只径直抵达府城并于城下攻城的可能。

在渔梁坝的水利作用中，尤其以航运作用最为巨大。渔梁坝的最重要功能就是通过蓄水缓流以便利航运。

徽州有雨季、旱季之分，降雨量差别巨大。无论是旱季时练江的径流量较小，还是雨季时江水过于汹涌，这两种情况都对舟船的航运很不利。

通过渔梁坝的拦截蓄水，在旱季时，坝上水满而波平，坝下源源而不断；在雨季时，则一坝当关，缓冲水流，不至于水势浩荡，一倾而下。

---

① （明）李维桢：《龙井山文昌阁记》，《大泌山房集》，见《四库全书存目丛书》集部第151册，济南：齐鲁书社，1997年，第631页。

② 歙县地方志编纂委员会编纂：《歙县志》，合肥：黄山书社，2010年，第172页。

③ （宋）祝穆：《吴都形势》，见（宋）祝穆、（元）富大用、（元）祝渊：《古今事文类聚》，《景印文渊阁四库全书》第927册，上海：上海古籍出版社，1987年。原文：“诸葛亮至京口，因睹秣陵山阜，叹曰：‘钟山龙盘，石头虎踞，此帝王之宅。’”文后原注：《吴录》。

渔梁坝在这水旱两季中，同样起到了一个调节水流、削峰填谷的作用。这样较为稳定的水流状态是很有利于舟船的航运的，地方志上就说过：

> 渔梁，横截练江，距龙井山趾，叠石成坝，以潴迅流，缘东下为铁索、汪王、车轮诸港，急湍潆洄，最为陡险，梁截上流以缓之，则挽舟易上而挽运不劳，且上流扬之、布射、富资、丰乐诸源，滩高易竭，统束于梁，则浦溆常盈，不虞浅涸，而转运赖之。①

渔梁坝之于徽州航运的作用，由此可见一斑。

因为渔梁坝对于徽州水路航运的影响巨大，人流、物流渐渐汇聚于此，渔梁渐渐形成了一个水陆转运码头。古代徽州，渔梁码头是徽州最大的一个航运港口，水运范围包括渔梁坝坝上，上溯扬之水、布射水、富资水和丰乐水，可分别辐射至以临溪为中心的绩溪岭南地区、以富堨为中心的歙北地区、以岩寺为中心的歙西地区。

渔梁坝坝下，下经浦口而西南可上溯渐江至屯溪，再分别上溯横江至休宁万安、黟县渔亭等，逆率水到达休宁龙湾、五城和溪口等，沿新安江而下可达深渡，渐至街口，进入浙江省内，再到浙江建德县码头转"横港"可逆流达金华、兰溪和衢州，转"直港"顺流可抵杭州、湖州和嘉兴。如果水势特别顺畅，高师孔言道："新安因山为城，练江经其麓。骤涨，即中宿可至武林。"②

自新安至武林，明显指的是自徽城至杭州，可以说自渔梁出发，沿江而下，其势若奔马，很快就能到达杭州。

---

① (清)张佩芳修，刘大櫆纂：《歙县志》，《中国方志丛书·华中地方·第232号》，台北：成文出版社有限公司，1975年，第209页。

② (明)李维桢：《龙井山文昌阁记》，《大泌山房集》，见《四库全书存目丛书》集部第151册，济南：齐鲁书社，1997年，第631页。

第三节　因坝成市为渔梁

渔梁坝扼徽州府城通过水路与外界交流的紧要处，可以说是徽州的重要门户。自渔梁坝建成之后，一定程度上来讲，渔梁因为渔梁坝的修复与颓坏而盛衰起伏，两者之间具有一定的相关性。

作为沟通练江流域与浙江、新安江下游流域的一个中心港口，特别是千年以来作为郡、州、路、府治所所在的歙县县城就在其上游不远，渔梁成为了徽州地区重要的人员、物资集散基地。这种水陆交通的便利又刺激了街区的发展，最终使这一带形成了一个相当繁荣的港口市镇，这个因水坝而成、由徽商而兴的市镇就是渔梁。

渔梁沿着练江北岸一线分布，两头窄中间宽，浑似一条“鱼”悠游于练江之畔，“鱼”成为渔梁的一个典型意象。志书上说：“梁在郡治之南，右倚紫阳，左毗问政，两山之麓于是焉，交山形如峡，束而郡东、西、北诸溪。”[①]两岸交山形如峡谷，这一河段的岸畔平地相对逼仄狭窄，市镇的鱼形布局既是一种因形就势，反过来对于渔梁本地居民也带来比较大的心理暗示。

这种心理暗示在一些街巷的设计中也能反映出来，比如主街渔梁街，横贯渔梁东西，中间略微拱起，形似“鱼脊”，再与南北向的一些街巷共同组成了“鱼骨”，然后“鱼腹”处形成了主要居住和商业区，东西延伸而分别为“鱼头”和“鱼尾”，最为明显的人工设计就是在街巷上铺以卵石，模拟鱼鳞，由此各种要素聚合，形成一条完整的鱼形市镇。

鱼本身具有亲水性，而渔梁这种鱼状的建筑布局，沿江布列，确实增加了市镇的亲水面积，给渔梁带来更多的水利，比如可以设置更多的码头等。亲水之外，又有防水的考虑，比如人口最为密集的“鱼腹”正处于练江的拐弯处，练江之水西来而东流，因为惯性的作用，更多地冲向渔梁的对岸龙井山，

---

① (清)马步蟾纂修:《徽州府志》,《中国地方志集成・安徽府县志辑》48，南京:江苏古籍出版社，1998年，第303页。

并且因为渔梁坝三个水门自北向南依次降低，所以一年的大部分时间，练江水流主要通过渔梁坝的南边两个地势较低的水门倾泻而下，这最大程度地减少了水流对于渔梁的冲击。

另外，渔梁沿江水畔的建筑多垒石而高耸，或者有干栏式建筑的遗韵，如现存的“吊脚木楼”等。建筑物与练江常年水位势差较高，降低了洪水冲刷的概率，万一水势特别巨大，渔梁的许多建筑前后都有木板，可以拆卸下来，减少了建筑物受到洪水的冲击面积，整体上也减小了冲击力，使得渔梁建筑物的防洪能力大大增强，这就是渔梁的防水性考量。

渔梁濒临的河港因为渔梁坝的隔断而分成了坝下和坝上两个部分。清代道光、咸丰年间，“村人姚宏魁改坝上筏运为小船运，始有‘坝上船’”①。一般情况下，“渔梁坝上有货船200余艘，渔梁坝下有50艘—60艘”②。这是就货船而言，至于全部的船只数量，其中“坝下为大驳船，有四舱、六舱、八舱三种型号，载重分别为2吨、8吨、11吨，计160余艘”③。

坝下河港主要起到对外交通运输的作用，自浙江上游屯溪而来的休宁、黟县、祁门甚至江西等地的货物，以及从新安江下游而来的浙江货物，自浦口逆练江而上，到达渔梁坝下的龙船坞。

货物下卸，经由渔梁主街西向，或者由陆路直接运输到徽州府城，再转运各地，或者过渔梁坝而自诸条南北方向的巷口，折而向南，经过各个水埠，到达坝上诸码头。然后自这些码头上船，再沿练江及其几条支流水路，通过船只逆流运输到府城、岩寺、富堨和临溪等歙县和绩溪各个区域的货物、人流的集散中心，而集散中心的名称也说明了在接受自外界而来的货物的同时，本地的商品向外运输，就是沿着这条路线反向运行。

通过渔梁进行交易的货物，“运出以茶叶、木材、土特产为主，运进以粮食、盐、日用百货为大宗”。

---

① 歙县地方志编纂委员会编纂:《歙县志》,合肥:黄山书社,2010年,第1416页。

② 同①,第230页。

③ 同①。

货物运输过程中,包括经由渔梁等港口的转运,一般通过船行来进行,船行又名过载行或者过塘行,也叫埠头。渔梁比较著名的船行有“姚利达、姚顺太、(巴)道复、姚元源、姚永盛、同兴泰、源昌、巴正康家”8,徽州其它各个港口也多有,比如深渡有5家,南源口有1家。

图　巴道复运输过塘行

图片来源:2010年暑期笔者拍摄于歙县渔梁。

当时运输的主要方式是:“客商将货物交付船行,由船行开条交付船户,船户将货物运到目的地交付收货商号,运费或由交运客商先付,或由船户向收货商号领取,船行在运费内抽取手续费。船行对交货客商负责,船户对船行负责,如有损失,概由船户赔偿。”①

① 歙县地方志编纂委员会编纂:《歙县志》,合肥:黄山书社,2010年,第230页。

一般而言，船行是拥有铺面、货栈甚至客房的，也雇佣一些账房和帮手等。比如建于清末的巴道复运输过塘行，现在仍位于渔梁街上，"原为渔梁码头上一茶叶周转兼经营处"，在具有铺面经营功能的同时，还有仓房储存的功能，其"宅二层三进，前店后宅。前部两进在二楼联成一气，形成较大的贮藏空间"。①

总的来看，这些船行包揽水运雇船，成为客商和船户之间的中介，这种中间商业团体的数目还相当多，它们的产生真实地反映了徽州对外商品贸易往来的繁荣，这种对外交易的兴盛要求实现更为细致的劳动分工，由此，在商人和船户中间产生了船行，船行通过为商人和船户牵线，抽取手续费得以生存。

船行其实就是一种牙行，船行的商人也就是牙商。渔梁本地的牙商历史悠久，他们一方面作为中介成为客商与船户的沟通渠道，为改善徽州商业贸易往来做出一定的贡献，但另一方面他们也依靠其地头蛇地位，群集而起，强买强卖，坑蒙拐骗。

比如明代末年，渔梁就出现了一些打行，这些打行就是一种变异了的牙行，明代崇祯年间担任歙县县令的傅岩记录道：

> 看得徽俗喇棍打行，诸恶少立红袴、棒槌、斧头等会，聚集凶强，闻风打诈窝盗，凌虚武断，城市乡村皆受其害，故有太保、天罡之称，其实同伙也。……近则渔梁坝、河西桥、关厢等处，打诈害人。……至如程俊之者，虎踞渔梁坝，私开牙行，硬骗船户朱万福等船税不赀。②

除此之外，渔梁牙商还利用不对称的信息优势，浑水摸鱼，掘利其中，傅岩在其著述的《歙纪》一书中有过一些渔梁牙商为非作歹的记录。

---

① 东南大学建筑系、歙县文物管理所编著：《渔梁》，南京：东南大学出版社，1998 年，第 91 页。

② (明)傅岩：《申报打行》，《歙纪》，合肥：黄山书社，2007 年，第 66—67 页。

傅岩任歙县县令的时候，徽州米粮不足而仰给于外，“新安所产米谷，不足民食之半，向借外来”，一旦粮食“新陈未接，艰于籴买”，就很容易出现“米贵人惶，而挟借抢攘，为害叵测”的情况。[①] 崇祯八年(1635)，傅岩在一篇公文中写道：

> 看得歙地四面皆山，石田硗确，平时得岁，民食尚艰，况今两月以来霪霖为祟。震霆烨电，惊涧壑之狂奔；高谷深陵，怅米薪之腾贵。……三农野哭，惟踯躅以呼天；万姓隅悲，共哀惶而抢地。[②]

为了解决这类问题，傅岩除了通过“遍告本里乡绅士民，自报情愿积贮米谷数目，或贮社仓，或贮本家，听其自便”[③]这种预贮粮食的方法之外，还通过船行到外地购买粮食运入歙县，比如：

> 崇祯九年五六月，天旱水涸，外贩稀少，米价腾贵，民心惶急，发库银五百两，给牙铺出境广籴，于洪公祠、观音阁、瞻淇馆、渔梁公所减价发粜。……幸及秋成，地方安堵。[④]

此外还有“发库银五百两，付经济领往境外买米”，其中的一部分运回渔梁坝“减价粜卖”的记录，[⑤]我们从这些史料中可以看出用地方政府利用公帑自外地购入的粮食，是通过牙行实现的，所获得粮食中的一部分就储存在渔梁。

库银购得的粮食，渔梁的牙行和牙商慑于官威，不敢或不能打其主意，与之相反，民间商人贩运粮食在渔梁获得的待遇就大为不同。《歙纪》中就

---

① (明)傅岩:《事迹》,《歙纪》,合肥:黄山书社,2007年,第57页。
② (明)傅岩:《申报荒旱》,《歙纪》,合肥:黄山书社,2007年,第58页。
③ 同①。
④ 同①,第56—57页。
⑤ 同①,第62页。

记录说：

> 商贩粮食，聚集渔梁坝为市，土棍充牙侩，恃党作奸，私置斛平，出入重轻，银杂低赝，抑局赖措，越贩抬价，籴粜均受其病。[1]

傅岩在发布的一条《严禁船埠索骗》的禁令中，也说道：

> 近访有埠头奸棍，通同本地船户，凡遇船票一出，即将外来船只勒讨贴差常例。少逆其意，抢帆留柁，夺索锁船，极为荼毒，以致外省之船畏惮不前，米货不接。[2]

这里的埠头指的就是船行，船行与本地船户合伙，抓住县令因为"公务唤取船只"而发出的差票未得及时销去之机，"指称官差"，冒名勒索，为害甚大。

面临上述这些情况，为了警示渔梁本地的牙商，保障米粮顺利输入与输出，傅岩特意于崇祯十年(1637)设立八条禁约，在渔梁坝勒石为禁，其文如下：

> 看得徽之民食，半藉外来，商贩跋涉险阻，有风涛寇盗之虞，本图觅锱铢之利，而铺家赊领，价银拖负，致使坐困。然铺家诚伪，稔在牙行。今悉除其抑勒阴阳之积习，以专责成，复勉米商以乡土待哺之情，毋令透越他鬻，射利抬价，以备荒政，酌盈济虚。设为禁约八条，第事在更始，恐难画一，必藉宪批，方能持久。合具申请详示，勒石渔梁坝，永远遵守，庶商民两利，宪典无数矣。计开：
>
> 一、法马之制，有广平，有苏平，轻重不同。自前任方知县定法之后，谓之梁平，商民恪守无异。今有以轻马兑出，重马兑入，致商民均受其病。已经将各牙法马较定，标押凿记。出入通行，如非官定法马，另行私置者，商民禀告申究。
>
> 一、拾斗为一石，此定制也。渔梁米每袋十二斗为一个，此昔

① (明)傅岩：《事迹》，《歙纪》，合肥：黄山书社，2007年，第57页。

② (明)傅岩：《严谨船埠索骗》，《歙纪》，合肥：黄山书社，2007年，第109页。

有欲省脚费、牙钱，埋奸作俑。夫米既多拾之二，价不得不增，而争端遂起。今每袋以拾斗为率。其斛斗近有内外削戳，私置两样，出入大小之弊，今照旧较准，经本县标押，出入通行。如有仍前作奸及私置者，并以法惩。

一、粜粜银色，向皆足色。如有插铅灌铜低假者，律究。

一、量斛。各商公举一斛手，报名在官，专听客便。毋许本行斛夫强霸，轻重其手，致有盈诎，违者论以把持行市律。

一、埠头上下脚夫及大小船户，每乘隙偷盗，以致亏折。今后盘验短少，禀告追赔枷示，永不许进埠觅食。

一、雨旸愆期，岁或常有，乃奸牙串情，措抬高价，以致市值腾涌，惑乱人心，釀患害民，莫此为甚，定以乱首绳之。

一、凡外郡并歙米商，粮食运至渔梁发卖，务要诚实。铺家牙行不得通同贩子掣去，经年，讨取无还，致商亏本，拍手难运。违者必治以罪。

一、米商多歙人，每遇春夏旱潦需米之时，自当各为桑梓，况今宪台准议立法，弊绝风清，各商无所借口。再有中途鬻卖，不至渔梁，视乡里之急而不救，并置之法，其金、衢小米船，听其装载至梁，亦不许诸人中途邀买，以塞商路。①

傅岩《米行勒石》八条，对于称重砝码、斛斗容量、银色、米袋大小等作了明确规定，试图杜绝牙行私行不法的可能，并确保如有违犯，必按律追究。此外，严禁牙行谣言惑众，哄抬粮价，趁机牟利，不许牙行拖欠米商钱款。针对一些船户和船行脚夫，借运粮之便，贪墨客商粮食，私下贩卖以致客商损失的情况，碑文规定了追赔枷示的处罚，并严禁再入渔梁，断其谋生之地。要求米商体念桑梓之情，多转运外地粮食救急乡里，如中途贩卖，依法追究。

① (明)傅岩：《米行勒石》，《歙纪》，合肥：黄山书社，2007年，第67—69页。

这些来往于渔梁，航行于新安江上的船只运输具体情况，民国以前的记录不多。《徽州地区交通志》上有对于排筏的记录：

排筏是徽州古老的水上运输工具，一般用10—12根大毛竹，经过去皮烧焦，编成头翘、尾平，长6米、宽1.5米的平面竹筏，俗称“乌排”，载重1吨左右，适应山河浅水运输，有“山河轻骑”之称。[①]

图　新安江木排运输

图片来源：徽州地区交通志编纂委员会编：《徽州地区交通志》，合肥：黄山书社，1996年。

这种竹制排筏古今皆有，与木排的扎制原理相似，不过竹排的主要功能

① 徽州地区交通志编纂委员会编：《徽州地区交通志》，合肥：黄山书社，1996年，第179页。

是载物，可连续使用，而木排的主要功能是为了运木，到达目的地即拆排为木而卖，一次性使用。排筏的特点是扎制方便，成本不高，缺点是安全性和防水性不高。

图　新安江木帆船运输

图片来源：徽州地区交通志编纂委员会编：《徽州地区交通志》，合肥：黄山书社，1996年。

除排筏以外，《歙县志》在对1934年渔梁坝运输情况的记录中，提及了另外几种类型的船只："有浙江快船公司经营的4艘客运快船（12舱大篷船，10吨级），每天顺逆水各一班航行深渡至屯溪间，沿途各大村庄皆停靠，航行时间顺水1天、逆水1天半至2天；有深严利行公司经营的8艘客运快船，每天顺逆水各一班航行深渡至浙江淳安、建德间，沿途各埠皆停靠，航行时间深渡至淳安顺水1天、逆水2天。其时，新安江上，往来屯溪杭州间有12舱（10吨级）、8舱（5吨级）、6舱（3.5吨级）等多种大篷船。练江上，渔梁坝下至朱家村间有小篷船约60艘，每艘载重2.5吨；渔梁坝上至各处有小篷船约200艘，每艘载重1.5吨。练江上小篷船多为载运货物，载客很少"，并且说"明弘治（1488—1506）末年，渔梁建造木帆船在新安江水系航行"。[1]

---

① 歙县地方志编纂委员会编纂：《歙县志》，合肥：黄山书社，2010年，第230页。

新安江水道航运史上，有一种名为“东浙西安船”[1]的船只，就描述的形状和特点，与木帆船有些类似。《天工开物》上说：

> 东浙西安船：浙西自常山至钱塘八百里，水径入海，不通他道，故此舟自常山、开化、遂安等小河起，钱塘而止，更无他涉。舟制箬篷如卷瓦为上盖。缝布为帆，高可二丈许，绵索张带。初为布帆者，原因钱塘有潮涌，急时易于收下。此亦未然，其费似侈于篾席，总不可晓。[2]

这里的“西安”并非指的是陕西西安，而是浙江之西安（衢州府治），东浙西安船是以衢州西安之地名命名的内河航船。这种东浙西安船源出衢州，奔行于钱塘江上游除新安江之外的另一条支流“衢江—兰江”之上，因为徽州与浙西金、衢、严地区通过水道的人员和贸易往来十分频繁，徽州的船只同样地来往于徽杭之间，所以东浙西安船这种以衢州西安命名的船只也自然地大量航行于徽州内河之上。

木帆船在明代弘治末年于渔梁兴造并在新安江水系航行。需要注意的是，同样是弘治年间的弘治五年（1492），“开中纳银”制度开始实施，弘治年间徽州连续两次大规模地修复渔梁坝，并且明代中期也是徽商特别是徽州盐商开始全面崛起的关键时期，徽州人包括徽州商人自新安江离开徽州多自渔梁开始，就像古代东出长安多自灞桥始，渔梁对于徽州而言也有一种如灞桥般特殊的象征意义存在，因此，渔梁被誉为徽商之源是很有道理的。

---

① 宋应星原文是“东浙西安船”，译注者改成“浙西西安船”，认为西安（衢州）、常山、开化等地皆在今浙江西部，故应称之为“浙西西安船”。笔者按：古代浙东、浙西划分是以钱塘江为界，杭、嘉、湖地区称为“浙西”，而宁、绍、台、温、金、丽、衢等地区均属浙东，故宋应星原文似正确，本文仍取宋应星“东浙西安船”说法。

② （明）宋应星著，潘吉星译注：《天工开物》，上海：上海古籍出版社，2008 年，第 257 页。

第四节 滨水而兴是屯溪

徽州新安江流域有一些比较著名的市镇，比如有“七省通衢”美誉的黟县渔亭，号称“小小休宁城，大大万安街”的休宁万安，“六街灯火无双镇，十里笙歌第一桥”的歙县岩寺，“古之大镇”[①]之休宁五城，“一邑总市”[②]之休宁屯溪，“徽商之源”之歙县渔梁，以及“新安门户”之歙县深渡，其中渔亭、万安、岩寺和屯溪更是号称“徽州四大古镇”。

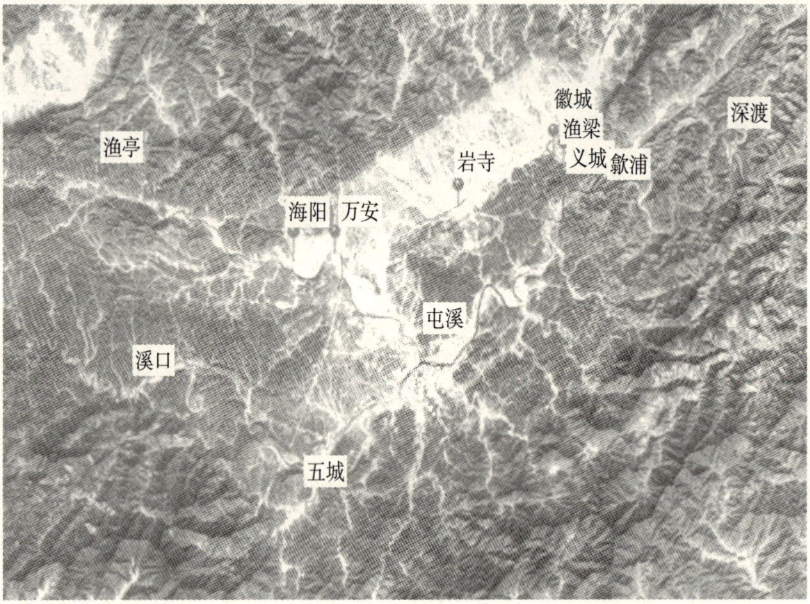

图 徽州古市镇分布

图片来源：百度卫星地图，http://map.baidu.com/。标注为笔者所加。

包括四大古镇在内的这些徽州市镇，很像一粒粒虽大小不一，却璀璨夺

① (宋)乐史：《宋本太平寰宇记》，北京：中华书局，2000年，第136页。

② 休宁《赋役官解全书》，见张海鹏、王廷元主编：《明清徽商资料选编》，合肥：黄山书社，1985年，第195页。

目的珍珠，被新安江水系缀连在一起，最终形成了一条流光溢彩、熠熠生辉的珠链。珍珠因为串联在一起而价值倍增，这些市镇也因为都滨临新安江水系，彼此之间可以方便快捷地相互联系和交流而生机勃勃。在前文考察渔梁的基础上，本节主要考察屯溪相对于徽州其它一些市镇的比较优势以及最终脱颖而出的原因。

屯溪的地缘优势明显，其中最明显的优势就在于它处于新安江干流率水与其重要支流横江交汇之处，可以说，在徽州，只有“四水归堂”的歙县县城徽城和练江与渐江交汇的歙浦差可比拟，再就是也处于两水交汇之处的休宁海阳、溪口和歙县深渡这三个地方。这些地方因为诸条江流的汇合，首先带来了水路航运的便利，有利于人力和物力资源的转入和集聚。

不过溪口和深渡，一个偏西，一个偏东，相对于徽州盆地的中心区域“海阳—屯溪—徽城”这一三角形核心地带来说，只能算僻居一隅，并且两地山环水绕，环境逼仄，其经济辐射面积不是特别大。而休宁县治所海阳虽处于徽州盆地中心区域，但其位处新安江上游，交汇于此的横江上游与休宁河的流域面积和水运条件不如屯溪优越，所以这三个地方的发展潜力与屯溪比较，相形见绌。

相对于屯溪而言，徽城和歙浦居于下游，可以轻松承接渐江上游包括屯溪及自练江上游四条支流顺水而来的人流和物流，其地缘优势更为明显。而徽城和歙浦比较而言，歙浦貌似更具优势，毕竟从练江而下的船只可以同样地顺水到达徽城和浦口，而自新安江上下游而来的舟船如要到徽城，还需要逆练江而上才能到达，尽管距离不长，但还是需要费一番工夫，更何况这一段路程在渔梁坝修建以前，一直以滩险水急著称，从前文提到的歙县“东南十二里有吕公滩，本车轮滩，湍悍善覆舟”也能约略看出，所以说歙浦理论上比徽城更具水路运输的优势。

实际上，歙浦附近至今还存留一个曾经作为区域政治中心的古歙县县城遗址，其位置大约在练江和渐江两水交汇之处的南侧，今歙县义成村一带。《歙县志》上说：

> 东吴征山越，歙人毛甘据乌聊山筑城，后人称毛甘故城。东吴降服歙、黟，分而治之，置新都郡于始新，迁歙县县治于渐江边歙浦。《水经注》云：渐江水“又北迳歙县”，即指歙浦乃歙县县治之所在。歙浦地势险要，西、北临渐江，驳岸陡削，南依来龙山，壁立如屏，惟北面为缓坡，故砌以寨墙，俗称关墙。墙有入城道口，墙外小道横亘，西上歙浦岭（又名三国山），东下水埠。埠前水深浪静，名文汇潭，为常年泊舟处。现义成村内，仍有官厅、花园、更楼、接官厅等县衙建筑遗迹。隋末，汪华迁州治于乌聊山（今长青山）筑城，后人称汪华故城，县治附廓。歙浦作为县治止，大义告成，故名“义成”。①

尽管歙浦具有这样的水路优势，并且自三国至隋代，一直作为歙县县治所在，但是最终汪华还是将歙县县治，也就是歙州州治自歙浦迁至乌聊山，也就是今日的歙县县城所在地徽城镇，这主要是出于对安全性和发展潜力的考虑。

中国古代的城市，相对于“市”而言，更重视的是城池的作用。有城无市，市可在城外存在；有市无城，因为外部自然和社会环境的威胁，不只是财富，甚至连生命都很难得到保障，所以古人极为重视城池之设立。如果城与市同时存在，最好是市在城中，而非城在市中。在古代，一个城市的建立，古人对于安全性的考量很多时候要胜于对经济性和便利性的考量。②

尤其是隋末正处于乱兵纷纭、军阀割据的时代，即便新安地区青山万转，层峦叠嶂，但战火仍然蔓延至此。乱世之中，军阀首要的目标就是“高筑墙，广积粮，缓称王”以自保。从高筑墙来说，徽城比义成的优势更大一些。徽城既可以说是三面环水，东面依山，也可说是三面依山，西面环水。总的

---

① 歙县地方志编纂委员会编纂：《歙县志》，合肥：黄山书社，2010年，第1411页。

② 有学者认为，中国历史上城与市的关系经历了5个演变阶段：有城无市、城中有市、城区即市区、城在市中和有市无城。参赵德馨：《中国历史上城与市的关系》，《中国经济史研究》，2011年第4期，第3页。

来看，徽城山环水绕，山水叠嶂，实在是天然的易守难攻之地。而义成虽可言西、北临水，西、南依山，但较之徽城其气势则等而下之，安全性大有不足。

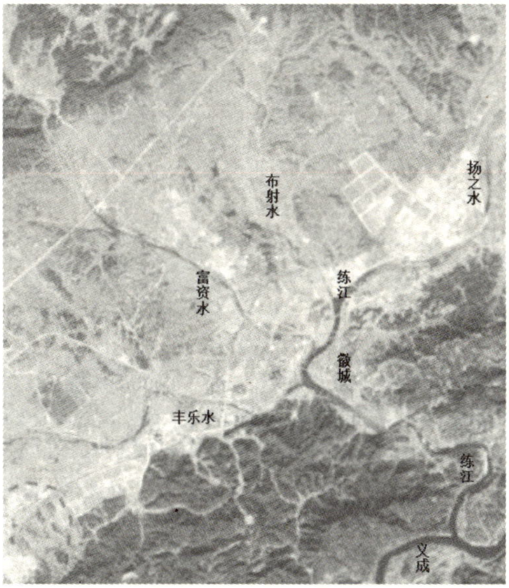

图　歙县徽城形势

图片来源：百度卫星地图，http://map.baidu.com/。标注为笔者所加。

就广积粮而言，徽城东依问政诸山，其北、西、南三个方向紧临练江，隔江向南为披云山峰，视野跨河而西瞰与北望，拥有扬之、布射、富资和丰乐四水冲击而成的相对平坦之扇形平原作为腹地，较之徽州的山岭地区，物产相对丰富，人员比较密集，其发展的经济基础也更好一些。而义成地处狭谷水道之畔，触目所及，平畴极少，比之徽城，确有不如。徽城山水环抱的核心城池区域较之义成的滨江之地，面积更为广阔，发展的余地更大，可以说与徽城之从容不迫相比，义成稍显局促不安。

基于以上原因，徽城长久以来成为新安地区的首府所在，而毗邻徽城的渔梁近水楼台，成为徽州的一个繁华枢纽市镇。

在这样的背景之下，屯溪日益崛起并逐渐脱颖而出，是由多方面的原因造成的。屯溪相对于徽城来说，“市”的功能更大于“城”的功能，经济上的作用更大于安全上的作用。屯溪的发展，最早只是因为商业上的需要而兴盛起来的，这种商业上的发展和兴盛，最重要的原因还是来自于其特殊的地缘优势，特别是地处率水与横江交汇之所，具有相当大的水路航运优势。

就徽州新安江流域而言，屯溪乃控扼之重地，连渔梁为襟带之要冲。和徽城附近的渔梁类似，屯溪这种兼具徽州区域中心和水运枢纽的复合优势，在徽州的各个市镇中是极有竞争力的。屯溪除了在安全性上因为山环水绕的地形，较之徽城而言稍逊一筹之外，其水路运输条件和经济腹地条件都不落后于徽城，甚至尤有过之。可以说，就经济发展的自然条件而言，屯溪和徽城是徽州最具有发展潜力的两个地方，堪称徽州的双子星。

明中叶以后，徽商包括典商的崛起，传统木材贸易的继续发展，以及松萝茶种植和对外销售的兴盛等，人员和物资的流动性要求，导致来往于屯溪的船只日渐增多，对于水路航运的需求逐渐加大，这些都使得作为诸水聚合之地的屯溪，其市镇规模不断拓展和扩大。

随着徽州商品贸易的发展，除作为区域政治中心的徽城以外，屯溪和徽州其它各个市镇是具有很大的竞争关系的，比如屯溪和岩寺就是如此。

在徽州盆地内，以休宁海阳、屯溪和歙县徽城三个地方为顶点，可以形成“海阳—屯溪—徽城”金三角核心区域。此三角核心区域通过水陆渠道，特别是水运航道，可以分别辐射徽州东北、西北和南部各个区域的广大市镇和乡村。

在这个三角形中，海阳到屯溪的底边直线距离大约有 15 公里，而徽城至海阳的左边距离约为 25 公里，徽城到屯溪的右边距离为 20 公里左右。毗邻这个三角区域的有海阳近郊的万安和徽城近郊的渔梁，而岩寺正好处在从海阳到徽城的路线中间。可以看出，屯溪和岩寺分别是休宁到歙县水路或者陆路交通的中间节点。

这种两地之间不同路线都有交通贸易节点的情况，必然导致两个市镇彼此竞争。比如自祁门和黟县来到渔亭的货物和人流，顺横江而下，可集聚于海阳或万安，然后或者通过水路经屯溪直到浦口而上溯徽城或下去深渡，或者通过陆路径直穿过岩寺而直达徽城。

《一统路程图记》中就记录了两条路线的不同。一条是“休宁县至杭州府水路”，主要是从休宁县，沿横江、渐江而下，经“万安街，梅林、屯溪、吊桶滩、牛坑、溪东、溪南、草市、黄墩、烟村、岑山渡”，到达浦口，此后或逆练江而上渔梁、府城，或沿新安江而下直到深渡。[①] 另一条是“杭州府至休宁县齐云山路”，其中的从徽城到海阳的一段，就是从徽州府，经“冷水铺、岩寺镇、茆田铺、长究铺、张山铺”，然后到达休宁县。[②]

从这些路程图记录中可以看出，欲自徽州西部祁门、黟县、休宁等地到达徽州东部的歙县等地，可以经由陆路驿道经过岩寺，或者经由水路通过屯溪，岩寺和屯溪确实处于一种竞争的关系。

在两条路线中，走陆路经过岩寺，有直线穿越、距离更近的优势，不过屯溪因为其上游是新安江干流率水，较之岩寺的丰乐水，经济辐射区域更大，并且不同于“海阳—岩寺—徽城”路线的半陆半水或者全陆通道，“海阳—屯溪—徽城”路线全是水道。相对于陆路经过岩寺的陆路通道，屯溪水路在运输一些体积和重量较大的商品如木材、粮食等商品的过程中，其成本优势明显。另外，完全的水路运输，也省却了可能出现的水陆转运的麻烦。

屯溪慢慢崛起并最终脱颖而出，是有一个较长的历史发展过程的。汉朝建安十三年(208)，吴主派贺齐讨平山越后，设犁阳县(晋改黎阳)，属新都郡，县治就在屯溪之黎阳，这应该与屯溪拥有优越的水路优势，并可扼徽州盆地西南部之要冲不无关系。

历史上有明确记录并在屯溪筑屋经商的商人，是生于元至顺壬申年(1332)、殁于明永乐癸巳年(1413)的休宁人程维宗。史料记载其人：

> 早有大志，潜心于学，年才十九，常一赴乡试，不捷而归。由是

---

① (明)黄汴:《一统路程图记》，见杨正泰:《明代驿站考(增订本)》，上海:上海古籍出版社，2006年，第376页。

② 同①，第285页。

发愤请业于郑师山、赵东山二先生之门。

既而遭时革运，无复荣念，从事商贾。货利之获，多出望外，以一获十者常有之，若有神助，不知所以然者，由是家业大兴。

旧居毁于火，乃谋创造于溪南江氏之故基，亦既成矣，县宰杜公引喻切规，勿离祖宅，公感其言，复回旧址，重新建造，壮观弘敞，数倍于前。厅门无馆阁、池亭，仓禀、府库日用之常无不备具。且增置休歙田产四千余亩，佃仆三百七十余家。有庄五所：其曰“宅积庄”，则供伏腊；曰“高远庄”，则输二税；其洋湖名曰“知报庄”，以备军役之用，至今犹遵守焉；其蕨干名曰“嘉礼庄”，以备婚嫁；其杭坑名曰“尚义庄”，以备凶年。其各庄什器、仓廪、石坦、垣墉无不制度适宜。

又于屯溪造店房四所，共屋四十七间，居商贾之货，故税粮冠于一县，麦二百二十八石六斗四升五合九勺，米三百五十五石六升六合五勺，是以徭役之重者皆公任之。然充斗级即陪粮一千三百余石，充库子即陪课青蚨一万余贯。[①]

程氏于元末读书而不售，欲大隐于朝而未得，元明鼎革之后，一心经商中隐于市，遂获大利。此后，程氏一方面小隐于家乡，“增置休歙田产四千余亩，佃仆三百七十余家”，有田庄五所，分别是“宅积庄”“高远庄”“知报庄”、“嘉礼庄”和“尚义庄”，分别以备祭祀、赋税、军役、婚嫁和防灾之用；另一方面兴工建房以经商，“于屯溪造店房四所，共屋四十七间，居商贾之货，故税粮冠于一县”[②]。从其税粮数目可以看出当时程氏在屯溪驻守经商，其规模和效益是相当可观的，而屯溪老街的雏形也由此间而成。

屯溪老街所在之地，依山面水，通达三江，修于明代中叶弘治年间的《休

① 《休宁率东程氏家谱》，见张海鹏、王廷元主编：《明清徽商资料选编》，合肥：黄山书社，1985年，第80—81页。

② 同①，第81页。

宁县志》明确提到“屯溪街，在县东南三十里”，[①]“屯溪桥，在县东南三十五里”[②]。

当时屯溪依靠其汇聚上游率水与横江的优势，可以辐射到休宁其它几个滨水而居的市镇，比如，同载《休宁县志》的“五城镇，在县南五十里，接婺源五岭”，“万安街，在县东五里”，“临溪街，在县南三十里”，[③]其中的万安通过渔亭上接黟县和祁门，五城则在翻越高岭之后，与婺源相接。

屯溪与这些市镇通过水陆通道，经由舟船津梁，可以方便快捷地来往和联系。实际上，自明代中叶以后，随着休宁、黟县、祁门及婺源的不断开发，加之屯溪经济腹地面积本就比较大，屯溪的发展水平也日益提高，这对于屯溪商品集散和贸易中心的地位是很有利的。

比如一直以来作为徽州对外贸易重要物资的茶叶，休宁就是主要产地之一。自元代开始，即“立榷茶提举司于休宁”[④]，明代休宁松萝茶的出现对于休宁茶叶生产和销售更是带来巨大的推动作用。[⑤] 从明代中期开始，屯溪逐渐成为我国著名的茶市之一。当时的茶引“由部颁安徽布政司，由司发县，茶商出境，街口巡司验实截角”[⑥]。

当时徽州除了徽州东边毗邻浙江淳安而总扼新安江的街口巡检司之外，还有一个较之街口为西的“汰厦巡检司，在屯溪僦民居”。这个汰厦巡检司“旧在白际岭，衙舍有旧基。万历丁丑奉文移城内僦民居，后移屯溪”[⑦]，清

---

① (明)程敏政纂修：《休宁志》，《北京图书馆古籍珍本丛刊·史部·地理类》第29册，北京：书目文献出版社，第491页。

② 同①，第492页。

③ 同①。

④ 同①，第476页。

⑤ 关于徽州茶叶生产和销售对于屯溪崛起的影响，笔者参考了邹怡《明清以来的徽州茶叶与地方社会(1368—1949)》一文，特此注明，并致以谢忱！

⑥ (清)张佩芳修，刘大櫆纂：《歙县志》，《中国方志丛书·华中地方·第232号》，台北：成文出版社有限公司，1975年，第329页。

⑦ (清)何应松修，方崇鼎纂：《休宁县志》，《中国地方志集成·安徽府县志辑》52，南京：江苏古籍出版社，1998年，第46页。

康熙年间，“汰厦巡检司自休宁临溪移驻屯溪”①。

该巡检司从白际岭迁到休宁县城，再转移至屯溪的过程，在一定程度上证明了经济基础决定上层建筑，也反映了屯溪优越的地理位置和水运优势给本地行政机构地点的设置带来的潜在影响。

屯溪日渐兴盛，自明嘉靖十五年(1636)休宁人戴时亮在县东南30里屯溪创建“中桥为亭，为邑绾毂”②的屯溪桥后，其桥东陆续出现了不少储用栈房，先后有8家之多，“八家栈”之名从此开始。

随着栈房的建成，屯溪“肩挑驮运日盛，骡马牲口麇集，航运日臻扩展，饭棚宿店争先搭盖，摊贩店铺增多，低棚高楼逐渐东八家栈沿江下延”③。

至明代天启年间，屯溪已经有“一邑总市”之称号了。当时因为缺粮，屯溪作为要冲之地，“商牙辏集，米船络绎相继。该坊约里举其富甲众商者，同领官价，转派多商，顺带以归城社之仓”④，从这些记录中可以看出，当时屯溪市镇繁荣，商人众多，富甲一方者亦有，商船集聚，已经成为休宁各个市镇中最大的一个商品集散中心。

这一点从康熙《休宁县志》里有关各个街市的记录中可以得到证明。比如“屯溪街，东三十里，镇长四里”，较之屯溪街的四里长度，“大大万安街”只是“长三里”而已⑤，至于其它市镇的街市距离更短。

屯溪街区的扩大，说明经商者日渐增多，整个屯溪人气渐聚，各种公共设施开始频繁地修建，仅仅在康熙年间，屯溪桥就至少被修复过两次，“康熙

---

① 屯溪市地方志编纂委员会主编:《屯溪市志》，合肥:安徽教育出版社，1990年，第5页。

② (清)何应松修，方崇鼎纂:《休宁县志》，《中国地方志集成·安徽府县志辑》52，南京:江苏古籍出版社，1998年，第49页。

③ 同①，第419页。

④ 休宁《赋役官解全书》，见张海鹏、王廷元主编:《明清徽商资料选编》，合肥:黄山书社，1985年，第195页。

⑤ (清)廖腾煃修，汪晋征等纂:《休宁县志》，《中国方志丛书·华中地方·第90号》，台北:成文出版社有限公司，1970年，第204页。

十五年，桥圮，邑人程子谦重建，三十五年再圮，程子谦复建”。[①]

一些行政机构因应商业发展的需要，先后迁移至此。比如，汰厦巡检司就是在这一时段自休宁临溪移驻屯溪的。而康熙年间的著名诗人查慎行在一首诗中这样写道：“屯溪船上客，前度去装茶。娶得东村妇，经年一到家。”[②]可见当时徽州的茶叶不少就是在屯溪集聚，然后自屯溪沿江而下，运到新安江下游，然后转运全国各地的。这些史料都反映了屯溪在依托优越的水路航运条件下逐渐繁华兴旺，并在徽州本区域内地位日渐重要的历史景象。

清代中叶以后，随着广州作为国内唯一对外通商口岸地位的确立，经屯溪上溯渔亭，过榔木岭至祁门后沿阊江而下，到达鄱阳湖，再逆赣江而南行，翻越大庾岭，再到广州这一主要为水路的内河商道，成为徽州对外贸易的主要通道。

在此间的商品贸易流通过程中，许多歙县、绩溪的物产也沿渐江上行至屯溪集聚，同样的，外国的商品也多经由屯溪分运到新安江下游地区，屯溪凭借其优越的航运水利条件，在一段时期内成为徽州最为重要的商品集散中心。屯溪下街江滨五福祠有一副对联，对这般繁荣景象有如此描述：

> 五水回环，通六邑源流，到此一起收住；
> 福星照耀，看半江帆影，都将满载归来。[③]

屯溪作为集散中心地位的确立，也引起了周边产业的集聚，许多从事手工业和生活服务行业的商人以及普通从业人员的进入，使屯溪人口持续增加。如清朝嘉庆前后，在屯溪开设的店铺就有“采章墨店”、婺源“俞德昌”茶

① (清)何应松修，方崇鼎纂：《休宁县志》卷二，《中国地方志集成·安徽府县志辑》52，南京：江苏古籍出版社，1998年，第49页。

② (清)查慎行：《青溪口号八首》，《敬业堂诗集》，见《景印文渊阁四库全书》第1326册，上海：上海古籍出版社，1987年，第64页。

③ 舒玉玲主编：《徽州楹联通览》，合肥：黄山书社，2013年，第19页。

号和休宁汪家粮店等。继之又有黟、歙茶商争先来屯开设茶号，精制洋庄绿茶。不久，其他茶庄、茶号相继涌现。“屯绿”既兴，京、广洋货亦应时而至。店、庄、铺、坊，似雨后春笋，商业更趋兴旺。①

清朝后期，尽管随着上海开埠，徽州商品又开始更多地通过新安江航道向外运输，不过屯溪依靠其东连歙县、绩溪，西连黟县、祁门和婺源的地缘优势，并作为“徽州—广州”这一商路的重要集散起始节点，在如具有水运枢纽地位的自然因素和巡检司的设立等社会因素的双重影响下，其形成的先发优势和路径依赖得到了确立，并长期持续和不断加深。尤其是各种政府机构和民间组织的建立，使得屯溪的城市服务功能不断强化。比如，在光绪十五年(1889)，屯溪137家茶号、7家茶栈、7家茶行和6家茶庄共同捐资创办慈善机构新安屯溪公济局，施医、施药、施棺及育婴。一些公共服务机构开始建立，如光绪二十八年屯溪始设邮政分局。宣统三年(1911)，屯溪始设电报局。以上这些是清末屯溪发生的一些变化。民国建立以后，1912年1月，徽州六邑巡缉队在休宁成立，总部设在屯溪，这可算是强力执法机关。同年，休宁县商会在屯溪后街韩家厅成立，会员以屯溪商界为主，包括万安、海阳、龙湾、上溪口五镇，会长为夏慎大。商会组织的建立反映了屯溪商业已经发展到了一定程度。1932年10月10日，徽州第一家地方报纸——《徽州日报》在屯溪创刊，说明随着商业的发展、人口的聚集，屯溪社会对于新闻和舆论的需求成为一种必要。1937年2月，屯溪天主教区升为监牧区，直属省教会区，下辖六县堂口。教区的升格，从一个侧面反映了屯溪对徽州境内传统六县区辐射能力的加强。从以上的诸条事例中，我们可以看出屯溪内部分工逐渐细化，与外部交流程度不断加深，在安全、经济、舆论等方面，屯溪对休宁甚至整个徽州地区的作用日渐增大。最终这些影响自然地反映在了地方主要行政机构的设立上。在1938年4月16日，安徽省政府皖南行署在屯溪成立(主任为戴戟)。1946年7月底，安徽省政府常委会通过，改划皖

---

① 屯溪市地方志编纂委员会主编:《屯溪市志》，合肥:安徽教育出版社，1990年，第419页。

省为 10 个督察区，第七区专署由休宁迁往屯溪。1948 年 12 月 7 日，安徽省皖南行署由宣城迁驻屯溪。直至建国前夕，1949 年 5 月 13 日，徽州专区成立，专区机关设屯溪。同日，屯溪人民政府成立。[①]

纵观屯溪两千多年的发展历史，从一个不见于志书的聚落最终演变为一个地市之首府，归根结底与其所拥有的水路航运优势是分不开的。

图　屯浦归帆碑

图片来源：2014 年 10 月笔者拍摄于安徽省屯溪市老街。

在今日屯溪老街的西门口有一块名为"屯浦归帆"的石碑，描绘了屯溪昔日兴盛之景象，碑文如下：

> 率水、横江交汇处，镇海桥、八家栈、渔埠头一带，是屯溪的古水口，旧时称"屯浦"，是徽州土特产的集散地和徽商走南闯北的起始点。每当夕阳西下，远自杭州、淳安，近即渔亭、龙湾的舟船，相将汇集，停泊待旦，十里江面，帆樯林立，桅火与灯光相映成辉，一派"喧闹晚市明灯火，渡头沽泊聚黄昏"的景象。

---

① 屯溪市地方志编纂委员会主编：《屯溪市志》，合肥：安徽教育出版社，1990 年，第 6—13 页。

确实如此，屯溪之兴始于屯浦，屯浦之发展，离不开三水汇聚、奔流不息的新安江水，更离不开行于江上的客货运输之舟船，正所谓“屯浦归帆”是也。

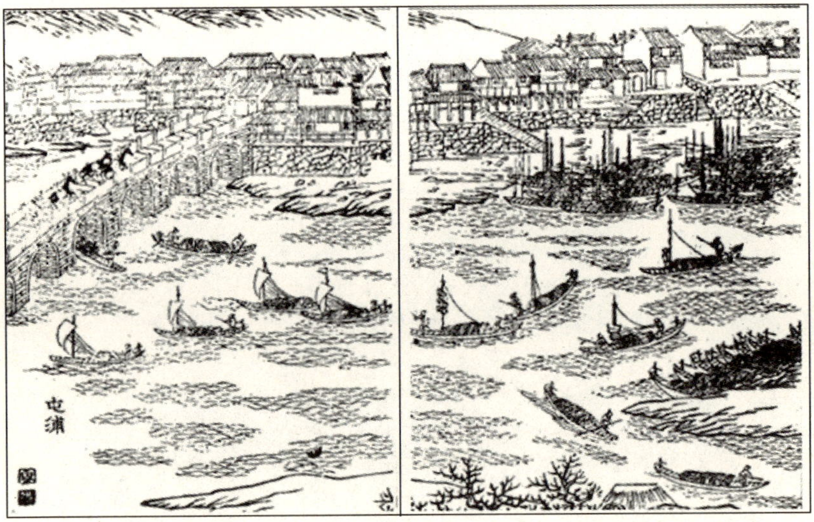

图　屯浦

图片来源：(清)廖腾煃修，汪晋征等纂：《休宁县志》，“中国地方志丛书·华中地方·第90号”，台北：成文出版社有限公司，1970年，第106—107页。

屯溪和徽州境内特别是新安江流域的其他市镇一样，同样是沿江布列，商贸昌盛，以四通八达而得水之利，因水而兴。

有一副对联是“生意兴隆通四海，财源茂盛达三江”，用来形容屯溪十分恰当。屯溪之兴盛繁荣绝离不开水利特别航运水利因素之重大影响，以屯溪为代表的徽州市镇因为新安江等水系而触角广为延伸，就像位于屯浦的屯溪桥自明代嘉靖十五年(1536)开始，又名“镇海桥”一样，徽州人的足迹不止于内陆的各个江河湖泊，他们也曾试图一直走向那浩瀚无垠的汪洋大海。

徽州人在世界从河流时代向海洋时代转变的过渡阶段，也确实一度处于时代潮流的前沿，在历史上留下过清晰的背影。但最终因为各种客观和主观原因，内敛并后退了一步，专注于内陆。尽管徽州确也走向了最终的灿烂与辉煌，但也早埋下盛极而衰的种子，与整个国家一样，具体而微的徽州实质上只是成为了璀璨之夕阳，发出了落日之余晖而已。

余论

成败由水——新安江的沉寂和望洋兴叹①

徽州人逐水而居，避水之害，趋水之利。兴建水利工程，防洪且灌溉；泛舟江湖，经商于海内外；察山观水，得风水之宜。徽州因水而兴，但最终也因水而衰。所谓成也水利，败也水利。只不过，徽州社会是成于江河之利的获得，特别是航运水利的获得。

比如，徽州以一方僻隅之地，适逢南宋迁都临安，徽州依靠其与临安之间山脉相连、一水直通的区位优势，直接受到首善之地的政治、经济和文化辐射，实现了由穷乡僻壤向京畿之地的跃迁。

徽州地处吴、楚、越三地交汇之处，成为沟通联系长江中上游与中国传统社会后期经济和文化核心区江南地区的重要中间区域，并可通过各条水道的巨大运输成本优势，缩短与各地方的经济距离，其中尤以连接徽州盆地与江南地区的新安江水道最为重要。徽州这种以航运水利为主的经济优

① 20世纪30年代，胡适曾就家乡兴修《绩溪县志》有所议论，他说："县志应注重邑人移徙经商的分布与历史，县志不可但见小绩溪，而看不见那更重要的'大绩溪'。"(《绩溪县志馆第一次报告书》，《胡适之先生致胡编纂函》，见张海鹏、王廷元主编：《明清徽商资料选编》，合肥：黄山书社，1985年，第215页)同样的，研究徽州水利社会，既要研究小徽州，也要研究大徽州。而新安江偏向东南去，以水为媒，与运河、长江、淮河、黄河等内河水系互通，同样也与广阔无垠的海洋水脉相连，海洋作为河流的一个自然延伸，或者也可以通过水这一纽带，让徽州水利社会的研究视野从小溪到长河再到大海不断扩展。

势，辅以地处长江以南、山环水绕的地理安全优势，以及中原衣冠南迁、理学兴盛带来的科举教育等人文优势，长久酝酿，综合作用，最后实现了徽州在河流时代的兴盛繁荣。

河流时代之外，还有海洋时代。15 世纪至 17 世纪欧洲船队为了寻求贸易和殖民的机会，渐次出现在世界的各地，这是一个大航海时代，也可以说是世界从传统的河流时代走向全球性海洋时代的开始。对于中国而言，15 世纪初郑和下西洋算得上一曲激昂的前奏，而真正地直接卷入全球性海洋时代，是从 16 世纪初叶葡萄牙船队不远万里来到久已盼望的中国东南沿海而开始的，从此中欧之间开始直接对话与交流、贸易与冲突。

徽州最终盛极而衰，如同清代的中国一样，有一个很重要的原因就是和海洋时代的脱节。这种脱节，不管是主动还是被迫，客观上都造成了海洋水利的损失，尽管自海洋时代开始，徽州一度拥有不少的机会。

前文提及，从 12 世纪到 19 世纪大约 800 年时间，可以明弘治五年(1492)为界，将徽州分成起步发展期和繁荣衰弱期两个大的时间段，因为这一年实在是一个很特别的年份。

明弘治五年(1492)十月，户部尚书叶淇议设开中折色法。就在同一年的 10 月 12 日，哥伦布到达美洲。开中折色法，给地处江南、远离塞北的徽商群体，在已有的基础上进一步大肆进入盐业经营带来了一个绝好的可乘之机，此后，徽州盐商逐渐以富称雄江南。

在哥伦布发现美洲，西方的大航海时代结出了阶段性的丰硕果实之后，一个对中国影响巨大的美洲作物和白银时代开始来临。徽州人面临两个选择，是继续沿着内河水路扩展商业网络，赢得收益相对稳定且丰厚的利润，还是走向海洋去获取危险但更丰厚的海外贸易利润。我们知道徽州人是向着海洋迈出过步伐的，而且步伐还很大，留下了相当多的历史印记，这就是明代的徽州籍海盗。

徽州籍海盗的出现，绝不是莫名其妙且凭空出现的，这种情况表明了徽州商人在经商的过程中，已经发展壮大到一定程度，其经营行为已经广泛接触到海洋，并开始有了试图打破海禁壁垒的需要。同样的事情还发生在闽、浙、粤等地的商人身上。海盗在明代长期存在，被称为“倭寇”，并于嘉靖年间大规模为乱东南，这其实是中国商人的商业触角延伸到海洋，碰壁之后的自然结果。

海洋商人中，一部分知难而退，回归内陆，另一部分迎难而上，从事这种违反当时法律的海外贸易，遂成海盗，这是由商人强烈的趋利性驱动的。

实质上，自迪亚士、达伽马前赴后继开辟了从欧洲避开近东、中东地区，直接通过海路绕过好望角直达亚洲的航路开始，传统丝绸之路上的阿拉伯人、土耳其人及中亚地区其他商人等许多中间人转手东西方商品获得的利润，开始逐渐转移到现在直接来往的欧洲人和东亚人手中。东亚与西欧商品的供需双方撇开中间人进行直接交易，形成了一种“脱媒”(Disintermediation)，使这种本来就利润丰厚的海外贸易更加让人疯狂。

嘉靖倭乱大规模爆发半个世纪之后，在16世纪后期，明政府的海外贸易政策实际上已经有所调整，但当时西班牙驻菲律宾的总督弗朗西斯科·桑德仍然这样说：“只要有机会，几乎每个华人都会变成海盗。”[①]这句话反映了隆庆开海之后“美洲—中国—欧洲”之间海洋贸易的疯狂，以及它所可能带来的可怕后果，由此也可以遥想16世纪初期，在海禁严厉时中外海洋贸易之间的利润也许更为丰厚。

从这句话也可以看出，这位西班牙总督所接触的华人中，相当多人的都是有海盗的嫌疑的，虽然这个结论有些夸张，但确实能反映当时中国的许多商人和地方利益集团对于明代的海洋政策一直是非常不满的，包括赫赫有名的徽商群体。巨大的利润和政策的桎梏，使得中国的商人开始试图打破束缚，开始从河流走向海洋，在这些人中，徽州人走在了前列。

自1498年5月28日，瓦斯科·达·伽马率领的“葡萄牙船队第一次绕

① [加拿大]卜正民：《维梅尔的帽子——从一幅画看全球化贸易的兴起》，刘彬译，上海：文汇出版社，2011年，第157页。

过四处扩张的庞大穆斯林世界，停泊在印度的卡里库特港(Calicut)”[①]，至1511年葡萄牙人占领位于东南亚的重要贸易口岸马六甲，然后开始跨过南海与当时明代的中国直接接触。

葡人的目的，主要是为了与中国开展贸易，但大航海时代无论是西方还是东方的海洋冒险家们大都具有亦商亦盗的特质，葡人在中国沿海寇盗的行为，加之当时中国的海禁政策，双方矛盾和碰撞很难避免。

正德十六年(1521)，历史上自海洋方向而来的欧洲与中国之间第一次较大规模的武装冲突自然而然地发生。当时，明朝一方率领军民与葡人作战的主帅就是时任广东巡海道副使的汪鋐，而这个汪鋐，籍贯婺源大畈，正是一个徽州人。[②]

嘉靖皇帝即位后，迎面而来的就是嘉靖二年(1523)中葡之间在广东的第二次冲突和日本贡使于宁波互斗而发生的“争贡之役”。面对如此形势，嘉靖帝关闭浙江、福建两处市舶司，并在广东加强海禁，隔绝该处市舶司的对外贸易。

在广东沿海，葡萄牙人从徽州籍官员汪鋐那里遭遇当头一棒，不得已转而北上闽浙寻求机会，最终在浙江宁波双屿与另一个徽州人联络在了一起。《明史》就说：

> 初，明祖定制，片板不得下海。承平久，奸人阑出入，勾倭人及佛郎机诸国入互市。闽人李光头、歙人许栋踞宁波之双屿为之主，司其质契。势家护持之，漳、泉尤多，或与通婚姻。假济渡为名，造双桅大船，运载违禁物，将吏不敢诘也。或负其直，栋等即诱之攻剽。[③]

---

① 姜守明、邵政达、陈正兰：《世界尽头的发现：大航海时代的欧洲水手》，北京：北京大学出版社，2011年，第87—88页。

② 葛韵芬等修，江峰青等纂：《民国重修婺源县志》卷二十四，《中国地方志集成·江西府县志辑》28，南京：江苏古籍出版社，1996年。

③ (清)张廷玉等撰：《明史》，北京：中华书局，1974年，第5403页。

当时双屿有以李光头和许栋为首的两个海商集团，从“歙人”一词可以确知，这个许栋就是一个来自歙县的徽州商人。

双屿的徽州人不止于许栋，就在这个许栋海商集团中，还有一个人物不得不提，那就是嘉靖倭寇大乱之时其中的一个核心人物、后来号称“徽王”的王直。

徽州人尤重乡谊。王直来自于歙县柘林，是许栋的同乡，因为这个关系，得到许氏的信任，出任该海商集团的管柜之职，承担出纳的责任。顾炎武在《天下郡国利病书》中曾引用万表之言曰：

> 徽州许二住双湾港，最称强，后被朱都御史遣将官领福兵破其巢穴，焚其舟舰，擒杀殆半，就双屿港筑截，许二逸去。王直亦徽州人，原在许二部下管柜，素有沉机勇略，人多服之。乃领其余党改住烈港，渐次并杀同贼陈思盼、柴德美等船伍，遂致富强。[1]

在许氏集团被朱纨剿灭后，王直收拢其余众，转移驻地至烈港，其后吞并诸海寇，势力日强，形成了实力庞大的王直海商集团。同西方海洋冒险者亦商亦盗一般，王直集团同样亦商亦盗，甚至因为盗的程度过于剧烈，在主动或被动地冒倭之名后，亦被称为“倭寇”。不过，这个有徽州人参与的海洋利益集团，最终又被另一个徽州人胡宗宪消灭。

可以看出，徽州人与海洋时代的接触是全方面而又立体的，并且因为徽州中隐与大隐，也就是商人和官员在政治、经济和文化方面相对的优势而在一定的时期之内占据了主导地位。

事实上，徽州人自南宋之时即通过新安江与海洋贸易发生关联，吴自牧在《梦粱录》中就记述当时：“其浙江船只，虽海舰多有往来，则严、婺、徽、衢

① (清)顾炎武撰：《天下郡国利病书》，华东师范大学古籍研究所整理：《顾炎武全集》，上海：上海古籍出版社，2011年，第2464页。

等船，多尝通津买卖往来，谓之长船等只”[1]。到了明代中叶，徽州商人已经大规模地贸迁于海陆之间，但是，崭新的时代与陈旧的政策难相适宜，在巨大的利润引导下，徽州部分走向海洋的商人开始与外人勾结，逐渐流为倭寇。

实际上，在16世纪前半叶特别是嘉靖年间发生的朝廷剿倭战斗中，徽州人的身影是极为夺目的。无论是倭寇一方，如大名鼎鼎的王直、徐海（明山），还有许栋四兄弟、林碧川、徐惟学（碧溪）、叶宗满、谢和、方廷助、胡胜等，还是剿倭一方的胡宗宪、汪道昆、游震得、吴成器，[2]以及两个比较有趣的人物，在胡宗宪面前做说客的歙县商人郑舜功和为胡宗宪所派招抚徐海的歙县呈坎人罗龙文。他们都来自于徽州，却又代表着不同的利益团体。这些徽州人中，官与寇彼此对立，剑拔弩张，但他们中间仍然若隐若现地存在着相当规模的平民群体，态度暧昧，倾向不明，以作缓冲。

比如王直，史书记载：

> 以所部船多，乃令毛海峰、徐碧溪、徐元亮分领之，因而海上番船出入关无盘阻，而兴贩之徒纷错于苏、杭。近地之民自有馈时鲜，馈酒米，献子女者。自陷黄岩屠霏霭，而其志益骄。其后四散劫掠，各通番之家则不相犯，人皆竞趋之。杭城歇客之家贪其厚利，任其堆货，且为之打点护送，如铜钱用以铸铳，铅以为弹，硝以为火药，铁以制刀枪，皮以制甲及布帛、丝绵、油、麻、酒、米等物，无不赍送接济，而内地之人无非倭党矣。[3]

这些为利所诱而“竞趋”为倭党的内地民众，其本来身份当如倭寇的本

---

① （宋）吴自牧：《江海船舰》，《梦粱录》，见《景印文渊阁四库全书》第590册，上海：上海古籍出版社，1987年，第103页。

② 万正中编撰：《徽州人物志》，合肥：黄山书社，2008年，第53页。

③ （清）顾炎武：《天下郡国利病书》，华东师范大学古籍研究所整理：《顾炎武全集》，上海：上海古籍出版社，2011年，第2464页。

来身份一般，是多种多样的。考虑到徽人特别是徽州商人在当时国内商界地位之高和分布区域之广泛，并且倭寇中徽人势力之强大，这些倭党中难免有一部分徽州人存在。比如前面提到的名为郑舜功的商人，“素以浮海日本与日本开展商业贸易为业，以熟谙海盗与倭情”，曾要求前往日本欲“说（服）日本夷，禁绝入寇”。[①] 从这些关于歙县商人郑舜功的描述中可以看出，在当时倭寇横行海上的历史大背景下，很难说他与倭寇集团全无关联，这个人可算是徽州海盗外围的代表。

其他的不少徽州人则在朝廷这一面，正如王直的崛起离不开同乡许栋的提携和像郑舜功般的徽州商人的帮扶，胡宗宪的剿倭成功也离不开乡人的助益。比如，明嘉靖年间，徽州典铺商就积极支持同乡胡宗宪进行海战。时有记载：

> 倭蹂武林，襄懋（引者按：即胡宗宪）委山阴尉巡徼关外。尉急自计贼势张，安能以空拳抵饿虎之喙。椎牛酒悉召城外居民，市户及新安之贾于质库者，皆其乡人也，醵金募士兵，可数百人。[②]

胡宗宪最终剿倭的成功，与以汪道昆、吴成器为代表的同乡文、武两方面的鼎力相助是分不开的，正如极具传奇色彩的罗龙文能去招抚徐海，与其和徐海同为歙县人应有关联。这种既对立又统一的身份，十分有利于胡宗宪和王直、徐海之间的联络。而倭寇最终被剿灭，正与胡宗宪借助乡缘优势、采取“攻心为上”的策略是分不开的。

可以看出，对于当时的海禁政策以及倭乱事件，徽州人的态度是纠结的。一方面，徽州人从新安江顺流而下自然而然地通过浙江进入到海洋之中进行商业活动，而且欧洲商人直接地到达东亚和中国，使得这种海洋贸易

---

① （明）胡桂奇：《胡梅林行实》，见卞利：《胡宗宪评传》，北京：中国文联出版社，2001年，第148—149页。

② （明）丁元荐撰：《西山日记》，见张海鹏、王廷元主编：《明清徽商资料选编》，合肥：黄山书社，1985年，第424页。

获得的利润极为丰厚，徽州人的这种自内河航运贸易水利逐渐延伸出来的海洋航运贸易水利不断得到扩大和深化，徽州人已经是欲罢不能了。

但另一方面，因为海禁政策，这些沿海海上集团，包括徽州的海商集团，为了摆脱国内的束缚，进而谋求更多的利益，因此勾结联络于外，逐利作乱于内，攻城掠民，杀伐抢夺，为祸东南，残害过甚，甚至一度波及徽州，因此，徽州人对于这种如此激烈的“觅利商海”之活动多有抵触。

徽州人这种纠结的心理，直到胡宗宪灭王直、徐海势力后暂时告一段落。自此以后，徽州人多由海洋回转大陆，更多地在盐、茶、木、粮等行业，掘利于内河之上。不过，泉流为溪，溪聚为江，江奔大海，水最终汇聚到海洋，各种水利中，尤以海洋水利之优势最大。海洋时代来临之际，徽州人后退了一小步，等到近代西方叩关中国后，徽州商人相对于沿海地区，比如粤商、闽商及甬商而言，已经失去了先发优势。

徽州人从海洋转向内陆的河流，尽管通过贩盐等经营活动获得了极高的荣耀和利润，而且这种情况一直延续很长时间，但是，清代道光时期盐政制度的改弦更张，使得安逸已久的徽州盐商措手不及，从此近乎一蹶不振。再加上咸丰、同治年间，太平军与清军在徽州的残酷拉锯战，徽州又受到一次严重打击。

除此之外，包括棚民和部分徽州本地人砍伐林木等行为导致的水土流失情况抬高了徽州境内的一些水道，特别是新安江可以航行的舟船吨位逐渐减小，比如，“清光绪年间，2—5 吨木帆船航行丰乐河可抵琶村，航行富资水可抵丰口桥下，航行扬之水通绩溪县柳村。民国初期，丰乐河通船至岩寺，富资水通船至富堨，扬之水通船至绩溪县临溪”①。河道淤积，航道缩短，新安江的航运确实受到了一定冲击。

随着工业革命的来临，不断进步的生产和运输工具，实际上将各国的经济重心拉到了大江大海之畔，整个世界进入了一个崭新的水利社会时代。

---

① 歙县地方志编纂委员会编纂：《歙县志》，合肥：黄山书社，2010 年，第 372—373 页。

这个时代的新安江水路运输，相较于长江与东海的水路运输条件，已是相形见绌。此外，西方现代教育的发达，使徽州的传统文化优势遭到了削弱，过去被奉为圭臬的理学不再是选拔人才的核心标准，这对于徽州儒贾相依、士商结合的传统也是一个巨大的打击。

历史上的徽州通过以新安江为代表的徽州诸多河流，踏上征程，寻找出路，最终他们找到了，而且实现了徽州的极度辉煌。可是，清代后期以后，徽州水利社会因为河流时代的部分让位于海洋时代，相对于长江而言，小小的新安江已经承载不了现代工业社会更多的水利要求，因此，繁华落幕，苍凉渐起。

当然，君子之泽五世而斩，百足之虫至断不蹶，历经几百年的煊赫辉煌后，莫道夕阳晚，为霞尚满天，徽州大好山水仍在，逐水而居的传统文化遗存众多，人与自然和谐相处的风水理念尚潜人心，这种新型的徽州水利社会吸引着络绎不绝的人们，从走出去，到请进来，都围绕着这些水，循着这些水找出路，结果如何，且以一个徽州人胡适讲述的故事结束全书：

> 父亲在东北一段时期往各地旅行考察，备历艰险。在一八八三年（光绪九年）一次[兼查十三道，戛牙河地势]途中，一行人员在森林中大雪迷路，三日不得出。干粮已尽，计无可施。此时父亲忽有所悟，他叫随行人员去寻觅一条山涧，然后循山涧而下。因为山涧总归会流出山区的，循山涧找出路，应该是不会错的。他们于是找到了一条山涧，循涧而下，终于脱险。①

---

① 唐德刚注译：《胡适口述自传》，合肥：安徽教育出版社，2005 年，第 15 页。

参考文献

古籍

[1]（战国）墨子:《墨子》,《景印文渊阁四库全书》第848册,上海:上海古籍出版社,1987年。

[2]（秦）吕不韦撰,（汉）高诱注:《吕氏春秋》,《景印文渊阁四库全书》第848册,上海:上海古籍出版社,1987年。

[3]（汉）司马迁:《史记》,《景印文渊阁四库全书》第243、244、246册,上海:上海古籍出版社,1987年。

[4]（汉）班固:《前汉书》,《景印文渊阁四库全书》第249册,上海:上海古籍出版社,1987年。

[5]（汉）毛亨传,郑玄笺,（唐）陆德明音义,孔颖达疏:《毛诗注疏》,《景印文渊阁四库全书》第69册,上海:上海古籍出版社,1987年。

[6]（汉）刘安等著,高诱注:《淮南鸿烈解》,《景印文渊阁四库全书》第848册,上海:上海古籍出版社,1987年。

[7]（三国）王弼注:《老子道德经》,《景印文渊阁四库全书》第1055册,上海:上海古籍出版社,1987年。

[8]（晋）陈寿撰,（宋）裴松之注:《三国志》,《景印文渊阁四库全书》第

254 册，上海：上海古籍出版社，1987 年。

[9]（晋）郭象：《庄子注》，《景印文渊阁四库全书》第 1056 册，上海：上海古籍出版社，1987 年。

[10]（齐）谢朓：《谢宣城集》，《景印文渊阁四库全书》第 1063 册，上海：上海古籍出版社，1987 年。

[11]（梁）萧子显撰：《南齐书》，《景印文渊阁四库全书》第 259 册，上海：上海古籍出版社，1987 年。

[12]（北魏）郦道元：《水经注》，《景印文渊阁四库全书》第 573 册，上海：上海古籍出版社，1987 年。

[13]（唐）房玄龄：《晋书》，《景印文渊阁四库全书》第 255 册，上海：上海古籍出版社，1987 年。

[14]（唐）姚思廉撰：《梁书》，《景印文渊阁四库全书》第 260 册，上海：上海古籍出版社，1987 年。

[15]（唐）魏征、长孙无忌等撰：《隋书》，《景印文渊阁四库全书》第 264 册，上海：上海古籍出版社，1987 年。

[16]（唐）李延寿：《南史》，《景印文渊阁四库全书》第 265 册，上海：上海古籍出版社，1987 年。

[17]（唐）欧阳询：《艺文类聚》，《景印文渊阁四库全书》第 887 册，上海：上海古籍出版社，1987 年。

[18]（后晋）刘昫：《旧唐书》，《景印文渊阁四库全书》第 269 册，上海：上海古籍出版社，1987 年。

[19]（五代）王定保撰：《唐摭言》，《景印文渊阁四库全书》第 1035 册，上海：上海古籍出版社，1987 年。

[20]（宋）王溥：《唐会要》，北京：中华书局，1955 年。

[21]（宋）曾巩：《序越州鉴湖图》，《浙江通志》卷 263，《景印文渊阁四库全书》第 526 册，上海：上海古籍出版社，1987 年。

[22]（宋）吴自牧：《梦粱录》，《景印文渊阁四库全书》第 590 册，上海：上

海古籍出版社，1987 年。

[23]（宋）罗大经：《鹤林玉露》，《景印文渊阁四库全书》第 865 册，上海：上海古籍出版社，1987 年。

[24]（宋）李昉：《太平御览》，《景印文渊阁四库全书》第 893 册，上海：上海古籍出版社，1987 年。

[25]（宋）祝穆，（元）富大用，（元）祝渊：《古今事文类聚》，《景印文渊阁四库全书》第 927 册，上海：上海古籍出版社，1987 年。

[26]（宋）欧阳修：《文忠集》，《景印文渊阁四库全书》第 1102 册，上海：上海古籍出版社，1987 年。

[27]（宋）苏轼：《东坡全集》，《景印文渊阁四库全书》第 1108 册，上海：上海古籍出版社，1987 年。

[28]（宋）吴儆：《竹洲集》，《景印文渊阁四库全书》第 1142 册，上海：上海古籍出版社，1987 年。

[29]（宋）陆游：《剑南诗稿》，《景印文渊阁四库全书》第 1162 册，上海：上海古籍出版社，1987 年。

[30]（宋）叶适：《水心集》，《景印文渊阁四库全书》第 1164 册，上海：上海古籍出版社，1987 年。

[31]（宋）程颐：《伊川文集》，《二程文集》，《景印文渊阁四库全书》第 1345 册，上海：上海古籍出版社，1987 年。

[32]（宋）柳永：《乐章集》，《景印文渊阁四库全书》第 1487 册，上海：上海古籍出版社，1987 年。

[33]（宋）苏辙著，曾枣庄、马德富校点：《栾城集》，上海：上海古籍出版社，1987 年。

[34]（宋）乐史：《宋本太平寰宇记》，北京：中华书局，2000 年。

[35]（宋）范成大撰，孔凡礼点校：《范成大笔记六种》，北京：中华书局，2002 年。

[36]（宋）罗愿撰，萧建新、杨国宜校著：《〈新安志〉整理与研究》，合肥：

黄山书社，2008年。

[37]（元）王祯著，王毓瑚校注：《王祯农书》，北京：北京农业出版社，1981年。

[38]（元）托克托等修：《宋史》，《景印文渊阁四库全书》第281册，上海：上海古籍出版社，1987年。

[39]（元）郑玉：《师山集》，《景印文渊阁四库全书》第1217册，上海：上海古籍出版社，1987年。

[40]（元）赵汸：《东山存稿》，《景印文渊阁四库全书》第1221册，上海：上海古籍出版社，1987年。

[41]（元）王祯撰，缪启愉译注：《东鲁王氏农书译注》，上海：上海古籍出版社，1994年。

[42]（明）宋濂等：《元史》，北京：中华书局，1974年。

[43]（明）宋应星著，钟广言注释：《天工开物》，广州：广东人民出版社，1976年。

[44]（明）徐光启撰，石声汉校注：《农政全书校注》，上海：上海古籍出版社，1979年。

[45]（明）中央研究院历史语言研究所校印：《明实录》，上海：上海书店，1984年。

[46]（明）王世贞：《弇州四部稿》，《景印文渊阁四库全书》第1280册，上海：上海古籍出版社，1987年。

[47]（明）申时行等修：《明会典》，北京：中华书局，1989年。

[48]（明）黄汴编纂，（清）憺漪子、李晋德著，杨正泰校注：《天下水陆路程 天下路程图引 客商一览醒迷》，太原：山西人民出版，1992年。

[49]（明）李维桢：《大泌山房集》，《四库全书存目丛书》，集部，第151册，济南：齐鲁书社，1997年。

[50]（明）汤显祖：《汤显祖全集》，北京：北京古籍出版社，1999年。

[51]（明）汪道昆：《太函集》，《续修四库全书》第1346册，上海：上海古

籍出版社,2002 年。

[52](明)汪道昆著,胡益民、余国庆点校:《太函集》,合肥:黄山书社,2004 年。

[53](明)程敏政辑撰,何庆善、丁石点校:《新安文献志》,合肥:黄山书社,2004 年。

[54](明)黄汴:《一统路程图记》,杨正泰:《明代驿站考(增订本)》,上海:上海古籍出版社,2006 年。

[55](明)程春宇:《士商类要》,杨正泰:《明代驿站考(增订本)》,上海:上海古籍出版社,2006 年。

[56](明)戴廷明、程尚宽等撰,朱万曙等点校:《新安名族志》,合肥:黄山书社,2007 年。

[57](明)傅岩撰,陈春秀校点:《歙纪》,合肥:黄山书社,2007 年。

[58](明)曹嗣轩编撰,胡中生、王夔点校:《休宁名族志》,合肥:黄山书社,2007 年。

[59](明)宋应星著,潘吉星译注:《天工开物》,上海:上海古籍出版社,2008 年。

[60](明)张涛、谢陛著,张艳红、王经一点校:明万历《歙志》,合肥:黄山书社,2014 年。

[61](清)郑学樵纂:《吕堨南北两渠图》,清咸丰刻本,安徽省图书馆古籍部藏。

[62](清)顾炎武:《天下郡国利病书》,上海:图书集成局,光绪二十七年铅印本。

[63](清)张廷玉等撰:《明史》,北京:中华书局,1974 年。

[64](清)黄景仁著,李国章标点:《两当轩集》,上海:上海古籍出版社,1983 年。

[65](清)董诰等编纂:《全唐文》,北京:中华书局,影印本,1983 年。

[66](清)查慎行:《敬业堂诗集》,《景印文渊阁四库全书》第 1326 册,上

海:上海古籍出版社,1987 年。

[67] (清)张潮辑:《昭代丛书》甲集,上海:上海古籍出版社,1990 年。

[68] (清)彭定求、杨中讷等编纂,中华书局编辑部点校:《全唐诗(增订本)》,北京:中华书局,1999 年。

[69] (清)吴梅颠撰,胡益民点校:《徽城竹枝词》不分卷,见安徽大学徽学研究中心编:《徽学》,合肥:安徽大学出版社,2000 年,第 376—384 页。

[70] (清)纪昀总纂:《四库全书总目提要》,石家庄:河北人民出版社,2000 年。

[71] (清)江依濂、江绍莲撰:《歙风俗礼教考》,见许承尧纂,李明回、彭超、张爱琴校点:《歙事闲谭》卷十八,合肥:黄山书社,2001 年,第 601—613 页。

[72] (清)洪亮吉撰,刘德权点校:《洪亮吉集》,北京:中华书局,2001 年。

[73] (清)佘华瑞纂,吴之兴校点:《岩镇志草》,2004 年。

[74] (清)顾祖禹撰,贺次君、施和金点校:《读史方舆纪要》,北京:中华书局,2005 年。

[75] (清)梅曾亮著,彭国忠、胡晓明校点:《柏枧山房诗文集》,上海:上海古籍出版社,2005 年。

[76] (清)吴翟辑撰,刘梦芙点校:《茗洲吴氏家典》,合肥:黄山书社,2006 年。

[77] (清)赵吉士辑撰,周晓光、刘道胜点校:《寄园寄所寄》,合肥:黄山书社,2008 年。

[78] (清)詹鸣铎著,王振忠、朱红整理校注:《我之小史》,合肥:安徽教育出版社,2008 年。

[79] (清)《清高宗实录》,北京:中华书局,2008 年。

[80] (清)顾炎武撰:《天下郡国利病书》,华东师范大学古籍研究所整理:《顾炎武全集》,上海:上海古籍出版社,2011 年。

[81] 赵尔巽等:《清史稿》,北京:中华书局,1974 年。

[82] 许承尧:《疑庵诗》,合肥:黄山书社,1990 年。

[83] 周绍泉、赵亚光编著:《窦山公家议校注》,合肥:黄山书社,1993 年。

[84] 四库全书存目丛书编纂委员会:《四库全书存目丛书》,济南:齐鲁书社,1995 年。

[85] 刘俊文主编:《官箴书集成》,合肥:黄山书社,1997 年。

[86] 姜亮夫等撰:《先秦诗鉴赏辞典》,上海:上海辞书出版社,1998 年。

[87] 黄宾虹著,上海书画出版社、浙江省博物馆编:《黄宾虹文集》,上海:上海书画出版社,1999 年。

[88] 四库未收书辑刊编纂委员会:《四库未收书辑刊》,北京:北京出版社,2000 年。

[89] 许承尧纂,李明回、彭超、张爱琴校点:《歙事闲谭》,合肥:黄山书社,2001 年。

[90] 杨伯峻译注:《论语译注》,北京:中华书局,2006 年。

[91] 王梦鸥注译:《礼记今注今译》,北京:新世界出版社,2011 年。

资料集与工具书

[1] (汉)许慎撰,(清)段玉裁注:《说文解字注》,上海:上海古籍出版社,1981 年。

[2] (清)王念孙:《广雅疏证》,北京:中华书局,2004 年。

[3] 张海鹏、王廷元主编:《明清徽商资料选编》,合肥:黄山书社,1985 年。

[4] 安徽省博物馆编:《明清徽州社会经济资料丛编》第 1 集,北京:中国社会科学出版社,1988 年。

[5] 中国社会科学院历史研究所徽州文契整理组:《明清徽州社会经济资料丛编》第 2 集,北京:中国社会科学出版社,1988 年。

[6] 王钰欣、周绍泉主编:《徽州千年契约文书》,石家庄:花山文艺出版社,1993 年。

[7] 史为乐主编:《中国历史地名大辞典》,北京:中国社会科学出版社,2005 年。

[8] 汉语大词典编纂委员会,汉语大词典编纂处编纂:《汉语大词典》,上海:上海辞书出版社,2007 年。

[9] 万正中编撰:《徽州人物志》,合肥:黄山书社,2008 年。

方志

[1] (明)彭泽修、汪舜民纂:《徽州府志》,《天一阁藏明代方志选刊》第 21 册,上海:上海书店,1982 年。

[2] (明)程敏政纂修:《休宁志》,《北京图书馆古籍珍本丛刊・史部・地理类》第 29 册,北京:书目文献出版社。

[3] (明)何东序修,汪尚宁等纂:《徽州府志》,《北京图书馆古籍珍本丛刊・史部・地理类》第 29 册,北京:书目文献出版社,1998 年。

[4] (明)张涛、谢陛著,张艳红、王经一点校:《歙志》,合肥:黄山书社,2014 年。

[5] (清)廖腾煃修,汪晋征等纂:《休宁县志》,《中国方志丛书・华中地方・第 90 号》,台北:成文出版社有限公司,1970 年。

[6] (清)丁廷楗修,赵吉士纂:《徽州府志》,《中国地方志丛书・华中地方・第 237 号》,台北:成文出版社有限公司,1975 年。

[7] (清)张佩芳修,刘大櫆纂:《歙县志》,《中国方志丛书・华中地方・第 232 号》,台北:成文出版社有限公司,1975 年。

[8] (清)吴甸华修,程汝翼、俞正燮纂:《黟县志》,《中国地方志集成・安徽府县志辑》56,南京:江苏古籍出版社,1998 年。

[9] (清)何应松修,方崇鼎纂:《休宁县志》,《中国地方志集成・安徽府县志辑》52,南京:江苏古籍出版社,1998 年。

[10]（清）马步蟾纂修：《徽州府志》，《中国地方志集成·安徽府县志辑》48、49、50，南京：江苏古籍出版社，1998年。

[11]（清）汪韵珊纂，周溶修：《祁门县志》，《中国地方志集成·安徽府县志辑》55，南京：江苏古籍出版社，1998年。

[12]葛韵芬等修，江峰青等纂：《民国重修婺源县志》，《中国地方志集成·江西府县志辑》28，南京：江苏古籍出版社，1996年。

[13]舒斯笏、程寿保纂，许复、吴克俊修：《民国黟县四志》，《中国地方志集成·安徽府县志辑》58，南京：江苏古籍出版社，1998年。

[14]许承尧等纂，楼文钊、石国柱等修：《歙县志》，《中国地方志集成·安徽府县志辑》51，南京：江苏古籍出版社，1998年。

[15]安徽徽州地区地方志编纂委员会编：《徽州地区简志》，合肥：黄山书社，1989年。

[16]屯溪市地方志编纂委员会主编：《屯溪市志》，合肥：安徽教育出版社，1990年。

[17]徽州地区交通志编纂委员会编：《徽州地区交通志》，合肥：黄山书社，1996年。

[18]安徽省黄山市水电局编：《徽州地区水利志》，1997年。

[19]祁门乡镇简志编委会：《祁门乡镇简志》，1999年。

[20]歙县地方志编纂委员会：《歙县志》，合肥：黄山书社，2010年。

译著

[1]《马克思恩格斯全集》第二十八卷，北京：人民出版社，1973年。

[2]冀朝鼎著，朱诗鳌译：《中国历史上的基本经济区与水利事业的发展》，北京：中国社会科学出版社，1981年。

[1][美]卡尔·A·魏特夫著，徐式谷等译：《东方专制主义——对于集权力量的比较研究》，中国社会科学出版社，1989年。

[2][德]卡尔·雅斯贝斯著，魏楚雄、楚新天译：《历史的起源与目标》，

北京:华夏出版社,1989 年。

[3] [日]森田明著,郑樑生译:《清代水利社会史研究》,台北:国立编译馆,1996 年。

[4] [日]内藤湖南著,夏应元等译:《中国史通论》,北京:社会科学文献出版社,2004 年。

[5] 唐德刚注译:《胡适口述自传》,合肥:安徽教育出版社,2005 年。

[6] [美]彭慕兰著,史建云译:《大分流:欧洲、中国及现代世界经济的发展》,南京:江苏人民出版社,2010 年。

[7] [日]森田明著,雷国山译:《清代水利与区域社会》,济南:山东画报出版社,2008 年。

[8] [日]松浦章著,董科译:《清代内河水运史研究》,南京:江苏人民出版社,2010 年。

[9] [加拿大]卜正民著,刘彬译:《维梅尔的帽子——从一幅画看全球化贸易的兴起》,上海:文汇出版社,2011 年。

论著

[1] 周天放、叶浅予:《富春江游览志》,上海:时代图书公司,1934 年。

[2] 周魁一等注释:《二十五史河渠志注释》,北京:中国书店,1990 年。

[3] 余治淮:《桃花源里人家》,合肥:黄山书社,1993 年。

[4] 欧阳发、洪钢编:《安徽竹枝词》,合肥:黄山书社,1993 年。

[5] 雷梦水、潘超编:《中华竹枝词》,北京:北京古籍出版社,1997 年。

[6] 东南大学建筑系,歙县文物管理所编著:《渔梁》,南京:东南大学出版社,1998 年。

[7] 安徽省地方志编纂委员会编:《安徽省志·水利志》,北京:方志出版社,1999 年。

[8] 唐力行:《明清以来徽州区域社会经济研究》,合肥:安徽大学出版社,1999 年。

[9] 王钰欣等主编:《徽州文书类目》,合肥:黄山书社,2000 年。

[10] 吴松弟:《中国人口史》第三卷,上海:复旦大学出版社,2000 年。

[11] 卞利:《胡宗宪评传》,北京:中国文联出版社,2001 年。

[12] 陈智超:《明代徽州方氏亲友手札七百通考释》,合肥:安徽大学出版社,2001 年。

[13] 周魁一:《中国科学技术史·水利卷》,北京:科学出版社,2002 年。

[14] 马俊亚:《混合与发展——江南地区传统社会经济的现代演变(1900—1950)》,北京:社会科学文献出版社,2003 年。

[15] 白尔恒、[法]蓝克利、魏丕信编著:《沟洫佚闻杂录》,北京:中华书局,2003 年。

[16] 秦建明、[法]吕敏编著:《尧山圣母庙与神社》,北京:中华书局,2003 年。

[17] 黄竹三、冯俊杰等编著:《洪洞介休水利碑刻辑录》,北京:中华书局,2003 年。

[18] 董晓萍、[法]蓝克利:《不灌而治——山西四社五村水利文献与民俗》,北京:中华书局,2003 年。

[19] 王利器、王慎之、王子今辑:《历代竹枝词》,西安:陕西人民出版社,2003 年。

[20] 卞利:《明清徽州社会研究》,合肥:安徽大学出版社,2004 年。

[21] 席龙飞等主编:《中国科学技术史·交通卷》,北京:科学出版社,2004 年。

[22] 赵华富:《徽州宗族研究》,合肥:安徽大学出版社,2004 年。

[23] 谢国桢选编:《明代社会经济史料选编》,福州:福建人民出版社,2004 年。

[24] 严桂夫、王国健著:《徽州文书档案》,合肥:安徽人民出版社,2005 年。

[25] 唐德刚注译:《胡适口述自传》,合肥:安徽教育出版社,2005 年。

[26] 周晓光:《徽州传统学术文化地理研究》,合肥:安徽人民出版社,2006 年。

[27] 张崇旺:《明清时期江淮地区的自然灾害与社会经济》,福州:福建人民出版社,2006 年。

[28] 杨正泰:《明代驿站考(增订本)》,上海:上海古籍出版社,2006 年。

[29] 陈锋主编:《明清以来长江流域社会发展史论》,武汉:武汉大学出版社,2006 年。

[30] 钞晓鸿:《明清史研究》,福州:福建人民出版社,2007 年。

[31] 行龙:《以水为中心的晋水流域》,太原:山西人民出版社,2007 年。

[32] 行龙:《环境史视野下的近代山西社会》,太原:山西人民出版社,2007 年。

[33] 方静:《徽州民谣》,合肥:合肥工业大学出版社,2007 年。

[34] 叶鸣声等主编:《中国历史文化名城·歙县》,合肥:黄山书社,2007 年。

[35] 梁方仲:《中国历代户口、田地、田赋统计》,北京:中华书局 2008 年。

[36] 周魁一:《水利的历史阅读》,北京:中国水利水电出版社,2008 年。

[37] 陈鼓应:《老子注译及评介(修订增补本)》,北京:中华书局,2009 年。

[38] 杜诚、朱万曙主编:《徽学百题》,合肥:安徽人民出版社,2009 年。

[39] 冯利华、陈雄:《钱塘江流域水利开发史研究》,北京:中国社会科学出版社,2009 年。

[40] 石峰:《非宗族乡村:关中"水利社会"的人类学考察》,北京:中国社会科学出版社,2009 年。

[41] 钱杭:《库域型水利社会研究——萧山湘湖水利集团的兴与衰》,上海:上海人民出版社,2009 年。

[42] 罗婧:《江南市镇网络与交往力——以盛泽经济、社会变迁为中心

(1368—1950)》,上海:上海人民出版社,2010年。

[43] 吴春梅等著:《近代淮河流域经济开发史》,北京:科学出版社,2010年。

[44] 贺为才:《徽州村镇水系与营建技艺研究》,北京:中国建筑工业出版社,2010年。

[45] 张海鹏、王廷元主编:《徽商研究》,北京:人民出版社,2010年。

[46] 马俊亚:《被牺牲的"局部"——淮北社会生态变迁研究(1680—1949)》,北京:北京大学出版社,2011年。

[47] 汪大白:《和谐风情画廊——唐模》,合肥:合肥工业大学出版社,2011年。

[48] 王振忠:《新安江》,南京:江苏教育出版社,2010年。

[49] 王振忠著:《明清以来徽州村落社会史研究——以新发现的民间珍稀文献为中心》,上海:上海人民出版社,2011年。

[50] 王振忠:《徽学研究入门》,上海:复旦大学出版社,2011年。

[51] 姜守明、邵政达、陈正兰:《世界尽头的发现:大航海时代的欧洲水手》,北京:北京大学出版社,2011年。

[52] 邹怡:《明清以来的徽州茶叶与地方社会(1368—1949)》,上海:复旦大学出版社,2012年。

[53] 舒玉玲主编:《徽州楹联通览》,合肥:黄山书社,2013年。

[54] 丁希勤:《古代徽州宗教信仰研究》,芜湖:安徽师范大学出版社,2013年。

[55] 陈瑞:《明清徽州宗族与乡村社会控制》,合肥:安徽大学出版社,2013年。

[56] 吴媛媛:《明清徽州灾害与社会应对》,合肥:安徽大学出版社,2014年。

[57] 陶明选:《明清以来徽州信仰与民众日常生活研究》,北京:光明日报出版社,2014年。

[58] 徐松如:《都市文化视野下的旅沪徽州人(1843—1953)》,上海:上海人民出版社,2015 年。

[59] 翟屯建主编:《徽州文化史·先秦至元代卷》,合肥:安徽人民出版社,2015 年。

[60] 周晓光主编:《徽州文化史·明清卷》,合肥:安徽人民出版社,2015 年。

[61] 卞利主编:《徽州文化史·近代卷》,合肥:安徽人民出版社,2015 年。

论文集

[1] 江淮论坛编辑部编:《徽商研究论文集》,合肥:安徽人民出版社,1985 年。

[2] 刘淼辑译:《徽州社会经济史研究译文集》,合肥:黄山书社,1988 年。

[3] 赵华富主编:《首届国际徽学学术讨论会文集》,合肥:安徽大学出版社,1996 年。

[4] 周绍泉、赵华富主编:《1995 国际徽学学术讨论会论文集》,合肥:安徽大学出版社,1997 年。

[5] 周绍泉、赵华富主编:《1998 国际徽学学术讨论会论文集》,合肥:安徽大学出版社,2000 年。

[6] 安徽大学徽学研究中心编:《徽学》(第二卷),合肥:安徽大学出版社,2002 年。

[7] 清华大学历史系、生活·读书·新知三联书店编辑部合编:《清华历史讲堂初编》,北京:生活·读书·新知三联书店,2007 年。

[8] 清华大学历史系,生活·读书·新知三联书店编辑部合编:《清华历史讲堂续编》,北京:生活·读书·新知三联书店,2008 年。

学术论文

[1]《中国水利工程学会第三届年会大会纪录》,《水利》(年会专号),1933 年,总第 5 卷第 5 期。

[2] 竺可桢:《中国近五千年来气候变迁的初步研究》,《考古学报》,1972 年第 1 期。

[3] 余也非:《中国历代粮食平均亩产量考略》,《重庆师范学院学报(哲学社会科学版)》,1980 年第 3 期。

[4] 张含英:《水利释义》,《中国水利》,1983 年第 1 期。

[5] 郑振满:《明清福建沿海农田水利制度与乡族组织》,《中国经济史研究》,1987 年第 4 期。

[6] 管洪、李应民:《道德与社会控制》,《道德与文明》,1988 年第 1 期。

[7] 傅衣凌:《中国传统社会:多元的结构》,《中国社会经济史研究》,1988 年第 3 期。

[8] 邵本武:《徽州崇尚风水之俗的历史考察》,《安徽大学学报(哲学社会科学版)》,1989 年第 2 期。

[9] 王赛时:《唐代宣歙地区经济探略》,《安徽大学学报》,1990 年第 4 期。

[10] [日]臼井佐知子、何小刚:《徽商及其网络》,《安徽史学》,1991 年第 4 期。

[11] 何兹全:《中国社会发展史中的元代社会》,《北京师范大学学报》,1992 年第 5 期。

[12] 吴慧:《清前期粮食的亩产量、人均占有量和劳动生产率》,《中国经济史研究》,1993 年第 1 期。

[13] 熊元斌:《清代江浙地区农田水利的经营与管理》,《中国农史》,1993 年第 1 期。

[14] 张建民:《明清长江中游山区的灌溉水利》,《中国农史》,1993 年第

2 期。

[15] 森正夫:《日本 80 年代以来明清史研究的新潮流(要旨)》,《史学集刊》,1993 年第 4 期。

[16] 张国雄:《“湖广熟,天下足”的经济地理特征》,《湖北大学学报(哲学社会科学版)》,1993 年第 4 期。

[17] 骆泉生:《黄山古代水利名胜》,《水利天地》,1993 年第 6 期。

[18] 张建民:《试论中国传统社会晚期的农田水利——以长江流域为中心》,《中国农史》,1994 年第 2 期。

[19] 郑力民:《〈新安大族志〉考辨——兼谈〈实录新安世家〉(续)》,《安徽史学》, 1994 年第 3 期。

[20] 高申兰、陆敬严:《我国连机水碓古今考》,《同济大学学报(人文社会科学版)》,1995 年第 1 期。

[21] [日]臼井佐知子:《徽州汪氏家族的迁徙与商业活动》,《江淮论坛》,1995 年第 1 期。

[22] [日]臼井佐知子、易惠莉:《徽州汪氏家族的迁徙与商业活动(完)》,《江淮论坛》,1995 年第 2 期。

[23] 孟彭兴:《论明代商品经济发展对传统劝农政策之影响》,《史林》,1995 年第 2 期。

[24] 庄国土:《16—18 世纪白银流入中国数量估算》,《中国钱币》,1995 年第 3 期。

[25] 翟屯建:《黄山市博物馆藏善本家谱述要》,《文献》,1996 年第 3 期。

[26] 卞利:《明代徽州的地痞无赖与徽州社会》,《安徽大学学报(哲学社会科学版)》,1996 年第 5 期。

[27] 王振忠:《社会史研究与历史社会地理》,《复旦学报(社会科学版)》,1997 年第 1 期。

[28] 王裕巽:《明代白银国内开采与国外流入数额试考》,《中国钱币》,1998 年第 3 期 。

[29] 夏茂粹:《民国时期的国家水政》,《档案与史学》,1999 年第 1 期。

[30] 卞利:《明代徽州的民事纠纷与民事诉讼》,《历史研究》,2000 年第 1 期。

[31] 徐学林:《徽州存世谱牒及其开发利用》,《江淮论坛》,2000 年第 4 期。

[32] 包茂宏:《环境史:历史、理论和方法》,《史学理论研究》,2000 年第 4 期。

[33] 陈瑞:《明代徽州家谱的编修及其内容与体例的发展》,《安徽史学》, 2000 年第 4 期。

[34] 行龙:《明清以来山西水资源匮乏及水案初步研究》,《科学技术与辩证法》,2000 年第 6 期。

[35] 卞利:《明代中后期至清前期徽州社会变迁中大众心态研究》,《安徽大学学报(哲学社会科学版)》,2000 年第 6 期。

[36] [日]松浦章:《清代江南内河的航运》,《清史研究》,2001 年第 1 期。

[37] 卞利:《社会史研究的典型区域——明清徽州社区解剖》,《天津社会科学》,2001 年第 1 期。

[38] 陈瑞:《论明清徽州望族的衡量标准及其类型》,《安徽史学》,2001 年第 3 期。

[39] 王振忠:《民间档案文书与徽州社会史研究的拓展》,《天津社会科学》,2001 年第 5 期。

[40] 卞利:《明清时期徽州的会社初探》,《安徽大学学报(哲学社会科学版)》,2001 年第 6 期。

[41] 张俊峰:《水权与地方社会——以明清以来山西省文水县甘泉渠水案为例》,《山西大学学报(哲学社会科学版)》,2001 年第 6 期。

[42] 曹永宪:《明代徽州盐商的移居与商籍》,《中国社会经济史研究》, 2002 年第 1 期。

[43] 卞利:《徽州的古桥》,《寻根》, 2002 年第 3 期。

[44] 邹逸麟:《我国环境变化的历史过程及其特点初探》,《安徽师范大学学报(人文社会科学版)》,2002 年第 3 期。

[45] 刘道胜、朱昌荣:《明代徽州方志述论》,《安徽师范大学学报(人文社会科学版)》,2002 年第 4 期。

[46] 孙语圣:《民国时期安徽的水利建设》,《民国档案》,2002 年第 4 期。

[47] 孔潮丽:《1588—1589 年瘟疫流行与徽州社会》,《安徽史学》,2002 年第 4 期。

[48] 吴晚璘:《清代长江流域粮食贸易兴盛原因试探》,《四川师范学院学报(哲学社会科学版)》,2002 年第 5 期。

[49] 卞利:《明清时期徽州的乡约简论》,《安徽大学学报(哲学社会科学版)》,2002 年第 6 期。

[50] 王鹤鸣:《上海图书馆馆藏徽州家谱简介》,《安徽史学》,2003 年第 1 期。

[51] 张俊峰:《明清以来晋水流域之水案与乡村社会》,《中国社会经济史研究》,2003 年第 2 期。

[52] 卞利:《明清时期徽州森林保护碑刻初探》,《中国农史》,2003 年第 2 期。

[53] 吴树国:《唐宋之际徽州重税考》,《求是学刊》,2003 年第 3 期。

[54] 张国旺:《近年来中国环境史研究综述》,《中国史研究动态》,2003 年第 3 期。

[55] 周晓光:《南宋徽州人文环境变迁与新安理学的形成》,《江淮论坛》,2003 年第 6 期。

[56] 陈瑞:《清代中期徽州山区生态环境恶化状况研究——以棚民营山活动为中心》,《安徽史学》,2003 年第 6 期。

[57] 罗兴佐、贺雪峰:《乡村水利的组织基础——以荆门农田水利调查为例》,《学海》,2003 年第 6 期。

[58] 包茂宏:《中国环境史研究:伊懋可教授访谈》,《中国历史地理论

丛》,2004 年第 1 期。

[59] 张芳:《中国传统灌溉工程及技术的传承和发展》,《中国农史》,2004 年第 1 期。

[60] 陈琪:《徽州茶事古碑刻》,《农业考古》,2004 年第 2 期。

[61] 王培华:《清代河西走廊的水资源分配制度——黑河、石羊河流域水利制度的个案考察》,《北京师范大学学报(社会科学版)》,2004 年第 3 期。

[62] 包茂宏:《解释中国历史的新思维:环境史——评述伊懋可教授的新著〈象之退隐:中国环境史〉》,《中国历史地理论丛》,2004 年第 3 期。

[63] 卞利:《徽商与明清时期的社会公益事业》,《中州学刊》,2004 年第 4 期。

[64] 卞利:《明清徽州乡(村)规民约论纲》,《中国农史》,2004 年第 4 期。

[65] 史建云:《对施坚雅市场理论的若干思考》,《近代史研究》,2004 年第 4 期。

[66] 施和金:《安徽历史气候变迁的初步研究》,《安徽史学》,2004 年第 4 期。

[67] 王一胜:《宋代以来金衢地区的交通与商业发展》,《史林》,2004 年第 4 期。

[68] 葛剑雄:《从历史地理看徽商的兴衰》,《安徽史学》,2004 年第 5 期。

[69] 朱万曙:《〈新安名族志〉的编纂过程与版本》,《安徽大学学报》,2004 年第 5 期。

[70] 何庆善:《论〈新安文献志〉的文献价值》,《安徽大学学报(哲学社会科学版)》,2004 年第 5 期。

[71]《徽州老桥——歙县北岸廊桥》,《江淮文史》,2004 年第 5 期。

[72] 佳宏伟:《近十年来生态环境变迁史研究综述》,《史学月刊》,2004 年第 6 期。

[73] 吴媛媛:《从粮食事件看晚清徽州绅商的社会作用——以〈歙地少请通浙米案呈稿〉和〈祁米案牍〉为例》,《安徽史学》,2004 年第 6 期。

[74] 钱杭:《真实与虚构之间的历史授权——萧山湘湖史上的〈英宗敕谕〉》,《史林》,2004 年第 6 期。

[75] 王铭铭:《“水利社会”的类型》,《读书》,2004 年第 11 期。

[76] 王宝卿:《我国历代粮食亩产量的变化及其原因分析》,《莱阳农学院学报(社会科学版)》,2005 年第 1 期。

[77] 洪志成,姚光钰:《徽州古民居防火措施探讨》,《工程建设与档案》,2005 年第 1 期。

[78] 赵世瑜:《分水之争:公共资源与乡土社会的权力和象征——以明清山西汾水流域的若干案例为中心》,《中国社会科学》,2005 年第 2 期。

[79] 钞晓鸿:《清代汉水上游的水资源环境与社会变迁》,《清史研究》,2005 年第 2 期。

[80] 韩琦:《美洲白银与早期中国经济的发展》,《历史教学问题》,2005 年第 2 期。

[81] 石峰:《“水利”的社会文化关联——学术史检阅》,《贵州大学学报(社会科学版)》,2005 年第 3 期。

[82] 张俊峰:《介休水案与地方社会——对泉域社会的一项类型学分析》,《史林》,2005 年第 3 期。

[83] 周亚、张俊峰:《清末晋南乡村社会的水利管理与运行——以通利渠为例》,《中国农史》,2005 年第 3 期。

[84] 刘道胜:《论传统方志修纂与官方主流学术的统一——以徽州方志编修为中心》,《安徽师范大学学报(人文社会科学版)》,2005 年第 3 期。

[85] 张俊峰:《明清以来山西水力加工业的兴衰》,《中国农史》,2005 年第 4 期。

[86] 行龙:《晋水流域 36 村水利祭祀系统个案研究》,《史林》,2005 年第 4 期。

[87] 行龙:《从“治水社会”到“水利社会”》,《读书》,2005 年第 8 期。

[88] 张俊峰:《明清时期介休水案与“泉域社会”分析》,《中国社会经济

史研究》,2006 年第 1 期。

[89] 周致元:《明代徽州官府与宗族的救荒功能》,《安徽大学学报》,2006 年第 1 期。

[90] 胡英泽:《水井与北方乡村社会——基于山西、陕西、河南省部分地区乡村水井的田野考察》,《近代史研究》,2006 年第 1 期。

[91] 王长命:《水案发生的文化衰落分析》,《沧桑》,2006 年第 1 期。

[92] 梁诸英:《明清时期徽州地区灌溉水利的发展》,《南京农业大学学报》,2006 年第 1 期。

[93] 韩茂莉:《近代山陕地区地理环境与水权保障系统》,《近代史研究》,2006 年第 1 期。

[94] 梁诸英、顾芳:《明代皖南平原的圩田与农业生产》,《中国农史》,2006 年第 1 期。

[95] 江丽:《明清徽商与汉口》,《安徽广播电视大学学报》,2006 年第 1 期。

[96] 卞建宁:《民国时期关中地区乡村水利制度的继承与革新——以龙洞——泾惠渠灌区为例进行研究》,《古今农业》,2006 年第 2 期。

[97] 钞晓鸿:《灌溉、环境与水利共同体——基于清代关中中部的分析》,《中国社会科学》,2006 年 4 期。

[98] 许顺进:《关于明代徽州海商作用的经济学诠释》,《黄山学院学报》, 2006 年第 4 期。

[99] 苏晓祥:《枫香林病虫害及其综合防治》,《安徽林业》,2006 年第 5 期。

[100] 卞利:《明清徽州的宗族管理、经济基础及其祭祀仪式》,《社会科学》,2006 年第 6 期。

[101] 贺为才:《徽州先民的亲水情结及其理水技艺》,《水利发展研究》,2006 年第 6 期。

[102] 吴媛媛:《明清徽州灾害初探》,《兰州学刊》,2006 年第 7 期。

[103] 姚胜峰：《因渔而梁 继梁而坝——渔梁村》,《小城镇建设》,2006年第9期。

[104] 梅雪芹:《从环境的历史到环境史——关于环境史研究的一种认识》,《学术研究》,2006年第9期。

[105] 卞利:《明清徽州经济活动中的乡例举隅》,《安徽大学学报(哲学社会科学版)》,2007年第1期。

[106] 梁诸英:《清代皖南平原水稻亩产量的提高及原因分析》,《古今农业》,2007年第1期。

[107] 谢湜:《"利及邻封"——明清豫北的灌溉水利开发和县际关系》,《清史研究》,2007年第2期。

[108] 肖建新:《〈新安志〉编纂年代考》,《安徽史学》,2007年第3期。

[109] 庄华峰,丁雨晴:《宋代长江下游圩田开发与水事纠纷》,《中国农史》,2007年第3期。

[110] 冯贤亮:《清代江南乡村的水利兴替与环境变化——以平湖横桥堰为中心》,《中国历史地理论丛》,2007年第3期。

[111] 王亚华:《治水与治国——治水派学说的新经济史学演绎》,《清华大学学报(哲学社会科学版)》,2007年第4期。

[112] 张小军:《复合产权:一个实质论和资本体系的视角——山西介休洪山泉的历史水权个案研究》,《社会学研究》,2007年第4期。

[113] 李伯重:《中国社会经济史研究的国际视野》,《清华大学学报(哲学社会科学版)》,2007年第5期。

[114] 周长勇、万云霞、秦璞:《漫谈水与水利》,《水利天地》,2007年第5期。

[115] 吕德文:《水利社会的性质》,《开发研究》,2007年第6期。

[116] 袁钰:《历史时期洪洞水神信仰问题初探》,《太原师范学院学报(社会科学版)》,2007年第6期。

[117] 徐志文等:《人工幼林化学除草技术的推广与应用》,《江西农业学

报》,2007 年第 11 期。

[118] 刘永华:《风水:一个社会文化史的诠释》,《读书》,2007 年第 12 期。

[119] 廖艳彬、刘生文:《明清水利社会史研究述评》,《学习月刊》,2007 年第 20 期。

[120] 梁诸英、杨虎:《明清以来皖南圩田发展分析》,《安徽农学通报》,2007 年第 20 期。

[121] 罗亚男:《由歙事闲谭谈徽州风水文化》,《山西建筑》,2007 年第 22 期。

[122] 张俊峰:《传说、仪式与秩序:山西泉域社会"水母娘娘"信仰解读》,《传统中国研究集刊》,2008 年。

[123] 廖艳彬:《20 年来国内明清水利社会史研究回顾》,《华北水利水电学院学报(社科版)》,2008 年第 1 期。

[124] 唐力行:《从区域史研究走向区域比较研究》,《上海师范大学学报(哲学社会科学版)》,2008 年第 1 期。

[125] 周致元:《徽州乡镇志中所见明清民间救荒措施》,《安徽大学学报(哲学社会科学版)》,2008 年第 1 期。

[126] 行龙:《"水利社会史"探源——兼论以水为中心的山西社会》,《山西大学学报(哲学社会科学版)》,2008 年第 1 期。

[127] 肖启荣:《明清时期汉水下游地区的地理环境与堤防管理制度》,《中国历史地理论丛》,2008 年第 1 期。

[128] 廖艳彬:《20 年来国内明清水利社会史研究回顾》,《华北水利水电学院学报(社科版)》,2008 年第 1 期。

[129] 钱杭:《共同体理论视野下的湘湖水利集团——兼论"库域型"水利社会》,《中国社会科学》,2008 年第 2 期。

[130] 葛剑雄:《中国历代人口数量的衍变及增减的原因》,《党的文献》,2008 年第 2 期。

[131] 张俊峰:《率由旧章:前近代汾河流域若干泉域水权争端中的行事原则》,《史林》,2008 年第 2 期。

[132] 丁渠:《我国古今水事纠纷解决方法的比较研究》,《中国农村水利水电》,2008 年第 2 期。

[133] 王振忠:《历史地名变迁的社会地理背景——以明清以来的皖南低山丘陵为中心》,《上海师范大学学报(哲学社会科学版)》,2008 年第 3 期。

[134] 赵蕾:《简议徽州古村落水口的人文生态环境》,《中国西部科技》,2008 年第 3 期。

[135] 陈瑞:《明清时期徽州宗族对族人的职业控制》,《安徽大学学报(哲学社会科学版)》,2008 年第 4 期。

[136] 肖启荣:《明清时期汉水下游泗港、大小泽口水利纷争的个案研究——水利环境变化中地域集团之行为》,《中国历史地理论丛》,2008 年第 4 期。

[137] 翟婷、胡理:《明清时期汉江中下游地区的水利建设与社会关系》,《湖北民族学院学报(哲学社会科学版)》,2008 年第 4 期。

[138] 张俊峰:《前近代华北乡村社会水权的形成及其特点——山西"滦池"的历史水权个案研究》,《中国历史地理论丛》,2008 年第 4 期。

[139] 吴媛媛:《明清徽州水旱灾害研究》,《安徽史学》,2008 年第 4 期。

[140] 张爱华:《"进村找庙"之外:水利社会史研究的勃兴》,《史林》,2008 年第 5 期。

[141] 梁诸英、陈恩虎:《清代皖南圩田的发展及地方官吏的作用》,《巢湖学院学报》,2008 年第 5 期。

[142] 王焕炎:《水利·国家·农村——以水利社会史为视角加强对传统社会国家社会关系的研究》,《甘肃行政学院学报》,2008 年第 6 期。

[143] 葛剑雄:《水文化与河流文明》,《中国三峡建设》,2008 年第 6 期。

[144] 张晓纪:《明代安徽人才的地理分布特点及其成因》,《安庆师范学院学报(社会科学版)》,2008 年第 7 期。

［145］晏雪平:《二十世纪八十年代以来中国水利史研究综述》,《农业考古》,2009 年第 1 期。

［146］尹北直:《农为政本,水为农本——〈农政全书·水利卷〉与科技实学》,《中国农业大学学报(社会科学版)》,2009 年第 1 期。

［147］梅雪芹:《中国环境史的兴起和学术渊源问题》,《南开学报(哲学社会科学版)》,2009 年第 2 期。

［148］刘文远:《清代北方农田水利史研究综述》,《清史研究》,2009 年第 2 期。

［149］谈家胜:《国家图书馆所藏徽州家谱的特点与价值》,《历史档案》,2009 年第 2 期。

［150］高楠:《宋代用水纠纷述论》,《河北大学学报(哲学社会科学版)》,2009 年第 3 期。

［151］卞利:《明清以来婺源的生态环境与社会变迁》,《鄱阳湖学刊》,2009 年 3 期。

［152］陈阿江:《治水新解——对历史上若干治水案例的分析》,《河海大学学报(哲学社会科学版)》,2009 年第 3 期。

［153］张俊峰:《油锅捞钱与三七分水:明清时期汾河流域的水冲突与水文化》,《中国社会经济史研究》,2009 年第 4 期。

［154］栾成显:《改革开放以来徽学研究的回顾与展望》,《史学月刊》,2009 年第 6 期。

［155］吴媛媛:《明清徽州粮食问题研究》,《安徽大学学报(哲学社会科学版)》,2009 年第 6 期。

［156］袁钰:《洪洞、介休水利碑刻的规范意义》,《太原师范学院学报(社会科学版)》,2009 年第 6 期。

［157］高小强:《明清时期河西走廊的开发及生态环境的变迁》,《柴达木开发研究》,2009 年第 6 期。

［158］刘军:《明清时期白银流入量分析》,《东北财经大学学报》,2009

年第 6 期。

[159] 潘文生:《清代甘肃的水利开发与建设》,《太原城市职业技术学院学报》,2009 年第 7 期。

[160] 邓宏琴:《文化的水与嬗变的社会——读行龙〈以水为中心的晋水流域〉》,《读书》,2009 年第 8 期。

[161] 朱士光:《遵循“人地关系”理念,深入开展生态环境史研究》,《历史研究》,2010 年第 1 期。

[162] 王龙飞:《近十年来中国水利社会史研究述评》,《华中师范大学研究生学报》,2010 年第 1 期。

[163] 行龙,胡英泽:《三十而立:社会史研究在中国的实践》,《社会科学》,2010 年第 1 期。

[164] 蒲霞:《近 20 年来徽州旧志研究综述》,《黄山学院学报》,2010 年第 2 期。

[165] 宋绍杭、郜惠鑫:《钱塘江流域浙西木商近代兴盛原因初探——以开化县为例》,《浙江工业大学学报(社会科学版)》,2010 年第 2 期。

[166] 刁培俊、刘佳佳:《区域社会经济史研究的“说法”和“做法”——〈唐宋时期明州区域社会经济研究〉读后》,《史林》,2010 年第 3 期。

[167] 黄阿明:《明代货币比价变动与套利经济》,《苏州科技学院学报(社会科学版)》,2010 年第 3 期。

[168] 谈家胜、余晓宏:《试论〈叙录〉在徽州家谱文献资源揭示中的作用》,《宿州学院学报》,2010 年第 4 期。

[169] 卞利:《文化生态保护区建设中存在的问题及其解决对策——以徽州文化生态保护实验区为例》,《文化遗产》,2010 年第 4 期。

[170] 陈春声、刘志伟:《贡赋、市场与物质生活——试论十八世纪美洲白银输入与中国社会变迁之关系》,《清华大学学报(哲学社会科学版)》,2010 年第 5 期。

[171] 谈家胜:《徽州族谱所录文献的类型与价值》,《安徽师范大学学报

（人文社会科学版）》，2010 年第 5 期。

［172］吕兴邦：《江汉平原的堤垸水利与基层社会（1942—1949）——以湖北省松滋县三合垸为中心》，《古今农业》，2011 年第 1 期。

［173］谢继忠：《明清时期河西走廊水利社会史研究刍议——河西走廊水利社会史研究之一》，《河西学院学报》，2011 年第 1 期。

［174］卞利：《无徽不成镇——明清时期的徽商与城市发展》，《社会科学》，2011 年第 1 期。

［175］张佩国：《祖先与神明之间——清代绩溪司马墓"盗砍案"的历史民族志》，《中国社会科学》，2011 年第 2 期。

［176］杨国安：《樊口闸坝之争：晚清水利工程中的利益纷争与地方秩序》，《中国农史》，2011 年第 3 期。

［177］赵德馨：《中国历史上城与市的关系》，《中国经济史研究》，2011 年第 4 期。

［178］王昌宜：《宋代徽州的民间宗教信仰——以〈新安志〉为中心》，《合肥学院学报（社会科学版）》，2011 年第 4 期。

［179］梁诸英：《明清徽州绅商投资家乡农业水利状况及原因》，《池州学院学报》，2011 年第 4 期。

［180］别曼：《近代海外白银流入的货币效应分析：中西方比较的视角》，《经济问题探索》，2011 年第 8 期。

［181］陈文苑、闵丽：《徽州古村落型文化遗产保护及旅游开发模式探讨——以古村呈坎为例》，《黄山学院学报》，2012 年第 1 期。

［182］岳五九：《徽州水文化价值的审视与反思》，《华北水利水电大学学报（社会科学版）》，2012 年第 2 期。

［183］王振忠：《徽州歙县白杨源：一个盆地小区域社会的初步调查与研究》，《上海师范大学学报（哲学社会科学版）》，2012 年第 3 期。

［184］王旭：《皖南山区水利工程与地域社会——以歙县渔梁坝为例》，《农业考古》，2012 年第 6 期。

[185] 梁诸英:《明清时期徽州荫木砍伐及地方社会应对》,《中国农史》,2013 年第 2 期。

[186] 梁诸英:《明清时期徽州水灾与徽州社会》,《安徽大学学报(哲学社会科学版)》,2013 年第 2 期。

[187] 汪志国:《近代安徽自然灾害与乡民的习俗信仰》,《古今农业》,2013 年第 2 期。

[188] 康健:《明清徽州山林经济研究回顾》,《中国史研究动态》,2013 年第 3 期。

[189] 梁诸英:《明清时期徽州的水碓业》,《安徽史学》,2013 年第 3 期。

[190] 方华:《水利与徽州水口文化》,《江淮水利科技》,2013 年第 4 期。

[191] 刘志兵:《论明清艺术的哲学审美及其艺道精神——以徽州风水为考察个案》,《求索》,2013 年第 6 期。

[192] 金绍兵、黄祚继、吴明燕:《试论治水与徽州文化》,《中国水利》,2013 年第 9 期。

[193] 李其平:《明清徽州水利工程的举办方式与筹资渠道》,《文史博览(理论)》,2014 年第 2 期。

[194] 梁诸英:《明清徽州林木盗砍事件的社会经济与文化考察》,《北京林业大学学报(社会科学版)》,2014 年第 3 期。

[195] 陈云朝:《论清代乡村公共秩序的形成与维护——以新出徽州禁约合同为视角》,《中国农业大学学报(社会科学版)》,2014 年第 3 期。

[196] 罗莉:《近年来徽州木材业研究综述》,《农业考古》,2014 年第 3 期。

[197] 骆辉仔:《明清徽州火灾及徽商的救助》,《哈尔滨学院学报》,2014 年第 6 期。

[198] 梁诸英:《清代徽州玉米经济新探——以文书资料为中心》,《安徽大学学报(哲学社会科学版)》,2014 年第 6 期。

[199] 毕忠松、李沄璋、曹毅:《徽州古坝渔梁坝建造形制与结构特点》,

《建筑与文化》,2014 年第 9 期。

[200] 田百惠:《明清徽州水旱灾害与民间应对——以歙县为个案研究》,《常州大学学报(社会科学版)》,2015 年第 2 期。

[201] 王裕明:《宋元时期的徽州商人》,《安徽史学》,2015 年第 3 期。

[202] 卞利:《徽州古桥》,《人民日报》海外版,2002 年 1 月 11 日,第 2 版。

[203] 张健:《〈新安文献志〉与徽州文化》,光明日报,2007 年 9 月 7 日。

[204] 行龙:《山西水利社会史研究的现实意义》,《山西日报》,2011 年 9 月 26 日,第 C2 版。

[205] 行龙:《水利社会史研究大有可为》,《中国社会科学报》,2011 年 7 月 14 日,第 8 版。

[206] [日]原宗子:《在日本的中国环境史研究》,《中国经济史上的天人关系学术讨论会论文集》,1999 年。

[207] 陆发春:《徽商兴盛历史地理成因的再反思》,安徽大学徽学研究中心编:《徽学》,合肥:安徽大学出版社,2000 年。

[208] 卞利:《清代中期棚民对徽州山区生态环境和社会秩序的影响》,《中国生物学史暨农学史学术讨论会论文集》,2003 年。

[209] 邓小南:《追求用水秩序的努力——从前近代洪洞的水资源管理看"民间"与"官方"(讨论稿)》,《区域社会史比较研究中青年学者学术讨论会论文集》,2004 年。

[210] 行龙:《从共享到争夺:晋水流域水资源日趋匮乏的历史考察——兼论区域社会史的比较研究》,《区域社会史比较研究中青年学者学术讨论会论文集》,2004 年。

[211] 章毅:《迁徙与归化——〈新安名族志〉与明代家谱文献的解读》,《第十一届明史国际学术讨论会论文集》,2005 年。

[212] 梅雪芹:《环境史:一种新的历史叙述》,《和谐·创新·发展——首届北京中青年社科理论人才"百人工程"学者论坛文集》,2007 年。

[213] 梅雪芹:《当代社会发展中的环境问题及其研究意义》,《和谐社会:社会建设与改革创新——2007学术前沿论丛(上卷)》,2007年。

[214] 邹兆辰:《环境史研究与生态现代化》,《第五期中国现代化研究论坛论文集》,2007年。

[215] 张俊峰:《传说、仪式与秩序:山西泉域社会"水母娘娘"信仰解读》,《传统中国研究集刊(第五辑)》,2008年。

[216] 叶学哲、李国宝:《浅谈徽州与水文化》,《首届中国水文化论坛优秀论文集》,2009年。

[217] 张俊峰:《油锅捞钱与三七分水:古代汾河流域化解水争端的传统方式》,《传统中国研究集刊(第六辑)》,2009年。

[218] 叶显恩:《关于徽学学科构建的几点思考》,《"走向世界的徽学·敦煌学·藏学"高端论坛论文集》,2010年。

[219] 方盈,潘韵雯:《古徽州地区水口园林以及营造机制探析》,《中国风景园林学会2013年会论文集(上册)》,2013年。

电子文献

[1] 云人:《千年槐渠话明星》,http://www.ahage.net/huangshan/23114.html。

[2] 舒育玲:《明清以来的横沟弦》,http://www.ahage.net/huangshan/23130.html。

[3] 胡时滨:《九都〈朱氏重修水口神庙呈文〉解读》,http://www.ahage.net/huangshan/23118.html。

[4] 徐海亮:《地理环境与中国传统水利的特征》,http://economy.guoxue.com/?p=3005。

[5] 正道沧桑:《五都骢马通威坪》,http://blog.zjol.com.cn/blog-2364626-2224356.html。

[6] 佘德余:《吴成器在绍兴抗倭》,绍兴文理学院校报,第327期,2011

年 9 月 25 日，第 6 版，http://usx. cuepa. cn/show_more. php? doc_id =485226。

学位论文

[1] 刘道胜：《徽州旧志研究》，安徽师范大学硕士学位论文，2003 年。

[2] 鲁燕：《明代安徽屯田研究》，安徽大学硕士学位论文，2003 年。

[3] 丁渠：《我国水事纠纷解决制度研究》，河海大学硕士学位论文，2005 年。

[4] 廖艳彬：《江西泰和县槎滩陂水利与地方社会》，南昌大学硕士学位论文，2005 年。

[5] 王长命：《明清以来平遥官沟河水利开发与水利纷争》，山西大学硕士学位论文，2006 年。

[6] 周亚：《环境影响下传统水利的结构和趋势研究——以民国前期关中农田水利为例》，陕西师范大学硕士学位论文，2006 年。

[7] 张俊峰：《明清以来洪洞水利与社会变迁——基于田野调查的分析与研究》，山西大学博士学位论文，2006 年。

[8] 王韡：《徽州传统聚落生成环境研究》，同济大学博士学位论文，2006 年。

[9] 章新芬：《明清时期徽商与徽州农业互动影响研究》，南京农业大学硕士学位论文，2006 年。

[10] 汪守林：《唐代皖南地区的经济开发》，安徽师范大学硕士学位论文，2006 年。

[11] 田东奎：《中国近代水权纠纷解决机制研究》，中国政法大学博士学位论文，2006 年。

[12] 何建木：《商人、商业与区域社会变迁》，复旦大学博士学位论文，2006 年。

[13] 邹怡：《明清以来徽州茶业及相关问题研究》，复旦大学博士学位论

文,2006 年。

[14] 陶明选:《明清以来徽州民间信仰研究》,复旦大学博士学位论文,2007 年。

[15] 胡其伟:《民国以来沂沭泗流域环境变迁与水利纠纷》,复旦大学博士学位论文,2007 年。

[16] 胡健:《近代陕南地区农田水利纠纷解决与乡村社会研究》,西北大学硕士学位论文,2007 年。

[17] 王恺瑞:《清至民国时期晋北的水利与环境》,陕西师范大学硕士学位论文,2007 年。

[18] 马友惠:《黄龙溪流域水利社会(1760—1949)》,四川大学硕士学位论文,2007 年。

[19] 吴媛媛:《明清时期徽州的灾害及其社会应对》,复旦大学博士学位论文,2007 年。

[20] 梁诸英:《明清时期皖南平原农业生产发展研究》,南京农业大学博士学位论文,2007 年。

[21] 李少南:《明清时期鄱阳湖区的圩田开发与乡村社会》,南昌大学硕士学位论文,2007 年。

[22] 于静:《宋代徽州科举研究》,浙江大学硕士学位论文,2007 年。

[23] 罗亚男:《谈清初徽州明移民诗人考略》,安徽大学硕士学位论文,2008 年。

[24] 胡荣明:《民国鄱阳湖区的水利纠纷研究(1928—1948)——以水利纠纷档案为中心的考察》,南昌大学硕士学位论文,2008 年。

[25] 冯剑辉:《近代徽商研究》,山东大学博士学位论文,2008 年。

[26] 吴朋飞:《山西汾涑流域历史水文地理研究》,陕西师范大学博士学位论文,2008 年。

[27]] 李德楠:《工程、环境、社会:明清黄运地区的河工及其影响研究》,复旦大学博士学位论文,2008 年。

[28] 肖启荣:《明清时期汉水中下游的水利与社会》,复旦大学博士学位论文,2008 年。

[29] 王玮沁:《白银危机与明清两朝经济社会变革》,中国社会科学院研究生院硕士学位论文,2009 年。

[30] 后智钢:《外国白银内流中国问题探讨(16—19 世纪中叶)》,复旦大学博士学位论文,2009 年。

[31] 衣晓龙:《诗意的家居——明清徽州民居的审美研究》,华东师范大学博士学位论文,2009 年。

[32] 覃华瑞:《明清徽州的家族人口与生计变迁——以歙县许村与绩溪磡头村为中心》,厦门大学博士学位论文,2009 年。

[33] 王春芳:《稻米流通与近代安徽地方社会(1877—1937)》,上海师范大学博士学位论文,2010 年。

[34] 熊慧勇:《明代江汉平原水灾研究》,江西师范大学硕士学位论文,2010 年。

[35] 郑南:《美洲原产作物的传入及其对中国社会影响问题的研究》,浙江大学博士学位论文,2010 年。

[36] 凌翠萍:《徽州地区历史人口数据集成与考释》,上海师范大学硕士学位论文,2012 年。

[37] 王鹏:《徽州历史人物碑传研究》,安徽大学博士学位论文,2012 年。

[38] 徐松如:《都市文化视野下的旅沪徽州人(1843—1953)》,上海师范大学博士学位论文,2012 年。

[39] 张瑞:《朱熹风水思想的历史学研究》,山东大学博士学位论文,2014 年。

后　记

历史是故实，也是故事，它真实地发生，眨眼间又隐约朦胧。我们只能于影影绰绰中，抽丝剥茧，观其大略框架与总体走势，循其线索，确定轨迹，镜鉴现在，亦测未来。笔者从小喜欢历史，一幕幕悲欢离合、盛衰起伏的大戏在芸芸众生间演绎开来，喜怒哀怨，冷暖人生，世间百态，情境动人，心随神追。

随波逐流间，大学读了工科，久之难以专注，心有旁骛，以无知者无畏，不知天高地厚，贸然跨入历史学领域，报考了安徽大学周致元教授的硕士研究生。周老师不以在下鄙陋，仍允收门下，和颜悦色，平易近人，言传身教，从硕士到博士，三年复三年，在学习和生活方面，都对我十分关怀。

这本小书《徽州水利社会研究——以新安江流域为中心》，是在博士学位论文基础上略微修改而成的。博士学位论文的研究方向也是得蒙周致元老师所指定，我十分喜欢。记得硕士学位论文，无论是选题的确定、论文的框架搭建，还是文字的润色，皆饱含着周老师的心血。周老师以其学术钻研之勤奋刻苦、治学态度之踏实严笃、为人为文之虚怀若谷，给学生带来很深的印象，这也是学生自身不足和需要学习的地方。在这一阶段，我也获得了较为系统的学术训练，并为攻读博士学位打下一定的基础。博士学位论文的写作与修改，同样得到了周老师的审读和提点，可以说，博士学位论文的最终完成与周老师一直以来对我的悉心指导和谆谆教诲是分不开的。

在我的博士学位论文开题和答辩的过程中，安徽大学周晓光老师、吴春梅老师、卞利老师、刘信芳老师、陆勤毅老师、李修松老师和张金铣老师等诸位教授，严厉而又不失亲切，从关爱学生的角度，高屋建瓴、纲举目张地分别提出了各自的看法与建议，学生印象深刻，受益良多，在此谨致以崇高的敬意和深深的感谢！

特别感谢答辩主席、北京师范大学陈其泰先生的温言鼓励，感谢答辩秘书蒲霞老师，怀念张子侠老师！

此外，还要感谢历史系徐国利老师、朱正业老师、张崇旺老师、周崇云老师、胡秋银老师、陆发春老师的关心和帮助，感谢管理学院王成兴老师，感谢历史系刘家友书记，辅导员方番老师，胡俊、程春晖两位师兄，刘强、李新军两位同学，感谢淮北师范大学郭学勤老师，感谢江南大学吴媛媛老师的热心帮助！

感谢舍友吴韬大哥，感谢本专业的各位同学李权弟、陈辉、崔兰海、苏成爱、夏淑娟和彭慧艳，给予我学习和生活上的关心和帮助，难以忘怀大家相聚在一起的美好时光！

感谢安徽大学，感谢安徽大学历史系，谢谢安徽大学图书馆，安徽省图书馆，安徽大学徽学研究中心资料室，向中国徽州文化博物馆、祁门县博物馆、婺源县图书馆、婺源县博物馆致意。同时，本书的付梓要感谢安徽大学出版社，特别是鲍家全和胡旋两位先生的辛勤工作和热情帮助！

谢谢小妹孟娜，希望小妹幸福。

最后，感谢我的父亲孟庆和与母亲耿玉芝。人的一生总是需要平衡，儿子从你们那里获得的是如此之多，所以很多时候心理上不至于失衡，得以经常保持一种幸福感和平静感。你们一直予我最大的支持，儿子惟希望聊报一二，不过由于惯性的口惠而实不至，只能惭愧不已，谨以此书献给我的父亲母亲！

年少时喜欢读书，意欲透过书中文字的描写借以观察和理解外面的世界，可惜家乡条件所限，个人所能看到的书刊太少，极为羡慕有图书馆的地方，觉得生活在其附近的人们会很幸福，可以随意浏览，尽情愉阅。无奈之下，自己只能想尽办法找书看，即使残书片章，亦有如饥似渴之状，在借阅时间短促、书籍朝不保夕的环境约束下，尽量争分夺秒，甚至囫囵吞枣。许多书寤寐思之，欲读而不能得，一朝借来，则喜不自胜，夜以继日看完，或者心满意足，酣畅淋漓，或者愁绪莫名，神情怅怅，书籍的感染力可见一斑。

爱书者能够出书，感受是诸味杂陈，既荣耀万分，又压力隐隐，书稿一出，或有心得，欣喜不已，多有缺憾，惭愧之至。总体而言，拙作水平有限，较为粗浅，舛误不少，文责自负，同时不揣谫薄，尚祈芹献。恳请学界前辈、诸位方家不吝批评指正！

孟凡胜

2015 年 7 月 29 日傍晚落笔于宿舍